Ironia e humor na Literatura

Editora PUC Minas
Rua Pe. Pedro Evangelista, 377 Coração Eucarístico
30535 - 490 Belo Horizonte - MG - Brasil
Tel.: 55 (31) 3375-8189 Telefax: 55 (31) 3376-6498
e-mail: editora@pucminas.br
www.pucminas.br/editora

Ironia e humor na Literatura

Lélia Parreira Duarte

Editora PUC Minas

2006

Alameda

Alameda Casa Editorial
Edição: Joana Monteleone
Haroldo Ceravolo Sereza
Rodrigo Ricupero
Assistente editorial: Clarissa Boraschi Maria
Assistente de produção: Guilherme Kroll Domingues
Projeto gráfico, diagramação e capa: Clarissa Boraschi Maria
Revisão: Vivian Miwa Matsushita
Divulgação: Aline Lickel
Comercial: Robson Alves Ferreira
Rodrigo Borges Delfim
Capa produzida a partir de óleo sobre tela (1,10 x 0,80 m),
de Lélia Parreira Duarte, intitulada *A textura do vazio*, de 1999.

Dados Internacionais de Catalogação na Publicação (CIP)
(Câmara Brasileira do Livro, SP, Brasil)

Duarte, Lélia Parreira
Ironia e humor na literatura/ Lélia Parreira Duarte. – Belo Horizonte: Editora PUC Minas; São Paulo: Alameda, 2006.

Bibliografia
ISBN 85 - 98325-39-2
ISBN 85 - 86480-64-9

1. Ensaios Literários 2. Humor na literatura 3. Ironia na literatura I. Título.
CDD - 809.9317
06-6242 - 809.9318

Índice para catálogo sistemático:
1. Humor na literatura: História e crítica 809.9317
2. Ironia na literatura: História e crítica 809.9318

Alameda Casa Editorial
Rua Ministro Ferreira Alves, 108 Perdizes
05009-060 São Paulo – SP
Tel/Fax (11) 3862-0850
www.alamedaeditorial.com.br

Agradeço a meu marido, filhos e neta o constante apoio e estímulo.
Também a Maria Lúcia Lepecki, Maria de Lourdes Ferraz,
Graça Paulino e ao pessoal da Perséfone.

E ainda à Capes, *ao* Cnpq, *à Fundação Calouste Gulbenkian e*
à Biblioteca Nacional de Lisboa, que, em diferentes momentos,
apoiaram esta pesquisa.

Sumário

Prefácio
De que fala a literatura?

Graça Paulino (UFMG)

Aristóteles afirmou na *Poética* que a ficção falava das coisas possíveis, enquanto a historiografia falava das coisas que realmente ocorreram. Encontramos essa distinção em outras épocas e autores, mas tanto a confiança no real quanto a confiança no possível da linguagem se foram abalando com o passar do tempo, a ponto de, no século XX, seu questionamento se evidenciar: a chamada História Nova assumiu que os historiadores apresentavam versões, às vezes divergentes, de parte do que teria ocorrido, e não a verdade dos fatos; o chamado pós-modernismo, enquanto tratava da mistura da literatura com essas versões, quebrava os limites de um "possível" ficcional, considerando-o como equivalente a uma verossimilhança pouco ousada e ainda pouco convincente, em seu intuito de parecer verdadeira.

Então, com que ficamos? De que fala mesmo a literatura? Textos e mais textos continuam sendo escritos, publicados e lidos sob os codinomes de romances, poemas, novelas, biografias não autorizadas. Ora os especialistas os vêem como sintomas, ora como encenações, ora como reflexos de um real social, ora como metalinguagens, ora como jogos, ora como documentos. Nessa diversidade de textos e de tratamentos de textos ainda considerados literários se inserem os trabalhos de Lélia Parreira Duarte apresentados neste livro. De que tratam? Evidentemente, do nada. Afinal, é disso mesmo que vem tratando certa literatura, como nos mostram estes ensaios.

Mas, de que nada se trata? O nada, tornado substantivo, toma existência inexorável. Mas isso não significa que passe ao território do dizível, do previsto, do afirmativo. Sua carga de negação de uma existência codificada permanece, e assim penetra num outro território, repleto de ambigüidades, cujos sentidos resvalam pelas leituras, multiplicando-se, invertendo-se, subvertendo a comunicação e qualquer "sinceridade" que corresponda a uma relação direta entre a cadeia significante e a dos significados preestabelecidos culturalmente. Esse território é o de certa literatura, essa que a argúcia de Lélia Duarte insiste em percorrer.

O modo como se estabelece o interesse de alguns leitores por textos que tratam desse "nada" é intrigante. Uma das mais notáveis hipóteses teóricas sobre as causas pelas quais se mantém uma interlocução é a de Grice, que, em vez de centrar sua pesquisa no sujeito de enunciação ou em suas estratégias, voltou-se para as reações do interlocutor: o que faz, para este, uma interlocução funcionar? Segundo Grice, há expectativas básicas que, quando atendidas, mantêm viva a atenção do outro, segunda pessoa. Tais expectativas, que ele eleva, pelo caráter consensual, a máximas, no sentido filosófico do termo, seriam quatro: espero que você esteja sendo o mais sincero possível, claro, breve e relevante para mim – pensa quem ouve – do contrário não lhe darei atenção. E o falante, querendo ser entendido e aceito, vai tecendo seu discurso nessa mesma direção. Grice (*Logic and conversation*, New York, 1975) estabelece, assim, suas quatro máximas consensuais: quantidade (restrinja-se às informações necessárias), qualidade (seja verdadeiro), relação (seja relevante) e maneira (seja claro, evite ambigüidades). No caso da comunicação irônica ou humorística (*non bona fide*), a narrativa dissimula e explora a ambigüidade para obter efeitos não esperados. Dessa constatação partiu a narratologia contemporânea para discutir as implicações gricianas: a narrabilidade derivaria de um espaço em que o leitor ou o ouvinte poderiam transitar, suportando algo mais que o sentido convencional. Digamos que a imagem do leitor em interlocução humorística ou irônica é a de um antagonista provocado para reagir.

A literatura "canônica", digamos, uma parte respeitável do que se costuma denominar literatura, por exemplo, quebra sistematicamente esses princípios. Não estamos aqui voltando a defender a clássica teoria do desvio, tão cara aos estruturalistas para caracterizar uma literariedade universal. Aliás, nem é apenas a literatura que desobedece às leis da conversação direta. Quantas vezes um professor passa todo o tempo da aula ensinando coisas que os alunos consideram pouco convincentes, obscuras e sem importância? Evidentemente, muitos deixam de prestar atenção, mas, pelas relações de poder estabelecidas, alguns continuam acompanhando a aula e a maioria não se retira da sala. Isso pode ocorrer também entre amigos, entre desconhecidos, em festas, em cerimoniais, em comícios, em telenovelas, tanto em interlocuções escritas, à distância ou não, quanto na oralidade.

Mas acaba sendo o discurso ficcional o que mais assume, sem temor, o risco da quebra desses princípios. Longas narrativas ou longos poemas são obscuros, parecem não querer dizer nada diretamente aos leitores, nem têm utilidade observável em suas vidas práticas. São, porém, considerados obras-primas da literatura, especialmente na modernidade, que, como nos mostra Berman, em seu conhecido e instigante livro *Tudo o que é sólido desmancha no ar* (São Paulo, 1986), está sempre entre o caos e a organização, entre a beleza e o horror. Desde Cervantes com seu Quixote, passando por Proust e Borges e chegando à literatura do século XXI, encontramos representantes ilustres dessa nobre opção pela negatividade, que reage contra facilitações de consumo e contra a mercantilização da arte. A ironia e o humor seriam, pois, implicações das leis da conversação, atitude assumida em parte da produção da "boa" literatura moderna (e pós-moderna, para os que gostam dessa designação, que Berman nega), assim como em situações de interlocução não literárias.

Lélia, como quase todos nós que lidamos com literatura, já foi uma leitora romântica, ávida de "verdades" nos textos. Ainda aluna de colégio religioso, no interior de Minas, buscava a transparência dos textos como uma questão de fé, parte de sua formação cristã. Em Belo Horizonte, já aluna de Letras da UFMG, começou a perder essas ilusões, especialmente graças ao convívio com professores de literatura como Naief Safady e Maria Lúcia Lepecki, que trabalhavam no viés de ironia e sátira as obras de autores portugueses. Quando fez concurso para tornar-se professora da mesma escola, teve de dissertar sobre Fernando

Pessoa e seus heterônimos. Que denominador comum encontraria entre eles? Exatamente a crise de representação da literatura, poetizada na síntese máscara/verdade, fingimento/sinceridade, com um esvaziamento de sentidos provocado pelo seu constante deslizar nos textos, como um nada a dizer, sempre dito/não dito. Instalavam-se nesse momento decisivo um gosto e um projeto de leitura duradouros, que este livro agora comprova.

No mestrado, Lélia viu que não estava sozinha em seu desassossego. Leu Deleuze em sua defesa do *nonsense*, leu a desconstrução do platonismo levada a cabo por Derrida, a disseminação de imagens do poder denunciada por Foucault, os deslocamentos semiológicos evidenciados por Barthes, a poética da tradução/criação de Meschonnic, a associação entre erotismo e morte feita por Bataille, o anúncio da morte do autor em Kristeva, a polifonia na teoria do romance de Bakhtin. Não havia volta possível à leitura linear da juventude. Um trabalho sobre o herói de Herculano seria o primeiro, abordando a questão da ironia na narrativa literária e mostrando aos leitores especializados o que a pesquisadora conseguiu desvelar nesse herói: os interesses ocultos e o camuflado desejo de poder que impulsionava sua trajetória. A tese de doutorado na USP (1986) versaria, não sobre Herculano, mas sobre Augusto Abelaira, autor ao qual a pesquisadora voltaria diversas vezes, tratando de ironia e humor.

Leitores desconfiados como Lélia são necessários nessa interlocução com textos repletos de subterfúgios, de jogos, de enganos. As normas socioculturais estão desse modo sendo quebradas, através do uso de várias estratégias textuais, entre as quais se incluem a ironia e o humor, exercidos lingüisticamente por sujeitos-autores que, mesmo sabendo-se frágeis e condenados à morte, ainda conseguem escrever com essa consciência, na tentativa estética de ultrapassar fronteiras, de avançar sinais, sempre de olho no guarda e quase sempre sem provocar acidentes. Os mais graves dentre estes talvez sejam os de serem tachados de herméticos ou lidos superficialmente por aquilo que *parecem* dizer/fazer na literatura. Leitores desconfiados de fato não podem ser leitores distraídos.

Com o apoio do CNPq, do Programa de Incentivo à Pesquisa PUC-Minas e do Instituto Camões, de Lisboa, e continuando o seu estudo de ironia e humor, Lélia Duarte coordena hoje uma vasta pesquisa, intitulada "As máscaras de Perséfone: figurações da morte nas literaturas portuguesa e brasileira contemporâneas". Trabalham com ela 42 pesquisadores de 14 universidades brasileiras e estrangeiras, promovendo seminários, orientando dissertações e teses, publicando artigos e livros. O objetivo central é coletar e estabelecer estudos comparativos entre textos que se articulam em torno da idéia de vazio, elaborando-se, como diz Lélia, "na corda bamba da ambigüidade inerente à palavra literária, que fala da impossibilidade do amor e da irrealização do desejo, sempre apresentando enigmas e nunca trazendo respostas" (DUARTE, 2006, p. 5, arquivo pessoal). Como fundadora de sua própria realidade, essa literatura opera num lugar vazio e assim se faz obscura, paradoxal, desvinculada de pragmatismos. Fernando Pessoa, Augusto Abelaira, Guimarães Rosa, Drummond são exemplos desse fazer literário que "faz da falta sua possibilidade" (LEVY, 2003, p. 23, apud DUARTE, op. cit.). Segundo Lélia, "a pesquisa das máscaras de Perséfone estuda a ironia e o humor de uma literatura do 'não', que se aproxima da morte e fala da impossibilidade da obra, que nunca estará pronta, mas sempre em devir" (op. cit. p., 6).

Na mitologia grega, Perséfone é a rainha dos infernos, já que se casa à força com Plutão, depois de raptada por ele. A jovem consegue de Zeus uma única graça: permanecer seis meses na terra em companhia de sua mãe, Ceres, associada à germinação das plantas, e seis meses nos infernos. Assim, Perséfone ressurge a cada primavera, voltando às sombras no inverno. Vive alternadamente no reino da morte e no da vida. A pesquisa faz alusão a essa personagem mítica, porque os textos literários analisados falam dessa passagem pela morte, pela melancolia, enquanto se fazem objetos estéticos, ligados à força da arte como forma de vida. Trata-se da obra como "desobramento", pois não há dialética salvadora que opere uma síntese, não há saída, não há chegada. Como no romance *Ulisses* de Joyce, no final não há um ponto, uma marca de descanso, de repouso. Lélia se manifesta:

> As máscaras de Perséfone apontam assim para o Fora, o desobramento infindo, a artificialidade, a superficialidade, o neutro, vistos afinal como a essência e beleza da arte, em substituição às tradicionalmente valorizadas profundidade e interiorização, que afinal servem a poderes e ideologias. Está morto o autor, viva a literatura! Uma literatura que fala do discurso que passa do eu ao ele, ou ao que é o discurso do errante, do que não pertence a lugar algum, mas ao exílio, esse espaço do fora que não tem interior e em que o eu não mais se reconhece (...) (op. cit. p. 10)

Autora de mais de duas centenas de ensaios sobre literatura esparsamente publicados em livros, anais de congressos e revistas da área, Lélia Duarte começa agora a reunir, com a segurança e tranqüilidade de seus muitos anos de trabalho (aposentou-se como titular na UFMG e logo ingressou na PUC Minas, onde permanece lecionando, orientando, dirigindo o Centro de Estudos Luso-Afro-Brasileiros), essas publicações que o próprio tempo espalhou. O projeto editorial inclui três volumes: este que apresentamos é o primeiro, por tratar de questões gerais ligadas à ironia e ao humor na literatura. O primeiro ensaio deste livro é inédito e visa a evidenciar a unidade que caracteriza a seleção. Sua pergunta básica é aquela da qual partimos também aqui: afinal, de que trata essa literatura? Como trabalham alguns pesquisadores que se debruçam sobre humor e ironia? Quais as categorias pressupostas nessas leituras? Lélia exemplifica a perspectiva assumida através de referências a obras de autores de diversas épocas e nacionalidades: Gil Vicente, Molière, Machado de Assis, Dostoiévski, Fernando Pessoa, Guimarães Rosa.

Aguardamos agora o segundo volume, centrado em autores portugueses contemporâneos, cujos livros são objeto de atenção especial e incansável da pesquisadora: Lobo Antunes, Carlos de Oliveira, Agustina Bessa-Luís, José Cardoso Pires, Helder Macedo, Mário Cláudio, Teolinda Gersão, entre outros. Para um país como o Brasil, em que a literatura portuguesa contemporânea ainda é pouco lida e divulgada, esse volume de ensaios se torna especialmente importante, pois poderá servir tanto aos poucos especialistas quanto aos muitos leitores em potencial, que às vezes deixam de ler porque não sabem como escolher.

O terceiro volume propõe um olhar mais demorado e diferenciado sobre a obra de Augusto Abelaira, o escritor que afirmava escrever sempre o mesmo romance, embora fossem vários, e que, falecido em 2004, ainda não obteve entre nós as devidas homenagens, sendo a mais importante de todas uma obra de fôlego como a de Lélia Duarte.

Aliás, eis um denominador comum entre a pesquisadora e seu tema de pesquisa: são mais de duas centenas de ensaios publicados, mas é como se fossem todos um único e longo ensaio sobre componentes essenciais da labuta literária. De que tratam? Ora, do nada... do indizível... Quem ler, entenderá.

ARTE & MANHAS DA IRONIA E DO HUMOR

UMA das distinções entre literatura clássica e romântica/moderna tem como base o uso da ironia: a posição do autor literário (e do artista em geral), no classicismo, é a de quem está imbuído de "autoridade" e tem algo a dizer – uma verdade a transmitir, uma lição a comunicar. Adotando de modo geral a postura do demiurgo, esse autor não se coloca explicitamente em sua obra.

A partir do romantismo e de seus pressupostos de liberdade, igualdade e fraternidade, marca-se a revolta do indivíduo contra uma sociedade que o ignora na sua subjetividade e individualidade, condenando-o a reprimir seus desejos e emoções, em nome de valores morais absolutos, fundamentados na verdade e no bem, estabelecidos pela sociedade – governo, igreja ou família. O eu começa então a falar em seu próprio nome na obra literária, mas essa valorização romântica do indivíduo gera um paradoxo: ao tomar consciência de seu desejo de absoluto, o homem percebe também a sua transitoriedade e relatividade, a sua dependência do outro; opondo-se à infinitude de seu desejo, ele sente a finitude da vida.

Para o escritor, esse paradoxo apresenta-se simultaneamente como necessidade e como impossibilidade de relato completo da realidade. A solução encontrada é a ironia romântica, através da qual introduz-se na obra a figura de um eu "representante da representação", instância que se completa com a presença de um narratário. Desnudam-se assim ironicamente o fingimento e os artifícios da construção textual e, a partir dessa incorporação da ironia aos seus processos, a literatura deixa de pretender ser mimese, reprodução da realidade, e passa a revelar-se produção, linguagem, modo peculiar de se form(ul)ar um universo, considerando-se a própria linguagem um mundo.

O autor parece abdicar, assim, da posição de autoridade de quem sabe e pode ensinar, e equilibra o seu (não) saber com a capacidade de percepção do leitor, revelando a consciência de que somente esse outro pode tornar real a existência de sua obra e, afinal, a sua própria existência.

O CONCEITO DE IRONIA

Antes de falar na ironia romântica devo, porém, tentar esclarecer o conceito de ironia, apresentado mais comumente como a figura de retórica em que se diz o contrário do que se diz, o que implica o reconhecimento da potencialidade de mentira implícita na linguagem. Por isso a ironia pode ter formas e funções extremamente diversificadas, em que há pelo menos dois graus de evidência: um primeiro, em que o dito irônico quer ser percebido como tal, e um segundo – caso da ironia *humoresque* –, em que o objetivo é manter a ambigüidade e demonstrar a impossibilidade de estabelecimento de um sentido claro e definitivo.

A ironia é assim um fenômeno nebuloso e fluido, e por isso Muecke (1978, p. 8-12) relaciona uma série de dificuldades para conceituá-la: em primeiro lugar, os pontos de contato existentes entre as suas várias formas tornam possível defini-la de muitos diferentes ângulos. Fala-se de ironia trágica, cômica, de modo, de situação, filosófica, prática, dramática, verbal, retórica, auto-ironia, ironia socrática, romântica, cósmica, do destino, do acaso, de caráter – conforme a perspectiva de nomeação –, que pode preocupar-se com efeito, meio, técnica, função, objeto, praticante, tom ou atitude. Além disso, cada autor tem a sua própria ironia, que não difere apenas em técnicas, estratégias ou estilos de época.

Em segundo lugar, Muecke aponta a preocupação de definir qualitativamente a ironia, o que leva às mesmas dificuldades de conceituação de "arte" e "poesia". Outra causa da dificuldade seria o obscurecimento do conceito pela freqüente conjunção de ironia com sátira, paródia, humor, cômico[1] ou grotesco, com os quais ela nem sempre se relaciona, embora se lhes sobreponha, algumas vezes, o que pode fazer até mesmo com o trágico.

Em qualquer de suas formas, a ironia será uma estrutura comunicativa. De fato, nada pode ser considerado irônico se não for proposto e visto como tal; não há ironia sem ironista, e este será alguém que percebe dualidades ou múltiplas possibilidades de sentido e as explora em enunciados irônicos, cujo propósito somente se completa no efeito correspondente, isto é, numa recepção que perceba a duplicidade de sentido e a inversão ou a diferença existente entre a mensagem enviada e a pretendida.[2]

A ironia, afirmação de um indivíduo que reconhece a natureza intersubjetiva de sua individualidade, serve dessa forma à literatura, quando esta busca um leitor que não seja passivo, mas atento e participante, capaz de perceber que a linguagem não tem significados fixos e que o texto lhe pode apresentar armadilhas e jogos de enganos dos quais deverá, eventualmente, participar. Isso porque um autor escreve para ser lido, mesmo que seja apenas por ele mesmo, embora o autor clássico aparentemente negue isso, pois não se coloca de forma explícita na obra e não revela geralmente preocupação com um receptor.[3]

A ironia é, portanto, uma estrutura comunicativa que se relaciona com sagacidade; é mais intelectual e mais próxima da mente que dos sentidos, é mais reflexiva e consciente que lírica ou envolvida. O exem-

---

[1] Um diferencial da sátira será a sua referência ao contexto, enquanto a paródia fará sempre uma relação intertextual. A relação da ironia com o humor será vista logo a seguir; com o cômico, ver "Riso e morte: submissão e libertação", neste volume.

[2] Quando se pensa em ironia do destino, atribui-se ao destino a capacidade de decisão entre duas ou mais possibilidades, sendo a escolhida distinta da esperada ou desejada pela vítima da ironia.

[3] Um exemplo ilustrativo seria o de Camões, em *Os Lusíadas*: o fato de o poeta colocar-se explicitamente no poema é um dos motivos pelos quais sua epopéia não é considerada clássica por alguns estudiosos.

plo tradicional de discurso irônico é o de Sócrates com sua maiêutica – sua técnica de provocar dúvidas e esvaziar certezas para deixar em seu lugar um vazio. O filósofo não tinha o objetivo de confirmar as próprias ou as alheias opiniões, mas o de impulsionar a busca da sabedoria através do diálogo, dada a sua desconfiança relativamente às verdades conhecidas ou estabelecidas. A ironia socrática seria assim um princípio metodológico, que utilizaria a retórica para obter o efeito pretendido do discurso, além de ser, segundo alguns estudiosos, um gênero literário original, que Platão utilizou para expressar sua filosofia.[4]

A ironia retórica

Se a retórica é, em sentido lato, segundo Lausberg, "um sistema mais ou menos bem elaborado de formas de pensamento e de linguagem, as quais podem servir à finalidade de quem discursa para obter, em determinada situação, o efeito que pretende" (1972, p. 75), e em sentido restrito a "arte do discurso partidário", compreende-se por que a ironia retórica está sempre a serviço de um partido, de uma ideologia, de uma "verdade".

O conceito de ironia retórica é assim apresentado por Lausberg:

> A ironia (*simulatio, illusio, permutatio ex contrario ducta*; em grego ironia = antífrase), como tropo de palavra (...) é a utilização do vocabulário que o partido contrário emprega para os fins partidários, com a firme convicção de que o público reconhecerá a incredibilidade desse vocabulário. Deste modo, a credibilidade do partido que o orador defende é mais reforçada e de tal modo que, como resultado final, as palavras irónicas são compreendidas num sentido que é contrário (...) ao seu sentido próprio. (Lausberg, 1972, p. 163-164)

---

[4] Remeto os interessados na ironia socrática ao estudo sistemático feito por Mateus Silva Araújo e publicado na revista *Clássica* (1994/1995, p. 229-258).

Um dos exemplos usados por Lausberg é o do discurso de Marco Antônio, da peça *Julius César*, de Shakespeare,[5] em que, através de uma manobra irônica, o orador inverte a situação política, levando o povo a uma ação violenta que desfaz a vitória dos conspiradores que acabavam de conquistar o poder. Reconhecidamente amigo do chefe político assassinado, Marco Antônio seria naturalmente opositor dos conspiradores. Coloca-se apesar disso do seu lado, concordando aparentemente com a ação praticada por eles (o assassinato de Júlio César) e elogiando publicamente o chefe dos revoltosos. No seu discurso, Marco Antônio usa porém a ironia retórica, de modo que a expressão de sentido positivo – "Brutus é um homem honrado" – funciona ironicamente, depois de seis repetições, sendo compreendida em sentido negativo pelo povo, que se volta então contra Brutus e seus companheiros.

O exemplo contém claramente os elementos apontados por Lausberg: partidos em oposição, receptores capazes de perceber o jogo, uma perspectiva em que positivo e negativo se invertem, resultando no jogo de credibilidade/incredibilidade e, principalmente, numa inversão relativa ao partido no poder. Isso mostra que a ironia atua de forma intelectual, provocada pelo estranhamento, pelo inesperado e pelo paradoxal, que entram em confronto com o habitual.[6] O ouvinte do dito irônico (seu leitor ou receptor) é convidado a fazer o seu próprio raciocínio, lançando pontes entre o paradoxo percebido e o significado pretendido daquilo que ouve. O resultado positivo dessa tarefa, ainda segundo a retórica, traz prazer a esse ouvinte, que reconhece assim a própria inteligência e torna-se cúmplice do autor do dito irônico, reconhecido como autoridade a ser respeitada.

Esse tipo de ironia será assim basicamente um tropo, uma volta da seta semântica em que a palavra passa a ter outro conteúdo/significado, diferente do conteúdo/significado primitivo. Constitui-se então como ornato, luxo do discurso, cuja função será a de um sedutor deleite prag-

---

5 Esse exemplo, realmente notável, está citado em numerosos estudos da ironia.

6 O estranho e o paradoxal referem-se, no caso, ao fato de as opiniões expressas no discurso ouvido não coincidirem com as opiniões que se conhecem do emissor desse discurso.

mático que, jogando com a expressão lingüística e com o prazer da compreensão, pode fazer chegar a um conhecimento afetivo capaz de preencher possíveis lacunas da convicção intelectual.[7] Ao mesmo tempo, a retórica do discurso irônico está sempre ligada a algum tipo de disputa pelo poder e pela dominação do outro.

A peça de Shakespeare não se restringe a trabalhar a ironia enquanto tropo de palavra, mas amplia-a para um pensamento mais abrangente, incluindo a estranheza da atitude de Marco Antônio, amigo do assassinado, que apóia os novos donos do poder e se oferece para falar ao povo em seu nome. Se o povo observa esse estranhamento, percebe incongruências na fala de Marco Antônio e decodifica a sua ironia, o mesmo não acontece com os revoltosos, enganados pela atitude dissimulada do orador, que transforma assim os valentes conspiradores em ingênuos derrotados.

O que se pode concluir, a partir desse exemplo, é que a ironia não é apenas uma questão de vocabulário: não se resume a uma inversão de sentido de palavras, mas implica também atitudes ou pensamentos, dependendo a sua compreensão de o receptor perceber que as palavras não têm um sentido fixo e único, mas podem variar conforme o contexto. "Brutus é um homem honrado" pode também significar que Brutus é um traidor e que Marco Antônio não o apóia, como parece. São testadas assim a atenção e a capacidade de percepção dos interlocutores envolvidos em disputas e jogos de enganos intradiegéticos.

Seria interessante lembrar, nesse sentido, a ilha de Pleurilie, de que fala Guido Almansi (1978), espaço em que todas as formas de comunicação utilizam lágrimas, gritos guturais, caretas e arrulhos. As lágrimas são aparentemente o meio mais eficaz de mobilizar o outro, pois normalmente informam sobre incômodos interiores – tensão, tristeza, problemas emocionais, dor física etc.; assim, toda a comunicação fun-

---

[7] No plano da retórica, o conhecimento afetivo é um impulso seguro que leva à ação, tendo como fim originar a alteração da situação pretendida pelo orador, sendo possíveis dois graus de afeto: *ethos* (afeto suave, valorizado como caráter, com sentido moral) e *pathos* (afeto violento, cujo objetivo é mover à ação) (Lausberg, 1972, p. 105).

dada sobre lágrimas apóia-se neste pressuposto tácito: se alguém chora, é porque está infeliz ou necessita de ajuda. Na ilha de Pleurilie, entretanto, as pessoas desenvolveram a capacidade de chorar quando querem: introduziram um fenômeno cultural em um domínio visto como da natureza e assim adquiriram enorme influência sobre aqueles que ainda acreditam no caráter natural das lágrimas. Bruxos das lágrimas, esses – que são na verdade os bebês do quarto próximo –, dominam seus concidadãos com a ironia de sua arte insidiosa, pois dissimulam cuidadosamente seus poderes ocultos para enganar e pegar o próximo numa armadilha. Suas lágrimas são percebidas como autênticas, inocentes, honestas e naturais. E são de fato muitas vezes desonestas, astutas, perversas, insinceras e culturais, ironicamente utilizadas para exercer o poder sobre os pobres adultos envolvidos em suas artimanhas (constituem um estranhamento relativo ao que se conhece dos doces e indefesos anjinhos...).

Essa ironia retórica usuária do monologismo e colocada a serviço das ideologias finge ignorar a constituição fluida da linguagem e o deslizamento de sentido resultante da impossibilidade de fixar significantes a significados. Retoricamente, essa ironia busca estabelecer verdades que interessam a determinada perspectiva. A questão da relatividade do mundo e do homem, supostamente sujeito e produto de uma cultura – é assim normalmente relegada, conforme o interesse do ironista por determinada significação. Por isso a idéia de partidos em oposição é fundamental para a ironia retórica, que pode apresentar-se através de personagens em luta pelo poder ou pela incongruência entre uma voz enunciadora e outras vozes do texto.

Ironia retórica na literatura portuguesa

A manipulação irônica de dados para vencer ou dominar o outro é muito freqüente na literatura. A idéia de partidos em luta está presente, por exemplo, nas peças de Gil Vicente, ou nos *Sermões* do Padre António Vieira. De Gil Vicente bastaria lembrar os jogos de enganos no *Auto da barca do inferno*, em que os enganadores profissionais da sociedade tentam driblar a vigilância dos anjos para entrar na barca do paraíso. Também a retórica vieiriana usa ironicamente argumentos de "partidos opostos" para convencer os seus ouvintes: esses "partidos" podiam ser os dos adversários da sua fé católica, ordens religiosas (como as dos dominicanos), que disputavam com os jesuítas o prestígio junto ao rei e aos fiéis, os colonos que dificultavam a evangelização de índios e negros, dado o seu interesse pelo trabalho escravo. Para argumentar em seus *Sermões*, Vieira multiplicava binarismos em oposição, manipulando citações bíblicas em favor das "verdades" que defendia, como nos sermões da *Sexagésima* ou no *Sermão pelo bom sucesso das armas de Portugal contra as de Holanda*.[8]

No conto "A abóbada", de Alexandre Herculano, busca-se desqualificar o indesejado arquiteto estrangeiro – Mestre Ouguet –, a quem fora confiada a construção da abóbada, em virtude da cegueira que acometeu o artista português Afonso Domingues, encarregado de sua construção. A ironia aparece, inicialmente, através de expressivas inversões de sentido do dito, com o objetivo de desmerecer o estrangeiro que tomara o lugar do artista português. Para isso se descreve elogiosamente a grotesca figura física do indesejado arquiteto estrangeiro, bem como a suposta aprovação do comportamento moral desse "bom homem, excelente homem, (que) não fazia aos seus semelhantes senão o mal absolutamente indispensável ao próprio interesse" (p. 780). Trata-se de expressões que revelam, muito mais que camuflam, a posição do narrador/autor em relação ao intruso estrangeiro.

Também obras de Camilo Castelo Branco utilizam essa ironia retórica para descrever membros do "partido" dos burgueses, oposto ao do narrador. Um exemplo é o de Calisto Elói de Silos e Benevides de Barbuda, o protagonista de *A queda dum anjo*, cuja erudição vazia é ironicamente criticada: conta o narrador que, quando vem de Caçarelhos para Lisboa, Calisto lê em seus livros (que têm uma média de 150 anos!) elogios às boas qualidades da água da cidade e resolve tirar pro-

[8] Ver, neste volume, "Ambigüidade nos *Sermões* de Vieira: dar a César ou a Deus?".

veito delas. Quando a de uma fonte lhe faz mal, manda buscar outra, que seus livros dizem serem boas para as febres, e fica tão doente que o criado toma a iniciativa de buscar o cirurgião para tratá-lo. O personagem se torna risível: leitor inveterado e ingênuo, Calisto não sabe contextualizar as suas leituras nem é capaz de atualizá-las com a observação. Esse problema das leituras é também responsável pelos fiascos do deputado Calisto no parlamento, onde seus temas e discursos são vistos como anacrônicos. A leitura deficiente é responsável ainda pelos vexames iniciais de sua vida amorosa em Lisboa, quando se julga amado por Adelaide simplesmente porque ela trata bem um amigo do pai.

A esposa de Calisto Elói – a morgada Teodora – é outra personagem sobejamente criticada na novela: sua virtude é "rançosa" (p. 154) e ela "encaixota" o corpo na liteira para ir a Lisboa (p. 233), como se fosse um produto deteriorável ou que pudesse ficar guardado num caixote. A personagem faz lembrar Bergson e seu estudo do riso: incongruências irônicas que aproximam o ser humano de coisas, animais ou máquinas – isto é, de elementos que não têm o uso da razão – podem ser provocadoras de riso.

Outros exemplos da ironia retórica usada por Camilo Castelo Branco seriam desfocagens entre nomes e descrições/atuações de personagens: Angélica, de *A filha do arcediago*, é muito mais demoníaca que angelical; Felicidade Perpétua, de *Vinte horas de liteira*, faz questão de exibir a sua infelicidade; Mafalda, de *Amor de salvação*, é certamente a boa fada que recupera Afonso para a família e para a religião (e para a ideologia...).

Exemplos seriam ainda os jogos de enganos visando ao poder, em "A sorte em preto", a primeira novela de *Cenas da Foz*, em que o jogador-enganador profissional é trapaceado pela herdeira rica e manifestamente estúpida. Com referências a Otelo, a ciúmes, às caretas do preto – o escudeiro que sempre acompanha a fidalga – e às constantes brincadeiras dos dois, o narrador sugere que o interessado e enganador noivo acabaria por ser o maior enganado da história.

Como no caso de Calisto Elói, aponta-se aqui a falta de percepção da personagem, o que pode funcionar como sinal de alerta, piscadela do autor para nós, leitores extradiegéticos, lembrando-nos de que qualquer leitura que pretenda amarrar sentidos corre o risco de cair no engano.

Outro exemplo camiliano de ironia retórica seria o de Maria Elisa, a amiga da "filha do arcediago". Esperta e observadora, ela é capaz de, por três vezes, inventar discursos sedutores como o de Marco Antônio, da peça de Shakespeare, para safar-se dos perigos de ser desmascarada em seus jogos de enganos. A primeira vez é quando, ridicularizando o rico, comilão e malvestido comerciante António José da Silva, apresentado como um galã obeso, ridículo e até indecente, com seus "ares de sátiro voluptuosamente gordo" (Branco, 1977, p. 7), Maria Elisa declara à irmã deste, Angélica, o seu fingido amor pelo endinheirado burguês, que posteriormente a procura com intenções de casamento, em vista daquela declaração de amor. Inicialmente perplexa, Maria Elisa recupera a presença de espírito e comporta-se de modo a garantir o vantajoso casamento com aquele marido que deveria durar pouco tempo e que lhe poderia dar a vida com que sempre sonhara, realizando todos os seus desejos de posse. Inclusive a carruagem, que traz o segundo desafio à capacidade irônica de Maria Elisa, flagrada pelo marido na estalagem onde vai encontrar-se com o amante. Recuperado o sangue frio e elaborada a justificativa ficcional que engana o crédulo marido, Maria Elisa novamente se perturba, para depois convencer com as histórias que inventa quando o marido enganado quer visitar seu suposto primo (e realmente amante), com o nobre (e risível) objetivo de valê-lo em suas dificuldades financeiras.

Como na peça de Shakespeare, trata-se de palavras e de duplos significados: nessas novelas de Camilo, narradores ou personagens se valem de artifícios irônicos para, retoricamente, fazer declarações ambíguas cujo conteúdo não é devidamente compreendido pelos interlocutores. Ou melhor, essas afirmações têm entendimentos diversos conforme os leitores, servindo assim aos jogos sociais de poder e como sinais de alerta aos receptores extradiegéticos...

Também Eça de Queirós vale-se dos artifícios da ironia retórica. Quem não se lembra das tramas enganosas tecidas pelo padre Amaro e pelo primo Basílio para conquistar Amélia e Luísa? Ou das tentativas de Teodorico Raposo para convencer a titi de que ele merecia ser o seu herdeiro? Interessante lembrar especialmente aquela cena de Teodorico voltando para casa, depois da conversa com o Dr. Margaride, em que fica sabendo da extensão da riqueza da titi, da existência de outros pretendentes à sua herança e da necessidade de adulá-la para se tornar o seu herdeiro. Teodorico representa então uma cena risível, com direito a preparação no camarim. Conta o narrador-personagem:

> Quando cheguei a casa, senti que a titi estava no oratório, sozinha, a rezar. Enfiei para o meu quarto, sorrateiramente; descalcei-me; despi a casaca; esguedelhei o cabelo; atirei-me de joelhos para o soalho – e fui assim, de rastos, pelo corredor, gemendo, carpindo, esmurrando o peito, clamando desoladamente por Jesus, meu Senhor... (Queirós, 19--, v. I, p. 1517)

Melhor ainda que essa encenação é o discurso mentiroso da personagem, com que o leitor se delicia, sabendo de suas verdadeiras intenções:

> – Desculpe, titi... Estava no teatro com o Dr. Margaride, estivemos ambos a tomar chá, a conversar da titi... E vai de repente, ao voltar para casa (...) começo a pensar que havia de morrer (ele ou a titi, perguntaríamos nós), e na salvação da minha alma (ou do seu corpo, indagaríamos) (...) e dá-me uma vontade de chorar... Enfim, a titi faz favor, deixa-me aqui um bocadinho só, no oratório, para aliviar... (Queirós, 19--, v. I, p. 1517)

Confirmando a idéia de representação, ele fala em teatro!

No discurso de Teodorico, as palavras têm significados duplos e divergentes, assim como os suspiros da personagem quando a titi fecha o reposteiro, a fim de que ele possa rezar em paz: para a titi os suspiros significariam arroubos de amor divino, mas para Teodorico falavam de joelhos arranhados e de violentos desejos de "beijos vorazes" atirados pelos "ombros maduros e suculentos" da viscondessa de Souto Santos ou de Vilar-o-Velho, "se a pudesse ter só um instante, ali mesmo que fosse, no oratório, aos pés de ouro de Jesus, meu Salvador!" (Queirós, 19--, v. I, p. 1517).

Teodorico é porém, paradoxalmente, um ironista descuidado: quando não atenta para a semelhança dos embrulhos da camisola da Mary e da coroa de Cristo e entrega para a titi, por engano, a comprovação de seu pecado, tem decretado o castigo de sua hipocrisia, pois a rica senhora afinal lhe deixa como herança apenas os óculos, supostamente para que ele veja melhor a pobreza em que ficou. É que no momento solene do engano Teodorico não tem a presença de espírito de inventar uma história convincente e enganosa (como o Marco Antônio, da peça de Shakespeare, ou Maria Elisa, de *A filha do arcediago*, de Camilo); só depois imagina que poderia ter atribuído a camisolinha da Mary a Maria Madalena, transformando-a assim numa relíquia que poderia conquistar o céu para a titi e certamente também para ele, através da fortuna da titi.

Em todos esses exemplos percebe-se a presença da ironia retórica, a que serve ao engano e à trapaça; em todos há partidos em luta, empenhados em jogos de enganos: no caso de Gil Vicente opõem-se a classe produtora, ligada ao trabalho, e a classe não produtora – a dos nobres e a dos ligados à Igreja. Em *A filha do arcediago* e em *A relíquia* trata-se do partido dos burgueses endinheirados e dos que não têm dinheiro e querem obtê-lo com facilidade. Em *A queda dum anjo* trata-se do povo pobre e inculto contra os morgados ricos, do deputado Calisto Elói contra o deputado Libório de Meireles, de diferentes partidos políticos: o da província (com sua autenticidade e seu atraso) e o de Lisboa (com seu progresso e decadência moral).

Quanto à obra de Eça de Queirós, pode-se ver, em *O crime do padre Amaro* e em *O primo Basílio*, o partido dos sedutores inconseqüentes e o das mulheres disponíveis e ingênuas que acreditam no discurso vazio e enganador de galãs que se valorizam: Basílio com sua suposta cultura e suas histórias de viagens; Amaro com sua pretensa ligação direta com Deus. Também no caso de *A relíquia* as personagens falam em Jesus e na religião com o objetivo de conquistar o paraíso; só que no caso da titi trata-se da salvação no paraíso celestial, enquanto o paraíso de Teodorico seria mesmo na Terra: a salvação pelo dinheiro e pelas vantagens de sua posse.

Muito se tem falado na ironia de Eça como sátira aos costumes. No caso de *O crime do padre Amaro* e de *O primo Basílio*, essa sátira estaria, entre outras coisas, a serviço de uma estrutura burguesa que serve à dominação masculina e à necessidade de submissão da mulher: veja-se que Amélia é castigada por ter ousado amar um padre, enquanto este aprende a adaptar-se ao figurino das aparências burguesas e chega ao sucesso almejado. No caso de Luísa, o castigo é o que se dava às prostitutas – a raspagem da cabeça –, enquanto Basílio continua as suas viagens e a sua vida de livre conquistador. Já em *A relíquia*, o castigo de Teodorico resulta de a personagem não se ter adaptado suficientemente ao fingimento daquela sociedade, embora tenha aprendido o bastante para ganhar depois a vida com a venda das supostas relíquias. O dito irônico, no caso, ataca e simultaneamente busca apoio para o ponto de vista defendido.

O mais importante que a ironia retórica de Camilo e Eça nos oferece talvez esteja na indicação de que personagens como Amélia, Luísa e Teodorico são derrotadas por ser defectivo o seu manuseamento do código lingüístico, o que leva à impossibilidade de lidar adequadamente com a ironia e, conseqüentemente, à incapacidade de perceber que a mensagem serve a uma ideologia, de onde tira a sua pretendida significação. Isso não acontece em *A queda dum anjo*, dada a ampliação da capacidade de leitura e de adaptação de Calisto Elói, personagem que se transforma no decorrer da novela.

Algumas conclusões poderiam ser tiradas das reflexões feitas até agora:

1 - Existem na comunicação irônica três elementos: emissor, receptor e mensagem.

2 - É a ambigüidade da mensagem que possibilita o seu potencial entendimento divergente.

3 - A comunicação irônica obedece a um código particular: não se endereça ao objeto da ironia, mas a um terceiro elemento real ou supostamente presente ao ato da palavra irônica – o leitor, no caso das

referidas obras de Herculano, Camilo e Eça de Queirós. Esse elemento é assim valorizado, pois visto como capaz de compreender a mensagem cifrada que lhe é dirigida, mas se transforma em vítima da ironia se não for capaz de perceber a duplicidade de sentido do discurso. No plano de sua diegese, o texto irônico geralmente apresenta uma vítima da comunicação irônica: Rosa Guilhermina, de *A filha do arcediago*, é enganada pelo pretendente que vivia de traduções e se interessava apenas pela fortuna da rica herdeira; Amélia não percebe os enganos em que a envolve o padre Amaro; Luísa não tem malícia suficiente para perceber a sedução do primo Basílio.

Uma outra obra de Eça de Queirós apresenta interessante exemplo de vítima de ironia: trata-se de *O conde de Abranhos*, em que o autor coloca em cena um narrador de cuja palavra discorda. Utiliza assim esse leitor intradiegético despreparado – certamente uma vítima da ironia do conde que ele tanto elogia – para estimular os leitores a fazer um exercício crítico, aprendendo com a caricatura do secretário ingênuo a ser menos crédulos, menos bajuladores, menos interesseiros e, enfim, mais atentos e menos ridículos. O exagero com que carrega nas tintas dos elogios do secretário indica a ironia desse autor impiedoso, que usa a exaltação moral para desmoralizar e o comentário positivo para criticar.

4 - Os sinais de ironia situam-se no nível da palavra dada (contextualizada) e nunca no nível da língua, do código. O amor que supostamente Maria Elisa dedica a António José da Silva, de *A filha do arcediago*, é mesmo amor, no campo do significado e da língua. Mas em relação ao contexto o objeto do desejo não é o comerciante, mas a sua fortuna; o mesmo se poderia dizer do amor de Amaro e de Basílio: Amélia e Luísa eram as mulheres disponíveis para a sensualidade exacerbada de cada um, o que não significa que tenha sido realmente amor o sentimento que eles lhes declararam; comprovou-se, ao contrário, o potencial de engano existente no discurso de ambos.

5 - A ironia congrega aqueles que a usam ou a percebem; os conservadores padre Amaro, cônego Dias e conde de Ribamar se reúnem no final de *O crime do padre Amaro* para falar contra a "insurreição" e as

lutas sociais e para gozarem a vista da cidade, que consideram progressista, enquanto o narrador a descreve como em franca decadência.

A ironia retórica corresponde ao primeiro grau de evidência da ironia, o da ironia coberta, no dizer de Wayne Booth. Trata-se daquele nível em que ela pretende ser compreendida como tal, isto é: a mensagem deve ser percebida em sentido contrário, antifrástico, caso em que a tática de ação pode ser tanto a simulação quanto a dissimulação. Embora o sentido pretendido não seja diretamente expresso, uma verdade é afirmada, há uma mensagem a compreender, o que pode significar uma ideologia a exaltar ou a defender.

Um grande exemplo dessa ironia é o de Swift, com a sua "Modesta proposta para evitar que as crianças da Irlanda sejam um fardo para seus pais e para o seu país", texto em que a voz enunciadora propõe que se estimulem a concepção, criação e devoração de criancinhas, para resolver o problema da fome na Irlanda do século XVIII. No perigoso jogo que empreende, o autor assume o risco de ver colocada em dúvida a sua convicção partidária – seria ele afinal um amigo ou um inimigo dos pobres? Somente a percepção das incongruências semeadas no texto – datas erradas, mistura de tom emocional com o tom científico de professor de economia política, entre outras – permite ao leitor decodificar o texto e ver que o autor diz o contrário do que diz, quando afirma, por exemplo, que apenas os ricos têm direito ao prazer, ou quando coloca no mesmo plano éguas, vacas, novilhas e leitoas prestes a parir e mulheres pobres grávidas, que no seu projeto deveriam ter o mesmo tratamento e iguais vantagens.

Ironia *humoresque*, não já e ainda não

Se a ironia retórica coloca uma dupla possibilidade, mas tem um ponto de chegada, a intenção da ironia *humoresque* ou de segundo grau não é dizer o oposto ou simplesmente dizer algo sem realmente dizê-lo. É, ao contrário, manter a ambigüidade e demonstrar a impossibilidade de estabelecimento de um sentido claro e definitivo, pois o texto construído com essa ironia se configura como código evanescente e lugar de passagem.

Ao usar esse tipo de ironia, o escritor coloca-se como um habitante de Blablalie, a outra ilha de que fala Guido Almansi, onde o uso da linguagem tinha inicialmente o objetivo de expressar emoções e onde mágicos da palavra começaram a falar mentirosamente desses "sentimentos". Almansi conclui que somos todos mágicos de Blablalie. Os maiores são os poetas, que garantem a prosperidade da literatura exatamente por sua malignidade e ambigüidade, pois é impossível saber se um texto é sério ou paródico, já que nele o próprio conceito de verdade está ausente. Essa ironia deixa assim em dúvida perene aquele leitor que procura um sentido final para o texto, obstinando-se em decifrar as suas incongruências, sem atentar para o caráter lúdico, fluido e instável da linguagem que o constitui.

Celestino Vega (1967) define esse tipo de ironia como humor, forma de sabedoria situada entre o riso e o pranto, equilíbrio entre a comédia e a tragédia, dado o saber paradoxal do humorista, que vê simultaneamente o verso e o reverso das situações. Um exemplo estaria no estudo de Jacques Alain-Miller sobre o piropo – o galanteio que o venezuelano dirige a uma mulher sabidamente inacessível (1984). A expectativa é de que a mulher reaja com um sorriso gratificado ou com uma expressão ofendida, pois assim terá reconhecido a existência do piropeador.

Outro bom exemplo da ironia *humoresque* está na "Missa do galo", de Machado de Assis, conto marcado por ambigüidade e indefinição.[9] É impossível estabelecer se a personagem Conceição, por exemplo, é romântica ou realista; se existe sensualidade na cena ou se esta é uma invenção do narrador; se o clima de representação do enunciado está ou não contaminado por sua enunciação e pela paródia que nele se faz de outros textos. O mesmo acontece em *Dom Casmurro*, em que é impossível determinar se Capitu traiu Bentinho ou se o autor apenas exibe diante do leitor alguns dos artifícios com que constrói o seu romance.

---

[9] Ver, neste volume: "'Missa do galo',: ironia romântica, humor e leveza".

Também Guimarães Rosa brinca com esse humor: no "Famigerado", joga com a ambigüidade da palavra de significação duvidosa; em "Partida do audaz navegante", "A menina de lá", "A terceira margem do rio" ou "Pirlimpsiquice", entretece e esvazia intenções de sentidos, em favor de uma arte etérea, em que a linguagem não fixa sentidos e se tece como arte diante do leitor.

Vladimir Jankélévitch (1964) explica que a ironia *humoresque* ocorre em momentos de distensão, embora exija um espírito alerta e ativo, capaz de afirmar sua substância nas fronteiras, consciente de que o absoluto se realiza e ao mesmo tempo se destrói num momento fugidio. Ironizar será, nesse sentido, distanciar-se, poder colocar questões, transformar presença em ausência, introduzir no saber o relevo e o escalonamento da perspectiva. Em razão disso o mesmo já não será o mesmo, mas um outro. Será ter flexibilidade, prevenir-se contra o desencanto com a arte de examinar superficialmente, sem se envolver com o fanatismo exclusivista. Pela recusa do envolvimento e do encantamento, a ironia *humoresque* será uma *gaieté* um pouco melancólica, inspirada na descoberta da pluralidade: nossos sentimentos e idéias devem renunciar à solidão senhorial e coabitar no tempo e no espaço com a multidão, preferindo a justiça à intimidade.

Essa atitude irônica contesta o inaudito, o original, o sagrado; mostra que nada é eterno e duradouro, nenhum juramento é para sempre, o universo não é infinito. Suprema questionadora das premissas sacrossantas, por suas interrogações indiscretas ela arruína toda definição e reaviva incansavelmente toda problemática, mostrando-nos o espelho côncavo em que enrubescemos de nos ver deformados, para que aprendamos a não nos adorarmos.

Apesar de seu pessimismo, a ironia *humoresque* considera os renegados indulgentemente; não se indigna com as traições nem se espanta com as conversões. Esvazia a falsa sublimidade, as exagerações ridículas e o pesadelo das vãs mitologias. Imuniza contra as decepções e é antídoto para as falsas tragédias. O ironista escolhe ser um outro que não ele mesmo; cita-se por ironia e prevê a troça do outro. Diz então, à sua maneira, que a essência do ser é o *devir*, que não há outra maneira de ser que *dever-ser*; explora assim com virtuosidade a dissociação entre ser e parecer, o equívoco entre o parecer e o aparecer, o desacordo do pensamento com a linguagem, do pensamento com a ação, do pensamento consigo mesmo.

Eça de Queirós usa a ironia *humoresque* em *Alves & Cia*. Helvécio Ratton a acentua em seu filme *Amor & Cia.*, exibindo ambos os autores, em suas obras, a percepção de que o ser humano tem motivações internas que justificam as suas reações diante da multifacetada realidade: Godofredo – o marido traído – é caracterizado pela falta, pela insegurança, pelo desejo e pela necessidade do olhar do outro.[10]

Também o fidalgo Gonçalo Mendes Ramires, de *A ilustre casa de Ramires*, tão sensível e tão covarde, tão sozinho e tão querido pelos amigos, parece ser trabalhado com a ironia *humoresque*. É como se Eça de Queirós, depois de tentar em várias obras "dar um choque ao enorme porco adormecido", compreendesse afinal que uma personagem como Gonçalo, com aquela origem, não podia ser forte e decidido, mas devia ser aceito e amado como um ser humano.

O romance permanece inconcluso, o que é também sinal da ironia com que se elabora. Gostosamente lúdico, particulamente atento a todos os fios com que se constrói, deixa em suspenso várias questões, como a da oposição entre romantismo e realismo e a da valorização ou não do romance histórico. Espelhando-se no bom humor e na capacidade de brincar com as palavras, revelados em vários momentos pela personagem central do romance, o autor explicita a capacidade multiplamente sedutora da narrativa e enfatiza a intrincada trama, que constrói com a sua plurissignificância uma verdade narrativa própria, não situada no plano do pragmatismo e da solução de problemas, mas no da comunicação, da criatividade, do fingimento e da arte.[11]

Outro bom exemplo de ironia *humoresque* estaria no poema de Fernando Pessoa:

---

[10] Ver "*Alves & Cia.*, de Eça de Queiroz, e *Amor & Cia.*, de Helvécio Ratton", neste volume.

[11] Ver, neste volume, "A lúdica complexidade de *A ilustre casa de Ramires*.

Autopsicografia

O poeta é um fingidor.
Finge tão completamente
Que chega a fingir que é dor
A dor que deveras sente.

E os que lêem o que escreve,
Na dor lida sentem bem,
Não as duas que êle teve,
Mas só a que êles não têm.
(Pessoa, 1965, p. 164-5)

O título do poema promete uma primeira pessoa gramatical, mas nele encontramos de início apenas a terceira pessoa. Trata-se de uma incongruência provocadora de estranhamento que funciona como sinal de alerta para o leitor. O poeta mencionado aparece como uma personagem, uma ficção que funciona também como arte poética, pois tanto pode significar "este poeta que sou" quanto a "classe" de poetas. Há um testemunho oblíquo, que é muito mais fictividade e invenção: se o poeta teve duas dores – a sentida e a que sobre essa fingiu –, há no poema uma terceira dor, a dos leitores, e ainda uma quarta, a que os leitores sentem através dessa que lêem e que é a que eles não têm. Se o poeta pode sentir uma dor inventada, o leitor pode sentir uma dor que ele não tem, e assim se multiplicam as máscaras e os fingimentos de uma linguagem que nada garante, antes exibe os artifícios com que se constrói. O poeta mostra assim o fingimento de sua escrita, que nada pretende dizer: o que deseja é usar com liberdade a linguagem, desvinculando-a de significados prévios, que lhe poderão, entretanto, ser atribuídos pelo leitor.

O texto da ironia *humoresque* é assim um rodeio irônico, uma espécie de bordado, de licença poética ou arabesco. O eu que fala é um acrobata funâmbulo que se equilibra por seus reflexos e movimentos; detém um saber extralúcido, tão mestre de si que é capaz de brincar com o erro.

Parece jogar o jogo do inimigo (mostra assim o parentesco dessa ironia com a retórica). Essa a sua grande arte e suprema liberdade, a mais inteligente, a mais diabólica, a mais temerária também. Lembra assim Nietzsche, para quem o sentido da literatura é extramoral, isto é, não tem fins pragmáticos: trata-se do fingimento poético ou da fictividade da poesia.

Na ironia *humoresque* o ironista se anestesia para não perceber o gosto das qualidades; renuncia à preciosa ingenuidade que torna as coisas envolventes e humanas. O perigo que ele corre relaciona-se com a crença em sua própria indiferença, pois não se endossa sempre uma idéia sem aderir a ela algum dia. Ao brincar com o fogo corre o risco de queimar-se: fingindo amor, arrisca-se a prová-lo; parodiando imprudentemente, arrisca-se a cair em sua própria armadilha, pois depois de fazer paródia pode-se imitar seriamente o parodiado e acabar por assumir o papel representado: a consciência do espetáculo pode gerar o espetáculo. É que a peça que a paródia[12] prega aos ironistas explica-se pela carga de história e de lembranças presentes nas palavras; sua riqueza de sentidos que permite a alusão pode significar armadilha do inconsciente verbal.

O principal perigo da ironia reside em não haver ironia absoluta: ela está sempre a ponto de nomear-se e de instalar-se no centro de um sistema. É que não existe ironia sistemática. A menor complacência da consciência anula o desespero do remorso, torna toda sinceridade suspeita, empana enfim a pureza de intenção. Assim também a menor afetação faz do ironista um profissional e do homem charmoso um especialista do charme, isto é, um bufão e um debochado.

O autor da ironia *humoresque* é a boa consciência maldosa que pode fazer e desfazer, jamais deixando perdurar a própria ilusão. A sua obra é código evanescente e de passagem. Sua trama penelopiana é a da obra contestada, volatizada, ironizada, obra-fantasma que a cada noite se desfaz. Este é o seu reino: não já e ainda não. Daí a relação dessa ironia

---

[12] A paródia é uma ironia intertextual; a ironia retórica é contextual, enquanto a *humoresque* é intratextual.

com a atividade lúdica, num jogo desinteressado, que não tem finalidade, pois é instrumento de dissidência e de evasão da atividade séria: essa ironia é assim uma circunvolução do sério, embora não se contente, como o jogo, de passar e pronto: representa um progresso, onde passou há mais luz e mais verdade.

A ironia simplista (retórica) decifra-se automaticamente: se os primeiros são os últimos, se o norte se torna o sul, nada é finalmente mudado; se os mestres e os escravos trocam de lugar, muda-se simplesmente de mestres e de escravos e a injustiça é mais invertida que destruída. Uma ordem invertida tem um novo "direito" e não é revolucionária senão em aparência. As simetrias semelhantes às dos antípodas testemunham uma seriedade sem humor, uma ironia fechada, um dogmatismo da ironia que funciona como qualquer absolutismo e se fixa na afirmação ridícula de sua própria frivolidade.

A ironia *humoresque*, diferentemente, é demoníaca: amorosa, séria, usa sempre a leveza e fica entre a tragédia e a comédia, dizendo que nada é tão grave quanto cremos, nem tão fútil quanto julgamos. Assim como o humor não existe sem o amor, não há ironia *humoresque* sem alegria e lucidez. O objetivo dessa ironia não é nos deixar macerar no vinagre dos sarcasmos, nem depois de massacrar todos os fantoches, construir outros em seu lugar, mas é restaurar aquilo sem o que a ironia mesma não seria irônica: um espírito inocente e um coração inspirado e, principalmente, uma mente aberta, capaz de lidar com o paradoxo. Seria, portanto, um erro vê-la apenas a serviço do espírito de destruição.

Wayne Booth (1974) chama essa ironia de instável. Muecke denomina-a "ironia geral", mostrando que ela emerge da consciência de que a vida está em desacordo consigo mesma e com o mundo, pois os desejos do homem esbatem-se contra a certeza de sua morte, a impenetrabilidade do futuro, a limitação de seus poderes, a força da biologia, a obstinação das forças naturais: a infinita insaciabilidade do desejo encontra finitas possibilidades de satisfação.

Jankélévitch vê a ironia *humoresque* como leve e sutil, com nuances de gentileza e de afetuosa simplicidade: segundo a sua teoria, ela se compadece do que ri, tornando-se cúmplice secreta do ridículo. Enquanto a ironia fechada é agressiva e hostil, a *humoresque* é aberta, humilde e pacífica, não se esgotando para ela as circunstâncias atenuantes. Por isso, ela livra da ambição do poder, da servidão dos partidos, do pedantismo da ciência, da admiração dos grandes personagens, da mistificação da política, da superstição do grande universo e da adoração de si mesmo. Um bom exemplo é o que encontramos em "Partida do audaz navegante", de Guimarães Rosa, com a sua Brejeirinha sensível, brincalhona, capaz de degustar os sons das palavras, as quais tenta aproveitar para aproximar as pessoas, sem se preocupar com sua significação.[13]

Essa ironia refinada é efetivamente um fenômeno que se situa na transição e no limite; não pode realizar-se senão em situação intermediária, hesitante e indecisa: nunca lá ou aqui, mas sempre na passagem; romântica e clássica, mística e prosaica, aventureira e burguesa, parece contrária à admiração, ao respeito e ao amor, mas na verdade os aprofunda, pois não acredita na maldade radical, mostrando sempre o altruísmo que pode haver no egoísmo, a suposta verdade em que pode apoiar-se o erro.

A percepção dessa ironia se fará principalmente pela intuição, pela consciência do contraste entre aparência e realidade e pela capacidade de ler nas entrelinhas, nos silêncios, nos espaços vazios e nas incongruências. Na verdade, essa ironia será uma realização conjunta de autor e leitor, já que os elementos fundamentais da estrutura comunicativa são emissor, receptor e mensagem, o que supõe uma comunhão do código entre os dois extremos do processo.

A ironia *humoresque* é, portanto, lugar simultaneamente do não já e do ainda não, da afirmação e da negação; lugar em que se constrói, com o fio penelopeano do simbólico, uma permanente oscilação entre o real e o imaginário. Por isso, a ironia *humoresque* foi um ingrediente extremamente importante para o romantismo alemão, cujo objetivo era fazer brilhar a poesia, não como obra, mas como arte, pura consciência do instante e lugar do exercício da liberdade absoluta.

---

[13] Ver, neste volume, "Brejeirinha e outros doidinhos/artistas de Guimarães Rosa".

Ironia romântica

Assim termina *A queda dum anjo*, de Camilo Castelo Branco:

> Eu, como romancista, lamento que ele não viva muitíssimo apoquentado, para poder tirar a limpo a sã moralidade deste conto.
>
> Fica sendo, portanto, esta coisa uma novela que não há-de levar ao céu número de almas mais vantajoso que a novela do ano passado. (Branco, 1986, p. 245)

Esse eu parece falar da expectativa de que o seu "conto" tivesse um objetivo moralizante; conclui, porém, que o final feliz da trajetória de Calisto Elói esvazia o ensinamento que a novela poderia conter, e o narrador aproveita para lembrar a existência de outros livros do autor, estimulando assim o leitor a lê-los (e a comprá-los!). Paralelamente, porém, acentua-se o caráter de arte e produção desse texto que é uma elaboração de linguagem, uma manifestação de liberdade de um eu que se sabe determinado pelas leis morais da sociedade, mas que, ironicamente, brinca com elas, exibindo a arte com que constrói a sua obra.

Camilo Castelo Branco parece assim usar em *A queda dum anjo* o que Guido Almansi chama de *tongue-in-cheek*, ou seja, múltiplos e sutis sinais dirigidos ao receptor, a indicar-lhe o caráter de jogo e autoparódia do texto, tornando visível o material que utiliza e a ironia romântica com que se constrói. Nessa novela, até a história contada é ironizada, por ser apresentada como um conto de fadas que parodia as narrativas românticas. O autor ironiza ainda a construção narrativa, pois desnuda para o leitor os artifícios de seu texto, cuja tessitura deixa ver simultaneamente o seu direito e o seu avesso. Fala portanto de ironia com ironia, o que é uma forma de buscar a compreensão reflexiva do leitor, com quem estabelece comunicação, valorizando-o como um outro capaz de posicionar-se criticamente diante da realidade.[14]

---

[14] Ver "A reversibilidade irônica de Camilo em *A queda dum anjo*", neste volume.

Trata-se aqui da ironia que os Schlegels, Karl Solger e outros chamam de romântica. A objetividade, "indiferença" e liberdade do autor arredio, altivo e divino, sistematizadas na época do romantismo, já se encontram entretanto em Aristófanes, Petrarca, Cervantes, Goethe, Shakespeare. Em teoria e prática, é também a ironia de Flaubert, Joyce, Thomas Mann e Machado de Assis.

A ironia romântica amplia e torna mais complexo o fingimento existente na ironia retórica. Acrescenta-lhe uma auto-ironia, fruto da consciência narrativa, em que o texto, em vez de buscar afirmar-se como imitação do real, exibe o seu fingimento, revelando o seu desejo de ser reconhecido como arte, essência fictícia, elaboração de linguagem. A literatura não camufla mais os seus artifícios de representação: ao contrário, exibe-os, na perspectiva de uma fala não transitiva, cuja tarefa não é dizer as coisas (desaparecer no que elas significam), mas dizer(-se), numa fala-sujeito que entretanto não faz de si mesma o novo objeto dessa linguagem sem objeto.

Camilo Castelo Branco é um especialista nessa ironia – que indica ser a obra construída por uma consciência em ação –, evidente em *A queda dum anjo*, entre outros elementos, pela inadequação entre títulos e conteúdos de capítulos, pelo uso irônico de antropônimos e topônimos, pela reduplicação de papéis das personagens, pela presença explícita do narrador, que aparece também a partir de modais ("aqui", "este", "deste") e nos comentários (entre parênteses ou não) que provocam o esvaziamento irônico da seriedade, através da colocação lado a lado de elementos incongruentes.

Também *O que fazem mulheres* é um grande exemplo dessa camiliana ironia romântica: a novela tem dezessete capítulos e mais um outro – "Avulso" –, a ser colocado onde o leitor quiser. Tem "Cinco páginas que é melhor não se lerem" e que antecedem o capítulo XV; a conclusão, dois antelóquios, "A todos que lerem" e "A alguns dos que lerem" e um suplemento, que contém um prefácio, supostamente escrito depois de o romance acabado e estranhamente colocado em seu final. Nesse prefácio está incluído um longo poema, composto por uma nova personagem, um recém-apaixonado pela heroína, cuja função é colocar em dúvida a sua extraordinária virtude, a partir de cuja fama, diga-se de passagem, ela (e antes dela, sua mãe) domina todas as personagens da história. Explicitam-se assim os artifícios da narração, mas o leitor nunca tem certeza do que diz o texto, pois o narrador o faz prever acontecimentos dos quais muda posteriormente o rumo. A novela registra- discussões entre autor e leitores e entre autor e editor a propósito dos acontecimentos narrados, discutindo também a forma de contá-los e de encadeá-los. Comentam-se o poder e a autonomia do narrador/autor e abre-se espaço para as questões do leitor, ao qual também se fazem perguntas. Discutem-se nomes de personagens e as suas leituras, o seu caráter real ou ficcional, desautorizando-se, por vezes, em notas de pé de página, as suas afirmativas. Comentam-se na novela, ainda, artifícios da narração, como encaixes e reticências, vistas estas como formas de lograr o leitor, porque comparáveis aos "pesos roubados na mercearia".

Sempre presente e atento, de vez em quando o narrador-autor chama a atenção do leitor para a arte e a paciência com que constrói o seu texto, que poderia ter as continuações sugeridas e logo abandonadas e é muitas vezes entretecido com cartas das personagens. A enunciação é assim muito mais trabalhada que o enunciado, cujo valor é parcial e provisório, e cujo caráter de ilusão ficcional é acentuado.

Outro texto em que Camilo usa abertamente a ironia romântica é *Vinte horas de liteira*, em que se invertem as posições de narrador e narratário, reforçando-se a ironia do procedimento pela preocupação deste último em apresentar testemunhas para todas as histórias que relata.

Essa ironia romântica é para Friedrich Schlegel inerente à arte. Para escrever, o artista consciente precisa ser criativo e crítico, subjetivo e objetivo, entusiástico e realista, emocional e racional, inconscientemente inspirado e conscientemente artista. Seu trabalho pretende ser sobre o mundo, mas se sabe ficção. Ele sabe que é impossível fazer um relato verdadeiro ou completo da realidade, por ser ela incompreensivelmente vasta, contraditória, em contínua transformação, de modo que um relato verdadeiro seria imediatamente falso, logo que completado: o que resta ao artista é incorporar ao seu trabalho a consciência de sua irônica posição diante do mundo.

A importância dessa ironia na literatura foi muito acentuada na Alemanha em fins do século XVIII, a partir do fermento de especulação filosófica e estética que fez daquele país, durante muitos anos, um líder intelectual da Europa. Os principais ironólogos desse período são Friedrich Schlegel, seu irmão August Wilhelm e Karl Solger. A.W. Schlegel define ironia como um balanço do sério e do cômico, do imaginário e do prosaico. E Karl Solger afirma que a genuína ironia "começa com a contemplação do destino do mundo em larga escala". Antes dele, F. Schlegel chegara a acreditar que a ironia era conseqüência do reconhecimento de que o mundo em sua essência é paradoxal; somente uma atitude ambivalente pode abranger a sua totalidade contraditória. A ironia romântica não será assim, como diz Bourgeois, a simples distância do autor em relação à sua obra; ela faz com que o significado não seja necessariamente o objetivo do discurso; cada sentido, compreendido direta e ironicamente, deve reenviar ao significante para lhe dar o único valor possível, o de ato estético.

Com a ironia romântica, que não é a da época romântica, mas elemento constitutivo do romantismo alemão, do romantismo francês e de movimentos semelhantes, o que se procura ressaltar é a coexistência dos contrários, a oscilação entre objetividade e subjetividade, a construção da obra por uma consciência em ação. Trata-se da expressão de uma arte que quer ser reconhecida como tal e por isso não se satisfaz com o sério absoluto. Através de constante parábase, a ironia romântica desfaz a cada momento a ilusão de representação da realidade para mostrar o artista em ação, revelando a autonomia de uma arte que tem a sua realidade própria e por isso pode misturar o sério e a brincadeira, o sonho e a realidade, o sublime e o patético, tornando sensível a distância entre o mundo limitado e o infinito ideal.

Reduplicação, espelhamento, fragmentação, mascarada, inversão, autoparódia, multiplicidade de papéis representados, jogo e parábase são artifícios da obra construída com a ironia romântica, em que o autor se mostra constantemente por trás de suas personagens, pois o objetivo é desfazer a ilusão da representação, contradizer o espírito de seriedade da obra. Esta não será assim a representação de algo exterior a si, mas algo que se faz diante do leitor/espectador, essencial para a existência da obra: o narrador/autor pode contar uma história, a história que quiser, conduzi-la como lhe aprouver, porque só ele a conhece (ou só ele pode inventá-la). Paradoxalmente, porém, só o pode fazer porque há quem o entenda, quem acredite nesse saber, quem se disponha a entrar nessa comunicação.

Para Schlegel e para a ironia romântica, a verdadeira arte estará desvinculada de valores morais e representa o reconhecimento do artista de que é impossível a realização de seu desejo do absoluto, dadas as suas limitações. O autor relaciona a dialética irônica com as duas polaridades do pensamento idealista – finitude e infinitude, criação e negação de si – e revela sua inclinação por uma ironia capaz de absorver todas as outras a partir da valorização do fragmento e da relatividade. Na sua teoria estética, a ironia é uma resposta à irrealizabilidade do absoluto, visto como tangível presença para a consciência.

É sintomático que essa perspectiva estética schlegeliana tenha sido severamente criticada por Hegel, cujo idealismo, marcado pelos princípios da fenomenologia, valoriza a representação como a tarefa original da expressão artística, vista como um degrau para se chegar ao absoluto. É que, para Hegel, a arte tem de ser moral, sendo a linguagem mediadora entre as representações interiores e exteriores.

Para Schlegel e para a ironia romântica, ao contrário, a literatura não é capaz de realizar o absoluto, pois o abismo entre este e a mente que busca realizá-lo é completo e definitivo: embora perceptível, o absoluto não é concebível nem explicável.

A ironia romântica representa, assim, um fator de autonomia em arte: arte como arte,[15] pois através da ironia romântica o autor literário conta uma história completa, incluindo o autor e a narração, o leitor e a leitura, o estilo e a sua escolha, a ficção e o fato. A obra terá assim uma realidade própria e não um fim em si; será fenômeno autônomo – simulacro –, ao mesmo tempo valor supremo e não-valor absoluto, em que o autor se quer lúcido no momento mesmo em que é mais

[15] Não se trata de arte pela arte, mas de arte feita conscientemente como arte.

apaixonado. Através da ironia, a literatura romântica toma consciência de si mesma e anuncia que toma o poder, encontrando entretanto o seu sentido mais perigoso ao interrogar-se de maneira declaratória, ora triunfante ao descobrir que tudo lhe pertence, ora angustiada por reconhecer que tudo lhe falta, pois ela se afirma pela ausência.

Maria de Lourdes Ferraz lembra a presença do autor na obra como elemento importante da ironia romântica: essa presença indica o caráter ilusionista da escrita e, por extensão, o caráter mistificador da literatura. "Em nome da autenticidade, a desmistificação reforça a força mistificadora da ficção" (Ferraz, 1987, p. 80). O tratamento do tempo é, para Ferraz, "chave da ironia do narrador":

> O tempo do narrador só o é enquanto refere outro tempo – o da história. O discurso, dito do narrador, só assim se pode designar porque enquadra a temporalidade da história; nada fixa o sujeito enunciador senão o próprio enunciado; o momento da enunciação só se percebe quando enunciado. É como se o *presente* intemporal e atemporal só valesse pelo tempo que cria, inserto num devir onde o que importa é o passado e o futuro. (Ferraz, 1987, p. 91)

Na ironia romântica a arte quer ser reconhecida como arte, essência fictícia: quanto mais profunda, mais lúcida, mais consciente de si mesma. Trata-se de uma arte que não se satisfaz com o sério absoluto, pois não quer ser igual à realidade, por isso toma o dito e o decompõe, fragmenta, desestrutura e discute, consciente da necessidade de distanciamento do real. O ironista consente, assim, em ser apenas um "muro sensível", por cujas fendas se possa "ver as vozes e ouvir os rostos"; refugia-se conscientemente no papel representado, fazendo-se espectador de si mesmo e espectador desse espectador. André Bourgeois (1974) afirma que na consciência da coexistência dos contrários e na impossibilidade de separar a plenitude do caos estão alguns dos pressupostos da ironia romântica, os quais impedem ao mesmo tempo a pura subjetividade e a pura objetividade, criando desse modo distância entre o autor e a obra e apresentando uma reflexão poética multiplicada como em uma série infinita de espelhos.

A obra irônica será então síntese de noções antitéticas: ação e não contemplação passiva, aliança entre objetividade e subjetividade, mistura do sério e da brincadeira, o sonho e a realidade, o sublime e o patético, o real e o aparente. Busca assim tornar sensível a distância entre o mundo limitado e o infinito do ideal, situando-se no instante frágil da passagem do determinado ao indeterminado, do finito ao infinito.

Afirmação da ilusão das coisas e, antes de tudo, da ilusão da própria arte, a ironia romântica busca a reprodução infinita de imagens a se refletirem de espelho em espelho. Por isso seus motivos recorrentes são os da mascarada, do especular e do duplo. Sua função é mergulhar o leitor num equívoco benfeitor que o faz perceber a diferença entre o eu que vê, o eu que atua e a transparente opacidade da máscara que, se for perfeita demais, não se distinguirá de falsidade (é preciso ter consciência da máscara).

Só existe ironia romântica quando se desfaz a ilusão de ser a obra uma "realidade" e o que se diz tem um valor parcial e provisório. É que a obra irônica afirma-se não como paródica mas como autoparódica, ao indicar o seu caráter arbitrário. Nela o autor apresenta a consciência de ser o seu primeiro leitor, pode comentar e julgar o que escreve, rompendo a ilusão da representação através da parábase. Ao intervir, o autor sugere uma ultrapassagem de sentido, que passa a ser relativo e incompleto. Tudo pode ser justificativa para a criação literária.

Em *A ilustre casa de Ramires*, de Eça de Queirós, uma personagem escreve uma novela que poderia ter o mesmo título do romance. A presença de um representante da representação na obra é um artifício muito usado pela ironia romântica – a parábase –, com que se desmistifica o caráter de verdade e de lição moral do texto, que passa a apresentar-se como arte, relatividade, brinquedo, jogo. A reduplicação e o espelhamento valem assim como índices da construção irônica, que explicita o caráter de produção programada da obra, diferente daquela que pretende ser simplesmente uma representação da realidade.

"A abóbada", de Alexandre Herculano, aqui já mencionada para exemplificação de ironia retórica, teria assim também elementos de ironia romântica. Um narrador/autor assume o seu papel de articulador da trama textual, dirigida a um leitor/narratário com quem busca estabelecer comunicação através de expressões majestáticas na primeira pessoa do plural: "Fizemos" (p. 777), "nosso entender" (p. 778), "nos levaram" (p. 780), "narramos" e "extraímos" (p. 793); de modais marcadores de sua presença: "aqui", "talvez" (775), "estas" (p. 776); e de referências ao leitor (p. 793). Denuncia assim sua subjetividade na aparente objetividade da narração, lembrando Schopenhauer e revelando a arte com que elabora o fingimento da construção textual. É ainda pela parábase e pela representação na representação que "A abóbada" se revela produção de uma consciência criadora em ação: depois de narrar o prólogo do auto, por exemplo, o narrador chama a atenção para as ondas de papelão com que se finge a presença do mar e comenta a liberdade cênica com que um ator/personagem afirma subir ao céu, descendo na verdade os três degraus do palco.

Se os jogos de alusões visam ironicamente a afirmar significados e "verdades", como na ironia retórica usada no conto por Mestre Ouguet (p. 781), pelas personagens do prólogo do Auto da visitação dos reis magos, por Frei Lourenço e Martim d'Océm, por elementos da corte de D. João I e pelo próprio rei (p. 798), ou na ambigüidade que torna impossível decidir se é Deus ou o Diabo o responsável pelas notícias que o povo, inexplicavelmente, sabe, não se pode deixar de observar o papel da ironia romântica na narrativa. Na representação aí explicitada encaixam-se a representação do Auto da visitação (que ironicamente não chega a completar-se), a representação existente no prólogo, o arremedo de representação constituído pelo monólogo de Mestre Ouguet e a cerimônia do exorcismo, que pode ser vista também como representação. Essa multiplicação de representações – principalmente se se observa estarem elas aliadas à presença de uma voz que se assume como representante da representação –, revela o importante papel exercido pela ironia na elaboração desse texto de Herculano, apresentado como resultado do trabalho consciente de um artista em ação que tem valores a enaltecer, mas até por isso valoriza o receptor de seu texto, desejando com ele estabelecer comunicação.

Entre as obras que usam exemplarmente a ironia romântica na literatura portuguesa, *A confissão de Lúcio*, de Mário de Sá-Carneiro, detém-se nos temas da representação, da criação e do fingimento através da presença de máscaras, espelhos e duplos, da fragmentação de seu enunciado, sinal da artificialidade de sua construção, das coincidências existentes na narrativa, indicando que ela se dobra sobre si mesma e evidencia os elementos com que se constrói. Disso são exemplos a orgia de fogo da americana, simultânea ao encontro "de almas" de Ricardo e Lúcio, ou a conclusão da obra de Ricardo – o *Diadema* – que coincide com o desejado encontro de Lúcio e Marta. Lembrem-se ainda outras histórias contadas, outras obras referidas ou criadas pelas personagens, que constituem *mises en abyme* no plano da narrativa e funcionam como espelhamentos que, junto às idéias de máscara e de duplo, indicam que a estória oscila ironicamente entre mimese e produção. *A confissão de Lúcio* revela-se assim, na melhor tradição de *Orpheu,* como ato estético que afirma ironicamente o caráter ilusório da obra de arte que se quer reconhecida como tal e que por isso revela a sua intenção de comunicação com o leitor.[16]

A utilidade da ironia para a construção literária pode ser observada na obra do escritor português contemporâneo Augusto Abelaira, cujos romances, temperados desde o início com pitadas de ironia, constroem-se sobre certezas nenhumas: seus diálogos são apenas "prováveis", suas personagens substituíveis, seu tempo reversível. A representação presente no enunciado é constantemente desmascarada, assim como a camuflagem e o fingimento, desvelando-se a estratégia lúdica de uma elaboração que se caracteriza mais como trama de significantes que como rede de significados, mais como falsificação e costura de fragmentos que como narração organizada: trata-se de comunicação e não de lição a transmitir.

Configurando-se como exercícios (in)úteis de construção de sentido, escrita e leitura confirmam, na obra de Abelaira, a incompletude de um eu que busca na literatura ilusória solução para o vazio existencial, opondo-se ao pragmatismo de narradores e personagens preocupados com a significação. Os romances de Abelaira inscrevem-se assim como

---

[16] Ver "*A confissão de Lúcio* e a ironia romântica", neste volume.

dialogismo, construção, escrita, fingimento, arte. Enquanto isso colocam retoricamente questões aos colonizadores, aos divulgadores da fé cristã, a todos aqueles que pretendem utilizar a linguagem como forma de dominação ou acreditam ser função da literatura apenas o dizer e o significar.

Com uma arte autônoma e consciente, esses textos preocupam-se com o estabelecimento da comunicação, deixando que o leitor entreveja, em alguns momentos, os bastidores da criação. Através da ironia romântica, revelam-se então jogo, artifício, trama, tornando evidentes os instáveis elementos de máscara, espelhamento, intertextualidade e *mise en abyme* que entram em sua elaboração.

É comum nos romances de Abelaira haver uma personagem empenhada na escrita de um livro, na elaboração de uma obra de arte ou de uma representação, no desempenho de um papel, na execução ou na audição de uma peça musical ou, como acontece em *O triunfo da morte*, na invenção de algo como o suco de burujandu ou a carne de pterossauro. Todas essas formas revelam-se afinal metáforas irônicas da criação literária, pois através delas pode-se vislumbrar um autor que explicita o estatuto de produção de seus textos e alerta o leitor para manobras de personagens e narradores não confiáveis, bem como para o caráter instável da própria linguagem.

Uma das mais fecundas formas de apresentação da ironia no texto literário é essa multiplicação de perspectivas e/ou de vozes na narrativa, esse dialogismo que alterna sujeitos e receptores no plano do enunciado, indicando haver por trás deles uma entidade que os controla. Essas narrativas apresentam geralmente personagens e/ou narradores que se preocupam com o estabelecimento de um sentido que lhes confira estabilidade. Para isso usam a ironia retórica, com a qual procuram controlar o(s) narratário(s), apresentando respostas enganosas às suas prováveis questões ou impedindo a colocação de dúvidas para as quais não têm respostas; buscam, afinal, estabelecer uma "verdade" útil aos seus objetivos de dominação. Em contraposição a essas vozes intradiegéticas e ao seu uso da ironia retórica, uma outra voz denuncia nos romances os jogos de enganos. Revela, através das ironias *humoresque* e romântica, o fingimento dos processos e a convicção de que a literatura se estrutura na e pela linguagem, lidando apenas com o vazio do mundo, ao qual o homem atribui significado.

As diferentes vozes, nessas obras, como artífices da "tela da escrita", da "trama do tapete", da "colcha de retalhos", do "colar de contas" ou das melodias constantemente referidas, organizam-se como os fios que tecem ou emendam palavras, pérolas, pedaços de lã, hímenes ou notas musicais, vistos afinal como significantes vazios – material de fingimento –, por isso capazes de estabelecer verdadeira e desinteressada comunicação.

E assim a obra de Abelaira usa a ironia retórica dos jogos de poder no plano diegético, a ironia *humoresque* que desamarra a retórica de significações e ideologias, e a ironia romântica, que explicita a desvinculação de significante e significado, ao exibir diante do leitor os artifícios com que elabora a tessitura textual.

Parece ser possível concluir que, ao intensificar o uso da ironia a partir do romantismo, a literatura evidencia a ambigüidade com que ilumina o "teatro" do texto, exibindo a máscara original da linguagem que, em princípio, não tem significados fixos, admitindo as mais paradoxais incongruências. A arte resultante faz denúncias e demonstra a necessidade de mudanças. Além disso, entretanto, exibe os artifícios de sua criação e valoriza o seu receptor, alteridade com quem deseja estabelecer comunicação.

Referências

ALMANSI. Guido. L'affaire mystérieuse de l'abominable *tongue-in-cheek*. *Poétique*. Paris, n. 36, p. 413-426, nov. 1978.

BERGSON, Henri. *O riso*: ensaio sobre a significação do cômico. Rio de Janeiro: Zahar, 1980.

BOOTH, Wayne. *A rhetoric of irony*. Chicago and London: The University of Chicago Press, 1974.

BOURGEOIS, André. *L'ironie romantique*. Grenoble: Presses Universitaires de Grenoble, 1974.

BRANCO, Camilo Castelo. *A queda dum anjo*. (Intr. de Maria de Santa Cruz). Póvoa de Varzim: Biblioteca Ulisseia de Autores Portugueses, 1986.

BRANCO, Camilo Castelo. *O que fazem mulheres*. Porto: Em Casa de Cruz Coutinho, 1858.

———. A sorte em preto. In: *Cenas da Foz*. Porto: Em Casa de Cruz Coutinho, 1860.

———. *A filha do Arcediago*. Mem Martins: Europa-América, 1977.

———. Vinte horas de liteira. In: *Obra seleta*. Rio de Janeiro: José Aguilar Ltda., 1960. v. I, p. 547-672.

DUARTE, Lélia Parreira. *Em busca do sentido (im)possível*: a construção irônica da obra de Augusto Abelaira. 1986. Tese (Doutorado) – Universidade de São Paulo, São Paulo, 1986.

FERRAZ, Maria de Lourdes. A *ironia romântica*: estudo de um processo comunicativo. Lisboa: Imprensa Nacional - Casa da Moeda, 1987.

FINLAY, Marike. *The romantic irony of semiotics*: Friedrich Schlegel and the crisis of representation. Berlin: Mouton de Gruyter, 1988.

HERCULANO, Alexandre. A abóbada. In: *Obras I* – Poesia. Teatro. Ficção. (Dir. Antônio Soares Amora). São Paulo: Saraiva, 1959.

LANG, Candace D. *Irony/humour*: critical paradigms. Baltimore: The Johns Hopkins University Press, 1988.

LAUSBERG, Heinrich. *Elementos de retórica literária*. 2. ed. Lisboa: Fundação Calouste Gulbenkian, 1972.

MUECKE, D. C. *Irony*. 4 th. ed. London: Methuen, 1978.

QUEIROZ, José Maria Eça de. O crime do padre Amaro. In: *Obras de Eça de Queiroz*. Porto: Lello & Irmão, 19--. p. 33-369, v. I.

———. O primo Basílio. In: *Obras de Eça de Queiroz*. Porto: Lello & Irmão, 19--. p. 865-1173. v. I.

———. A relíquia. In: *Obras de Eça de Queiroz*. Porto: Lello & Irmão, 19--. p. 1489-1675. v. I.

———. *Alves & Cia*. Rio de Janeiro: Imago, 1994.

———. A ilustre casa de Ramires. In: *Obras de Eça de Queiroz*. Porto: Lello & Irmão, 19--. p. 1177-1429. v. I.

———. *O conde de Abranhos*. 2. ed. Mem Martins: Publicações Europa-América, 2000.

SÁ-CARNEIRO, Mário de. *A confissão de Lúcio*. Lisboa: Ática, 1968.

SCHOENTJES, Pierre. *Poétique de l'ironie*. Paris: Seuil, 2001.

SILVA, Mateus Araújo. A ironia de Sócrates nos *Diálogos* de Platão. In: *Clássica*, São Paulo, 7/8, p. 229-258, 1994/1995.

SWIFT, Jonathan. *Modesta proposta para evitar que as crianças da Irlanda sejam um fardo para os seus pais ou para o seu país*. Trad. Dorothée de Bruchard. Ed. bilíngüe. Porto Alegre: Paraula, 1993.

A criatividade que liberta:

riso, humor e morte

Homo ludens e *homo ridens*: o homem é o único animal que ri, afirmam vários estudiosos do riso. Explica-se o riso pela sensação de superioridade diante do risível, mas também pelo fato de o homem saber que não é imortal. Um animal vê seu companheiro morrer, mas não deduz que também ele é mortal. Sócrates sabe-o e daí sua ironia, de que fazem parte o cômico e o humor, formas pelas quais, comenta Umberto Eco, o homem tenta tornar aceitável a idéia insuportável da morte ou vingar-se do destino ou dos deuses que o definem como mortal.

O riso relaciona-se, assim, com a tragicidade da vida, mas também com a capacidade de distanciamento: o prazer de pensar, o gosto do engano e a possibilidade de subverter provisoriamente, através do jogo, a condenação à morte e tudo aquilo que a representa. Em geral visto como sinal de alegria, o riso pode revelar o sofrimento em toda a sua crueza.

Supostamente cheio de certezas, sujeito desejante dono de seu corpo e de sua vida, o ser se vislumbra submetido às condições biológicas, sociais e culturais, obrigado a ver-se como um ser para a morte, já marcada na descontinuidade que o caracteriza e que ele tenta mas receia eliminar através do amor. Uma solução será portanto o riso, que denota simultaneamente a superioridade do homem e a sua miséria infinita em relação ao ser absoluto de que, como diz Baudelaire, ele possui a concepção.

O riso é uma explosão, afirma Roustang, um brilho que não se prolonga, ruptura que não pode durar, menor unidade pensável do desapego, da diferença, do recuo. O seu tempo é o de um instante. Depois do brilho, da explosão, a realidade retorna com o peso de sua história.

Bataille, tomando o pensamento de Nietzsche, considera o riso como a libertação possível para o homem. Os seus estudos sobre o erotismo refletem sobre a busca psicológica que impulsiona os seres humanos, inconformados descontínuos que, desde o nascimento, procuram a continuidade com o outro, embora essa continuidade signifique paradoxalmente a morte. Certamente será esse um dos motivos pelos quais o homem busca o amor e ao mesmo tempo o teme, pois a entrega sem reservas equivale ao desaparecimento do ser. Esse movimento contraditório, certamente dramático, engendra o riso, se houver distanciamento capaz de compreender a sua complexidade, normalmente ignorada por aquele que se debate como um autômato entre o impulso amoroso e o desejo de evitá-lo. Isso porque o apaixonado não tem tranqüilidade para discernir o amor que inspira, o amor que experimenta e a expressão do amor, o que pode significar a presença de uma rigidez e/ou de uma paranóia que faz rir, porque se furta ao exercício da reflexão, reveladora da ação de uma consciência.[1]

Muitos estudiosos já se debruçaram sobre o riso: da Antigüidade ficaram estudos de Platão, Aristóteles, Cícero e Quintiliano. Dos séculos XVII e XVIII trabalhos de Hobbes, Shaftesbury e Hutcheson, além de um tratado anônimo de 1768. Victor Hugo, no prefácio a *Cromwell*, estuda o grotesco risível, tão elaborado na obra de Cervantes e Rabelais. Schopenhauer, Bergson, Nietzsche, Bataille e vários outros documentam a preocupação da filosofia com o riso. Baudelaire estuda-o nas artes plásticas, enquanto Freud, Lacan, Roustang e Jacques Alain-Miller observam-no da perspectiva da psicanálise.

Interessa aqui principalmente a relação do riso com a literatura e a filosofia e, especialmente, o fato de o riso ser defesa contra a morte por parte do homem consciente das limitações da vida e da fragilidade do corpo, cujo funcionamento regular lembra o automatismo da máquina e por isso é muitas vezes risível, principalmente se apresenta defeitos... Uma das grandes fontes de riso, segundo o estudo clássico de Bergson,

---

[1] François Roustang afirma que a paranóia é uma interdição ao riso, pois a certeza é o sério que o coibe.

é aliás a semelhança do corpo com animais ou máquinas. Também o riso provocado pelos palhaços remete a essa relação com o corpo, certamente pelo descontrole que indica ausência do domínio da razão e da dignidade. Por isso é que o riso pode indicar uma vitória sobre a morte: a sua explosão suscita, como diz Bataille, a experiência do nada, do impossível, da morte, indispensável para que o pensamento se sobreponha a si mesmo e o homem possa aceitar o desconhecido. O riso traz assim a possibilidade de ultrapassar o mundo e "o ser que somos", precário, limitado e mortal, marcado pela falta e pela impossibilidade de atingir o total conhecimento. Pelo riso o ser pode sair da verdade da finitude, pois o nada a que ele dá acesso liberta de racionalismos e condicionamentos ratificados pela organização social.

Quanto mais o espírito está seguro, afirma Nietzsche, mais o homem desaprende a gargalhada, necessária para sair da crença na razão e na positividade da existência. O riso revela-se útil, assim, para a manutenção da espécie: experiência do não-saber, livra do desespero do pensamento aprisionado nos limites do sério. Nesse sentido, saber rir é momentaneamente tornar-se "Deus", experimentar o impensável, sair da finitude da existência.

A organização social, pautada em normas e regras, procura firmar o siso e restringir o riso, bem como controlar o amor. Ao impor a proibição do incesto e defender o casamento heterossexual, por exemplo, a sociedade regula o próprio crescimento e protege a sua sobrevivência. O homem pode ter três atitudes diante dessas regras coercitivas: submeter-se, rebelar-se ou fingir transgredir. Surgiram daí as inúmeras comédias e anedotas sobre a (in)fidelidade conjugal e sobre o homossexualismo ou as histórias sobre casamentos de conveniência, grande alimento para os chistes recolhidos por Freud.

Em *Os chistes e sua relação com o inconsciente*, as brincadeiras com os costumes do povo judeu indicam o humor de Freud, já que o riso tem fundamentalmente dois objetos: o outro ou o eu. Provocado pela ironia, o riso é uma afirmação de poder sobre o outro, considerado então de alguma forma inferiorizado. No humor, pelo contrário, o riso volta-se para o próprio eu, que brinca com seus costumes, crenças, pretensões ou manias. O humor provoca o riso, assim, em muitos chistes recolhidos por Freud, pois neles o fundador da psicanálise parece rir de si mesmo ao rir de seu povo, de sua relação com o dinheiro, de seus hábitos, da tradição de ajudar "familionariamente" os irmãos desvalidos. Brincando também com as regras das relações amorosas, *Os chistes* mostram uma rebeldia "mansa", uma consciência lúdica da repressão, com a qual o humor ajuda a lidar.

Dada a relação entre o riso e a morte, o autor literário cômico será portanto um autor funéreo. Tendo sempre em mente a morte, embora usando a técnica do distanciamento, que apresenta a morte como se vista pela primeira vez,[2] esse autor revela-se capaz de provocar sorrisos, geralmente inquietos. O sorriso ambíguo e irônico, indicador de ceticismo, que resulta dessa antevisão da morte, coloca-a em dúvida e permite afastar a indesejada para um momento improvável e perdido num futuro incerto, ou então coloca no seu raio de atuação apenas o outro e não o eu.

Também as desilusões amorosas relacionam-se com a morte e ajudam nessa reflexão. Em *Escola de mulheres*, de Molière, o personagem Arnolfo, para prevenir-se da infidelidade das esposas – um tipo de morte para o marido traído e para o qual ele freqüentemente contribuía –, decide cuidar da educação de uma órfã, mantendo-a na maior ignorância possível de coisas essenciais da vida, incluindo as relações sexuais e, especialmente, a possibilidade da infidelidade conjugal. Preservadas sua ingenuidade, pureza e honestidade, deveria Agnes ser depois a esposa fiel com que sonhava o seu protetor. A menina corresponde inicialmente às expectativas, pois chega a perguntar a Arnolfo se é pelas orelhas que se fazem as crianças, não ocorrendo ao interessado educador que essa pergunta pudesse revelar o amadurecimento de uma disposição natural para o amor e para o sexo, completamente desvinculada de qualquer interesse por sua pessoa. E depois o feitiço volta-se

---

[2] Em seu livro clássico sobre o riso, Bergson atribui à insensibilidade a capacidade de rir do semelhante em situação de discutível humanidade. Talvez seja melhor falar do distanciamento que permite ver o outro como outro e como diferente, o que torna possível o riso, salvaguardada assim a suposta dignidade do eu.

contra o feiticeiro, pois a cordeirinha ingênua, sem abandonar a sinceridade que Arnolfo sempre lhe recomendara, ou mesmo exercitando-a, encanta-se com as palavras sedutoras de Horácio, o amigo de Arnolfo que lhe conquista a noiva sem lhe saber o segredo, destruindo assim as pretensões do matreiro lobo, seu suposto protetor.

O espectador ri da frustrada expectativa do personagem, da incongruência existente entre o que ele aguarda confiadamente e o que afinal encontra.[3] Repetidamente enganador de maridos, Arnolfo é cômico porque adota meios extremos e supostamente infalíveis para prevenir a possibilidade de ser também ele um marido enganado: quando resolve ter uma mulher só para si, pretende impedi-la de pensar, de ter desejos e de usar a linguagem. Ao restringir-se, entretanto, a esse plano de repetição e, principalmente, ao experimentar o amor a que se julgava imune, o personagem mergulha no engano que pretendia evitar.

Arnolfo é enganado pela mesma linguagem que ele supõe carregada de sentido: acredita que o manual da mulher casada seja capaz de moldar o pensamento de Agnes, e afinal é ele o colhido pelo pensamento do amor: a sua teimosia e idéia fixa fazem dele figura humana desprovida de suas características fundamentais. Invertem-se, assim, os discursos das personagens: Arnolfo passa a aceitar a traição da futura esposa para não perdê-la e Agnes, supostamente incapaz de ter uma idéia ou um discurso próprios, afirma o seu desejo e a sua palavra. Ambos falam de amor, mas não como esperavam Arnolfo ou o leitor/espectador e essa incongruência é o maior motivo de riso. Molière elabora temas tradicionalmente risíveis: o do enganador enganado, o do reconhecimento e o da ambigüidade favorecida pela mudança e pela incoerência entre os supostos e os reais significados dos nomes. Arnolfo é risível porque vê frustrada sua pretensão de que o olhar amoroso da mulher lhe garanta a imortalidade, ao tê-lo para sempre como objeto de desejo. A peça elabora, assim, a frustração da expectativa daquele que julga

---

[3] Segundo Kant, o súbito aniquilamento da tensão de uma expectativa é o afeto que provoca o riso. Para Herbert Spencer, o riso seria o índice de um esforço que se depara repentinamente com um vazio.

ter encontrado forma de livrar-se da morte representada na traição da mulher amada.

Bergson lembra que o que provoca o riso é o afastamento do homem do que se considera como próprio dele – sua racionalidade e sua suposta capacidade de usar o intelecto, adaptar-se. Quando Freud opõe riso e pensamento sério, fala do prazer decorrente da possibilidade de pensar sem as obrigações da educação intelectual e explica que, no jogo de palavras, a idéia da palavra ultrapassa a significação da palavra, o que pode ser fonte de prazer e provocar o riso.

Arnolfo usa a razão, mas a sua rigidez liga diretamente palavra e ação, na tentativa de controlar o outro, conduzi-lo ao seu bel-prazer. Não admite que esse outro possa ter sentimentos, exercitar sua vontade e fazer diferente uso da linguagem, o que tornaria falíveis todos os planos e destruiria todas as certezas. O personagem é ainda mais digno de riso quando, repentinamente, reconhece-se não só enganado, mas também desejoso da continuidade vislumbrada no amor, que representaria vitória contra a solidão essencial mas também, nesse caso, aceitação do risco da posição de marido traído, que tanto desejara evitar. Julgando conhecer todos os artifícios e estratégias da sedução e da traição, Arnolfo isolou-se na sua suposta sabedoria, na sua insociabilidade e falta de sensibilidade para ver o outro e a sua diferença. E é essa falta de profundidade e essa semelhança com uma máquina que acabam por torná-lo objeto de riso.

Lacan acentua a comicidade da peça de Molière, em que Arnolfo fala de amor, enquanto Agnes fica no campo da linguagem. O que a atrai em Horácio é o seu discurso encantatório. Arnolfo é apanhado em outro engano: o fato de não querer ser chamado pelo próprio nome, mas pelo nome de sua propriedade, contribui de forma decisiva para a trama da comédia e para o jogo de enganos no qual ele se envolve: sua estratégia de educar Agnes, transmitindo-lhe os deveres de fidelidade da mulher no casamento, acaba por enquadrá-lo na ideologia do contrato matrimonial, fazendo-o cair na armadilha triangular do desejo amoroso.[4]

[4] Em seu estudo sobre a estrutura triangular do desejo, René Girard (1968) demonstra que a valorização do objeto do amor pelo olhar de um terceiro é fundamental para a existência e o fortalecimento do desejo.

Riso, ironia e humor

O riso resulta da inesperada união de incompatíveis, entre os quais incluem-se distintas experiências culturais, como as de Arnolfo e Agnes. Mas o conceito de riso mistura-se a vários outros conceitos, como os de humor, ironia, comédia, piada, brincadeira, sátira, grotesco, farsa ou jogo de palavras. Assim, o riso oferece resistência a qualquer definição satisfatória, nos planos filosófico, psicológico e estético. Seu estudo fica num campo interdisciplinar, que abarca ainda os domínios da história e da antropologia.

Na perspectiva antropológica, o homem que parece animal ou tem um comportamento mecânico provoca o riso, assim como a repetição, o ato falho, o trocadilho e a inversão, porque insinuam que o homem, ser racional e soberano, deveria ter e, porém nem sempre tem, o suposto, necessário e racional domínio sobre si mesmo. D. Quixote, com seus desvios sistemáticos, é visto por Bergson como "a própria comicidade, apanhada o mais próximo possível de sua fonte". É que a personagem de Cervantes, diz o filósofo, peca por obstinação de espírito ou de caráter, por desvio, por automatismo.

Próprio do ser humano, o riso tem uma função social e educadora: *ridendo, castigat mores*. Com a ironia, que é objetiva, como lembra Schopenhauer, a sátira e a transgressão, a comédia serve a um poder estabelecido, buscando a cumplicidade do leitor/espectador. Tem uma utilidade ideológica, pois fala a uma sociedade que vê degradados os seus valores e procura resgatá-los, sem dúvida porque acredita na ideologia que eles representam (ou porque esta lhe convém). Baudelaire chama esse riso de cômico significativo, mostrando a sua dupla base: a da arte e a da idéia moral.

Numa outra perspectiva, o riso é provocado por algo que instantaneamente rompe o círculo de automatismos cristalizados em torno do ser. O riso terá como fonte, no caso, o humor – a ironia *humoresque*, de que fala Jankélévitch. Sua função emancipadora será então a de desmistificar a ideologia dominante, marcando a comunicação entre seres que se arriscam a uma terceira margem, ao lugar do intervalo e à instabilidade do "não já e do ainda não". O riso pode assim proporcionar um prazer mais sutil, porque se superpõe ou porque escapa às limitações do ser humano.

Esse segundo tipo de riso permite brincar com verdades cristalizadas, partindo do princípio de que nada é fixo ou imutável no mundo ou no homem, cuja característica maior (já dizia Camões) é a mudança e, portanto, a surpresa. É esse riso – o instantâneo alívio do insuportável de que fala François Roustang – que permite ao ser humano, a partir do fingimento, a convivência com sua condição de frágil, dependente e fadado à morte. Parece ser também a esse riso que se refere Bataille quando afirma que ele traz a possibilidade de ultrapassar o mundo e "o ser que somos". Será ainda certamente o riso de que fala Jacques Alain-Miller, quando estuda o piropo e o vê como exemplo de captação, ao vivo, da função da linguagem, pois o piropo é uma mensagem que marca um corte entre o dizer e o fazer, expressa um desejo e, ao mesmo tempo, um desinteresse profundo: um homem dirige a uma mulher uma mensagem erótica, desejando apenas a reação de um sorriso (que poderá até vir invertido, numa demonstração de que a mensagem foi recebida como ofensa). Em vez de ter como objeto o outro e sua inadequação aos pressupostos e às normas sociais, esse segundo riso tem como alvo o próprio eu, seus desejos impossíveis e suas ilusões. Remete à experiência do nada, do impossível e da morte, permitindo pensar o que não pode ser pensado, porque não faz parte do mundo "reconhecido" pela razão.

Para Schopenhauer, esse outro riso resultaria do fracasso da razão em apreender a realidade ou da percepção da incongruência existente entre o conhecimento abstrato e o conhecimento concreto, o que significa percepção do caráter virtualmente enganador de todo acordo entre a realidade e o pensamento ou entre o realismo e a "ilusão do real". A sua fonte é, assim, a percepção do caráter fluido e evanescente da linguagem e a consciência de que qualquer atrelamento do significado ao significante é artificial, fingido ou ideológico, e provisória qualquer garantia, porque os fingimentos podem sobrepor-se, o que é, afinal, a salvação possível (e utópica) para o homem, que tem como única certeza a morte.

A ironia e o riso moralizador da sátira

Para estudar o riso na literatura há que se considerar sua evolução histórica. Gil Vicente, autor português que fica na transição entre a Idade Média e o classicismo, é um bom exemplo de olhar crítico sobre a degradação de valores na sociedade do seu tempo, sobretudo nos campos da igreja, da nobreza e da justiça. Em suas peças há sacerdotes supersticiosos e adeptos da luxúria, habilidosos em extorquir dinheiro com promessas de recompensas eternas. Há também nobres e fidalgos prepotentes, preguiçosos e presunçosos, exploradores do trabalho de camponeses e mesteirais, com o apoio de juízes que usam as leis para proteger os seus favorecidos. Gil Vicente celebra com seu riso essa diversidade de mundos, numa visão antitética: de um lado, o mundo ideal, de glória e repouso; de outro, o mundo real, de despropósito universal.

No *Auto da barca do inferno*, somente se salvam os cruzados honestamente empenhados na guerra santa ou os tolos que, por falta de desenvolvimento mental, não se integram à geral corrupção. A organização social é criticada também em peças hilariantes que focalizam a degradação do casamento, adultérios, amores serôdios, despropositados ou interesseiros e mulheres preguiçosas que só pensam em alçar, pelo matrimônio, a uma classe social que garantiria divertimentos e uma vida longe do trabalho, como a Inês Pereira, da farsa que leva o seu nome.

Uma boa amostra/resumo das críticas de Gil Vicente a essa sociedade está no diálogo "Todo-o-Mundo e Ninguém", da peça *Auto da Lusitânia*, em que Todo-o-Mundo, um rico mercador, conversa com Ninguém, um pobre homem, travando-se um diálogo registrado por dois demônios – Berzabu e Dinato:

Ninguém	Como hás nome, cavaleiro?
Todo-o-Mundo	Eu hei nome Todo-o-Mundo e meu tempo todo inteiro sempre é buscar dinheiro, e sempre nisto me fundo.

Ninguém E eu hei nome Ninguém,
e busco a consciência.

Berzabu Esta é boa experiência:
Dinato, escreve isso bem.
Dinato Que escreverei, companheiro?
Berzabu Que Ninguém busca consciência
e Todo-o-Mundo dinheiro.

(...)

Todo-o-Mundo Folgo muito d'enganar,
E mentir nasceu comigo.
Ninguém Eu sempre verdade digo,
Sem nunca me desviar.

Berzabu Ora escreve lá compadre,
não sejas tu preguiçoso.
Dinato Quê?
Berzabu Que Todo-o-Mundo é mentiroso
e Ninguém diz a verdade.

A moralização e a utopia através do riso evidenciam-se na situação de Ninguém buscar virtude, desengano, consciência e verdade, enquanto Todo-o-Mundo só quer dinheiro, louvores, lisonjas e mentiras. O registro escrito em que se empenham os diabos tem mais peso para a condenação e, por isso, deve ser mais eficaz na regeneração do decaído, representado em "Todo-o-Mundo".

Outros autores portugueses se destacam pelo uso da ironia da sátira. Em seu estudo sobre o riso no romantismo português, Maria Fernanda Abreu lembra o riso satírico em obras de Garrett, Camilo, Ramalho Ortigão e Eça de Queirós. Esse último confessa sua intenção de "dar um choque ao enorme porco adormecido", para que se percebessem os desvios de sua conduta.

Eça critica a degradação do clero e da família e a política de interesses pessoais em obras como *O crime do padre Amaro* (onde as caricaturas burlescas do padre Brito, das beatas enfeitadas e da figura saltitante do Libaninho provocam o riso), *O primo Basílio* (com as figuras risíveis do Conselheiro Acácio e de D. Felicidade), *A relíquia* (com a secura desejante da Titi e a sensualidade obscena dos padres e do próprio Teodorico), *Alves & Cia.* (com o desamparo risível do marido traído) e *O conde de Abranhos* (com o depoimento ingênuo do secretário adulador). Nesse sentido, a obra de Eça de Queirós será um bom exemplo de riso "engajado", com base na ironia e privilégio da significação, presença marcante no enunciado textual e função ideologicamente pedagógica.

A literatura pode, entretanto, elaborar-se de forma mais livre e ainda mais criativa, provocando um riso leve e sem intenções pedagógicas, paradoxalmente mais forte e capaz de vencer a morte, quando abandona ou revê modelos e normas sociais e, através do humor, faz rir de convicções, medos e idéias fixas, como se viu com o Arnolfo, de Molière. Eça de Queirós também trabalha esse tipo de riso, quando acena para o leitor com o manto diáfano da fantasia, desamarrando intenções e moralismos e permitindo-se brincar com os dados ficcionais e com a linguagem. Eça muitas vezes afirma que a função da arte seria a de criar uma "ilusão de real", produzida a partir de uma observação indireta desse real.

O texto de Eça em que isso fica mais evidente é *A ilustre casa de Ramires*, pois seu narrador-personagem percebe que a visão que outras personagens têm dele distancia-se da visão que tem de si mesmo: se o valentão das Narcejas o vê como fraco e covarde, outros habitantes da região veneram-no, elegendo-o maciçamente para o cargo de deputado. Além disso, a leitura da novela histórica reescrita pela personagem revela a inversão feita na história do suposto herói Trutesindo Mendes Ramires, afinal caracterizado como grosseiro e radical, enquanto o Bastardo é repetidamente chamado de o "Claro Sol". Além da sátira com que Eça de Queirós critica aquele mundo atrasado e preso ao passado, o risível é que Gonçalo se aplica em leituras, escritas, trapaças e achegas para resgatar a grandeza dos Ramires, mas afinal demonstra que a sua linhagem é de brutos e de desumanos. O castigado Bastardo é apresentado como o verdadeiro herói, exaltado por sua bravura e pintado com as cores douradas do herói mítico em que Gonçalo o transforma.

Em *A ilustre casa de Ramires*, o jogo do enunciado é mais complexo que em outras narrativas de Eça, seja porque o narrador-personagem participa da diegese com um olhar impregnado de ironia, como acontece com Fradique Mendes e com o José Fernandes de *A cidade e as serras*, seja porque a ironia se acentua no plano da enunciação. Multiplicam-se no romance narradores, leitores e perspectivas textuais, expondo-se artifícios e artimanhas de uma elaboração discursiva pragmática e interessada, que se contrapõe à voz do autor implícito. Desenvolve-se assim uma ironia no plano da tessitura da narrativa, com os recursos da metalinguagem e do humor. O autor volta o riso para o seu próprio eu (para o seu outro eu, o narrador) e para a sua própria pretensão moralizadora, procurando, num contato mais ameno com o leitor, sensibilizá-lo para o lado lúdico e criativo de seu texto.

O humor: riso como jogo e vitória sobre a morte

Em *A ilustre casa de Ramires*, confluem o riso provocado pela ironia e o que tem como fonte o humor,[5] o que se pode encontrar também no conto de Dostoiévski – "Polzunkóv" – em que se criticam as instituições e sua degradação, mas, ao mesmo tempo, valorizam-se a elaboração textual e o lúdico. Multiplicam-se no texto as vozes narrativas e divergem os pontos de vista, pois o conto contém uma história dentro da história, cada uma com seu narrador, seus narratários e seus jogos de enganos, o que faz sair da verdade séria, rompendo automatismos e cristalizações e mostrando a preocupação do autor com a enunciação e com a intertextualidade. Um narrador heterodiegético – cuja narração se faz a partir da observação do comportamento do narrador primeiro –, traz um segundo nível de enunciação, permitindo a ultrapassagem

[5] Ver "A lúdica complexidade de *A ilustre casa de Ramires*", neste volume.

da barreira ideológica da sátira: mais do que proclamar a virtude da honestidade e a inutilidade dos enganos, o conto mostra um enganador enredado nas malhas tecidas por ele próprio, das quais se liberta pelo riso. Dostoiévski apresenta assim aquele segundo riso, cuja finalidade está no homem que, rindo, livra-se instantaneamente de um sistema que o oprime, bem como do imprevisível e da morte.

Em "Polzunkóv" o homem dirige o riso para si mesmo, para suas próprias crenças e ingenuidades, indicando o que existe de representação e fingimento nos sistemas e nas ideologias. O autor faz a personagem aderir "conscientemente" a essa representação e a esse fingimento, tecendo uma crítica distanciada e artística, que vê de fora os jogos da ideologia e os repete, espelhando-os, de forma consciente e deliberada. Talvez por perceber, com Nietzsche, que as verdades são ilusões, metáforas gastas, ele abre deliberadamente os bastidores da criação para mostrar artifícios de construção textual, revelando assim ter aprendido a usar o fingimento em favor de uma arte que critica essa repetição de forma crítica, porque não acredita mais nela.

Dialogicamente desdobrada em duas, a personagem ri principalmente de suas esperanças frustradas. Em suas risíveis mensagens – textos, piadas, representações – preocupa-se mais com a enunciação que com o enunciado, mais com o dizer que com o dito, num riso que se tornou mais possível e freqüente a partir do romantismo, época em que o homem tomou consciência de sua individualidade, para perceber contraditoriamente que sua liberdade é uma ilusão. Observa então que seu impulso para o absoluto é cerceado por sua relatividade e que somente quando consegue aliar objetividade e subjetividade, misturar realidade e sonho, sublime e patético, afirmar a ilusão das coisas e, antes de tudo, a ilusão da própria arte, ele pode ser livre, ou melhor, ter a ilusão de liberdade.[6]

Esse riso estaria na base de toda a revolução modernista, que colocou em causa certezas e sacralidades, relativizadas através da demonstração de que existem pelo menos dois pontos de vista possíveis e de que ar-

---

[6] Ver "'Polzunkóv', o funâmbulo, ou o engano reduplicado", neste volume.

tifícios de enunciação podem inverter ou subverter a seriedade crítica supostamente presente no enunciado. É que, segundo Jean Paul, o risível não existe sem o sujeito que lhe empresta essa percepção. Para Schopenhauer, o risível deriva da percepção da incongruência, que Bataille explica como o engano existente em qualquer impressão de segurança.

Um bom exemplo de autor que lida com o riso, nessa acepção de Schopenhauer, é Jorge Luís Borges. Para ele, o riso se rege pela poesia, em luta contra a estupidez. Borges ri principalmente de si mesmo, como mostra o relato de que, instado a interromper uma aula por exigência da direção da escola e ameaçado com o apagamento das luzes, teria ele dito: "Não importa, tomei a precaução de ficar cego".

Borges ri assim de sua própria deficiência física. Além disso, mostra que, para ele, o trabalho intelectual é humorístico, talvez por lidar com a linguagem que, no seu simbolismo, substitui a realidade na sua certeza da morte e supõe a comunicação que pode disfarçar a solidão e o destino trágico do ser humano. O humor é para ele um ditame de beleza que encerra em seu mecanismo poético o júbilo do descobrimento: ante o estupor que provoca a incorrigível estupidez humana, o humor provoca o riso e impõe a sua desmesura, indicando uma infração que, de alguma maneira, oferece uma ordenação do caos, rindo para fazer sair de toda a verdade e usando talvez a única forma de salvação: a do absurdo. Escrever e, principalmente, criar, seriam assim formas de desmoronar a realidade cotidiana, com a ilusória segurança, trazendo a possibilidade de rir da solidão, do medo e da insegurança, que podem ser assim enfrentados ou cuja presença pode ser então fingidamente ignorada, abrindo caminho para a saída do real indesejado, onde habitam a fragilidade, a impotência e a inexorável morte.

Um autor especialista nesse riso que se equilibra entre a tragédia e a comédia é Guimarães Rosa. Suas estórias fazem rir da ignorância, do enganador enganado e da prepotência castigada, mas revelam sobretudo que o riso pode levar à superação dos preconceitos, à convivência com a incerteza e a loucura e à vitória contra o sofrimento e a morte. Uma das fórmulas rosianas mais eficazes para provocar o riso consiste em desdobrar o sujeito do enunciado e o sujeito da enunciação a partir de um narrador ingênuo tornado risível porque desautorizado por uma outra personagem ou voz, como acontece em "Pirlimpsiquice" e "Os irmãos Dagobé", de *Primeiras estórias*, ou em "Uai eu?", de *Tutaméia*. O mesmo desdobramento se observa, de forma ainda mais sutil, em "Famigerado" (*Primeiras estórias*), em que o narrador-personagem arrisca toda a sua precária segurança ao usar a linguagem – única arma possível naquele embate com o famigerado e amedrontador Damázio. A aposta desse narrador, que se divide entre o que fala à personagem e o que pisca o olho ao leitor extradiegético, consiste em contar com a ignorância do perigoso facínora e de seus sequazes e em afrontar a morte, provocando riso no leitor por enganar os ameaçadores visitantes com a ambigüidade de uma palavra de significação duvidosa.[7]

Poesia, incongruência, irracionalidade, criatividade, libertação são atributos desse humor rosiano que provoca um riso leve, revelador da consciência de que o sentido não é fixo ou único e está ligado ao poder e à determinação da morte, podendo ser provisoriamente escamoteado, como se vê também no conto "Partida do audaz navegante". "Brejeirinha" é certamente parente próxima do Zé Boné de "Pirlimpsiquice", do narrador do "Famigerado", da Agnes de Molière e de Polzunkóv, de Dostoiévski.

Guimarães Rosa faz rir não apenas porque utiliza ironicamente a surpresa "reservada pelo destino", mas porque tem consciência do caos e da relatividade. Por isso, humoristicamente, desmistifica ideologias e poderes estabelecidos, dividindo a sua voz e brincando com a linguagem, e assim livrando o leitor que entrar no seu jogo, mesmo que instantaneamente, do peso da vida e do medo da morte.

Publicado inicialmente em *Românica* – revista do Depto. de Literaturas Românicas da Faculdade de Letras da Universidade de Lisboa. n. 11, p. 9-26, 2003.

[7] Ver também "Não já e ainda não: a leveza do humor em Guimarães Rosa", "Brejeirinha e outros doidinhos/artistas de Guimarães Rosa" e "A ironia na obra de Guimarães Rosa ou a capacidade encantatória de um divino embusteiro", neste volume.

Referências

ABREU, Maria Fernanda. Riso e humorismo (na literatura romântica). In: BUESCU, Helena Carvalhão (Org.). *Dicionário do romantismo literário português*. Lisboa: Caminho, 1997. p. 480-483.

ALBERTI, Verena. *O riso e o risível*. Rio de Janeiro: Jorge Zahar/Fundação Getúlio Vargas, 1999.

ALAIN-MILLER, Jacques. El piropo: psicoanalisis y lenguaje. In: *Recorrido de Lacan*. Caracas: Manantial, 1984. p. 25-40.

BACHELARD, Gaston. As superposições temporais. In: *A dialética da duração*. São Paulo: Ática, 1988. p. 85-102.

BATAILLE, Georges. *O erotismo*. Trad. João Bénard da Costa. Lisboa: Antígona, 1988.

BAUDELAIRE, Charles. Da essência do riso e, de um modo geral, do cômico nas artes plásticas. In: *Escritos sobre arte*. Organização e tradução Plínio Augusto Coêlho. São Paulo: Imaginário/Edusp, 1991. p. 23-50.

BERGSON, Henri. *O riso*: ensaio sobre a significação do cômico. Rio de Janeiro: Zahar, 1980.

DUARTE, Lélia Parreira. "Polzunkóv", o funâmbulo, ou o engano reduplicado. In: *Ensaios de semiótica* – Cadernos de Lingüística e Teoria da Literatura, Belo Horizonte, Fale/UFMG, n. 10, dez. 1983. p. 63-81.

———. Realismo e "ilusão do real": ambigüidade e ironia em Eça de Queirós. In: SCARPELLI, M. F. & OLIVEIRA, P. M. *Os centenários Eça, Freyre, Nobre*. Belo Horizonte: Fale/UFMG, 2001. p. 187-194.

———. Não já e ainda não: a leveza do humor em Guimarães Rosa. In: DUARTE, L. P. & ALVES, M. T. A. *Outras margens* – estudos da obra de Guimarães Rosa. Belo Horizonte: Autêntica/PUC Minas, 2001. p. 99-116.

ECO, Umberto. Campanile: il comico come straniamento. In: *Tra mensogna e ironia*. Milano: Bompiani, 1998. p. 53-97.

GENETTE, Gérard. Mortos de rir. In: *Folha de S. Paulo*, Caderno Mais!, São Paulo, 18.11.2001, p. 4-10.

JANKÉLÉVITCH, Vladimir. *L'Ironie*. Paris: Flammarion, 1964.

LACAN, Jacques. Uma mulher de não-receber. In: *O seminário*: as formações do inconsciente. Livro V. Texto estabelecido por Jacques-Alain Miller. Trad. Vera Ribeiro. Rio de Janeiro: Jorge Zahar, 1999. p. 126-145.

MOLIÈRE. *L'école des femmes*. Paris: Hachette, 1969.

NIETZSCHE, F. Sobre a verdade e a mentira no sentido extramoral. In: *Obras incompletas*. Trad. Rubens Rodrigues Torres Filho. 3. ed. São Paulo: Abril Cultural, 1983. p. 53-60.

ROSA, João Guimarães. *Primeiras estórias*. Rio de Janeiro: Aguilar, 1994. v. 2.

———. *Tutaméia*. Rio de Janeiro: José Olympio, 1967.

SCHOPENHAUER. La risa. In: STEPANENKO, Pedro (Sel., prol. e notas) *Schopenhauer en sus páginas*. México: Fondo de Cultura Económica, 1991. p. 77-83.

ROUSTANG, François. Comment faire rire un paranoïaque? In: *Critique* – revue générale des publications françaises et étrangères. Tome XLIV, n. 488-489, Janvier/Février, 1988. p. 5-15.

VICENTE, Gil. *Compilaçam de todas las obras*. Introdução e normalização de texto de Maria Leonor Carvalhão Buescu. Lisboa: INCM, 1984. v. II.

VEGA, Celestino. *El secreto del humor*. Buenos Aires: Editorial Nova, 1967.

Os Lusíadas, de Camões, e a *Peregrinação*, de Fernão Mendes Pinto:

diferentes perspectivas das viagens portuguesas

A virada do século, com as conseqüentes comemorações dos 500 anos da chegada oficial dos portugueses às terras brasileiras, motivou releituras e revigorou discussões sobre literatura portuguesa de viagens. Comparam-se aqui alguns aspectos de *Os Lusíadas*, de Camões, e da *Peregrinação*, de Fernão Mendes Pinto, com o objetivo de observar semelhanças e diferenças na perspectiva que adotam diante dessas viagens. Tais narrativas situam-se nas mesmas circunstâncias históricas, num tempo em que a esfera do divino se reduz, o homem afinal conquista a capacidade de entender e promover o mundo, sendo o incerto a margem dessa revelação.

As duas obras foram publicadas em momentos relativamente próximos – a epopéia de Camões em 1578 e a *Peregrinação* em 1614 (trinta anos após a morte do autor). Mas, enquanto *Os Lusíadas* são uma epopéia que, como tal, narra grandes feitos (embora não de forma ortodoxa), o relato de Fernão Mendes Pinto é uma autobiografia que apresenta o espetáculo da miséria humana, com informações de conjunto sobre o Oriente – Sião, China, Japão.

Os temas da epopéia são heróicos: fazendo o elogio dos lusitanos, que, por "obras valerosas / Se vão da lei da morte libertando", os *Lusíadas* celebram "as armas e os barões assinalados (...) Que passaram ainda além da Taprobana", e os reis que transformaram o mundo, "dilatando a fé e o império". Seu acontecimento central – a descoberta do caminho marítimo para as Índias – é cantado em tom grandiloqüente, preocupado com uma realidade histórica épica que pretende provar a grandeza dos lusitanos e a sua vocação para os grandes feitos que, segundo a epopéia, realizam-se através de um relacionamento senhorial com povos mais fracos e submissos ou cordatos. Para essa exaltação, reaproveitam-se mitos alheios e criam-se outros, resultando na dramatização e transcendentalização de uma realidade da qual se apreende a grandeza histórica e poética.

Diferentemente, na *Peregrinação*, os temas se intercalam e o foco não se restringe aos portugueses, havendo espaço também para os "outros". Aliás, a narrativa desnuda os preconceitos dos viajantes para com os povos visitados, vistos como mais fracos e submissos (indianos) ou mais fortes e poderosos (chineses). No relato de Fernão Mendes Pinto há ainda uma transumância pícara: seu narrador parece nada pretender provar, revelando, ao contrário, constantes problemas para a simples sobrevivência. O que seu relato em primeira pessoa consagra é um saber superior ao da coletividade, porque exprime experiência ao poder dizê-la.

Ambas as narrativas têm uma personagem principal: Vasco da Gama é o herói d'*Os Lusíadas* e António de Faria o anti-herói da *Peregrinação*, cuja profissão é apenas a de pirata, o que se comprova, entre outros, pelo assalto aos mausoléus dos reis da China na ilha de Calempluy (episódio IX).

Uma grande diferença entre os dois textos aparece no campo da religiosidade: *Os Lusíadas* falam do temor a um Deus universal, renascentista, tirado do Novo Testamento; o cristianismo de Fernão Mendes Pinto é herético: a religiosidade dos viajantes em *Peregrinação*, amoral e particularista, é muitas vezes criticada por personagens orientais, como o menino chinês da ilha dos Ladrões (episódio VI) ou o ermitão da ilha de Calempluy (episódio IX), os quais mostram o que há de bárbaro e particularista na mentalidade religiosa desses portugueses.

N'*Os Lusíadas* acentua-se o papel pedagógico dos heróis viajantes, na *Peregrinação* estes recebem ensinamentos ou são criticados, sugerindo-se que seu espírito é de pirataria. A crítica de Fernão Mendes Pinto faz-se, camufladamente, com referências ao exótico, através da descrição de práticas estranhas ou estúpidas dos orientais, equivalentes de alguma maneira às de seus compatriotas, preocupados em "comprar" a salvação eterna. Esse elemento exótico funciona ironicamente no texto como espelho da civilização do autor, para criticar seus erros e absurdos ou para fantasiar modelos perfeitos que, pela apresentação espelhada do diferente, evidenciam seus aspectos negativos. Isso porque Fernão Mendes Pinto, mostrando ausência de preconceitos, constrói na China a sua utopia, a sua cidade ideal de sentido político, social e religioso. Contrariamente, a comparação que se faz dos portugueses com outros povos n'*Os Lusíadas* funciona sempre no sentido de engrandecer os lusitanos, com base no preconceito do grande amor próprio nacional.

No centro da obra de Camões está o próprio poeta/autor/personagem exemplar que, preocupado com o relato de grandes feitos, reúne as verdades da experiência vivida, os ensinamentos da cultura recebida e a capacidade de transformá-los em nova significação totalizante, que se poderia resumir num sentimento exaltado de nação. *Os Lusíadas* constroem-se assim com um estilo entusiasmado em que o real positivo se acentua através da imaginação. O autor quer ser reconhecido pelo seu canto, que reforça constantemente o eu, numa versificação rigorosa. Colocando-se como humilde, baixo, rude, desconhecido, esse eu quer mostrar, entretanto, que combina sabedoria, experiência e engenho – revelando mais um grande orgulho que modesta submissão.

Também no centro da *Peregrinação* está o próprio escritor/autor/personagem, mas este não tem grandeza heróica: é um pícaro que não possui de seu mais do que pode ganhar com as mãos, não tem outro propósito na vida senão sobreviver e, depois, enriquecer. Desconhece o preconceito de honra e faz questão de se exibir em situações convencionalmente desairosas. Para salvar a vida não recua diante de vilanias. Mostrando (ingenuamente?) suas manobras para atingir ou conseguir o poder, chama-se a si "pobre de mim" e não se envergonha de servir de bobo. Em sua narrativa impassível de observador ingênuo (ou feroz?), a imaginação supera o que existe de real, de documento humano. Vejam-se o relato do rapto da noiva chinesa ou o 1º episódio, com a saída da casa do pai para a aventura da luta pela vida.

Ao estilo grandioso da epopéia contrapõe-se o estilo humilde – fingidamente ingênuo de quem não sabe o que está a contar – do pícaro, cujas narrativas são intercaladas de anedotas e palhaçadas de um autor que se faz de tolo, numa narrativa oral. Essa diferença é reafirmada quando, em ambas as narrativas, a palavra é passada a outros narradores: *Os Lusíadas* revelam mais uma vez seu esmero de plano e elaboração, ao entregar a narradores históricos e intradiegéticos (Vasco e Paulo da Gama), e a personagens míticos, a responsabilidade de relatos que referendam uma perspectiva positiva para as viagens. Na *Peregrinação*, ao contrário, quando se dá a palavra a outros narradores, estes apresentam perspectivas opostas às que seriam elogiosas para os portugueses, confirmando ironicamente a sugestão de denúncia presente na narrativa.

O modelo que a epopéia imita está no plano da teorização doutrinária da crítica e dos mecanismos de produção de textos, na esteira de uma literatura erudita, de problemática humanística classicizante. O caráter da *Peregrinação*, pelo contrário, marca-se muito mais como excêntrico a uma matriz histórica e/ou literária determinada, integrando-se em modelos de contar medievais. Suas teses fundamentais incluem a sátira ao heroísmo, a reiteração de que no Oriente os portugueses são bárbaros e os orientais civilizados, a idéia de um deus superior aos ritos. Certamente por isso há na *Peregrinação* um excesso de copulativas (como se houvesse um nivelamento e não relevância de itens), marcando-se ironicamente a presença de subentendidos, muitas vezes através de mudanças de sujeito no corpo da frase.

Ambas as narrativas trabalham com intertextualidades: *Os Lusíadas* inclui poetas épicos (Virgílio, Homero, Ariosto), poetas trágicos (como António Ferreira), coros semelhantes aos das tragédias gregas, as *Metamorfoses*, de Ovídio, textos de Horácio, Francis Bacon, Jorge Ferreira de Vasconcelos e de cronistas portugueses, como Duarte Galvão, Rui de Pina, Fernão Lopes e Damião de Góis. Contém ainda dados da *História dos descobrimentos* e da *Conquista da Índia*, de Castanheda, e dos relatos de João de Barros, merecendo destaque o fato de ter a camoniana Ilha dos Amores traços comuns com a de *Utopia*, de Thomas Morus, encontrada por um pioneiro português. Camões transforma sua hipotética ilha num espaço imaginário a aguardar ser de novo encontrado pelo jovem rei a quem dedicou o seu poema. Além disso, Camões e Thomas Morus dão um caráter pedagógico ao seu texto, com lições de como se deve governar, não fazendo apenas elogios.

Também Fernão Mendes Pinto refere-se em sua narrativa a textos característicos do Renascimento, como a mesma *Utopia* de Thomas Morus e a *Nova Atlântida*, de Francis Bacon. E, assim como *Os Lusíadas* foram imitados em outros textos, a *Peregrinação* serviu como modelo para narrativas irônicas do século XVIII, como as *Lettres persannes*, de Montesquieu, ou o *Candide*, de Voltaire, cujo herói percorre o mundo, encontrando ora estupidez ora sabedoria em restos de civilizações. Esses iluministas tiveram em Fernão Mendes Pinto um precursor-modelo para a crítica da irracionalidade humana.

A *Peregrinação* estará talvez mais presente que *Os Lusíadas* na literatura portuguesa contemporânea. Numerosos textos críticos, como *O bosque harmonioso*, de Augusto Abelaira, *Cantata para dois clarins*, *Peregrinação de um Barnabé das Índias*, de Mário Cláudio e *As naus*, de António Lobo Antunes, retomam a síntese artística de fundo picaresco de *Peregrinação*, marcada por personagens/testemunhas ingênuas e/ou narradores que se fazem passar por criaturas aparvalhadas, sem talento nem responsabilidade pela narração. Apela-se a fontes duvidosas e autoridades inexistentes, misturam-se dados históricos, muçulmanos louvam o deus cristão, a religiosidade é hipócrita e pouco verossímil (Catz, p. 283). Vejam-se ainda no texto a ambigüidade satírica ou a preocupação exagerada com um timbre de genuína veracidade. Se o propósito crítico da *Peregrinação* se malogrou porque as autoridades da época não a entenderam, isso garantiu, por outro lado, o triunfo e a circulação da obra.

Também *Os Lusíadas* apresentam o seu aspecto crítico: está implícita na obra a intenção de recuperar o equilíbrio humanista entre a fé e a experiência, o espírito e a matéria, o apetite e a razão, as armas e as letras, numa nova ordem que não cabia num mundo em desconcerto. Mais ainda: o poeta intervém na narrativa através de recorrentes comentários que servem para caracterizar todos os outros narradores como ficção dramática de sua própria voz, ou para colocar o sentido global do poema na perspectiva crítica do presente. Com essas intervenções pessoais, Camões caracteriza seu discurso como voz do poeta, autor de Vasco da Gama, como se este e outras personagens do poema não tivessem outra existência além daquela que o texto poético lhes confere.

O discurso do poeta mostra-se, assim, auto-referente, definindo-se uma equivalência entre as suas experiências e as dos heróis celebrados, a que Camões acrescenta o seu feito maior: a capacidade de lhes conferir significação nesse mesmo poema em que também se inclui. Dessacraliza assim a profecia, ao transpô-la do plano do "saber divino" para o finito mundo da linguagem em que se situa o humano entendimento. Embora seu material seja épico, seu tempo o da História, com viagens, guerras e conquistas, riquezas e poder, tem ele consciência de que a sua arte, para completar-se, precisa contar com a leitura, a percepção e o entendimento do outro.

Também Fernão Mendes Pinto conta com a percepção do leitor. Na verdade de sua poética, o texto épico é mais da dúvida que da certeza, mais da ruptura que da continuidade, mais da imanência que da transcendência e, afinal, mais da fragmentação encontrada que da totalidade desejada.

Publicado em *Veredas*. Porto (Portugal), v. 3, n. 1, p. 67-73, 2000.

Referências

CATZ, Rebecca. *A sátira social de Fernão Mendes Pinto*. Lisboa: Prelo, 1978.

———. *Fernão Mendes Pinto*: sátira e anticruzada na Peregrinação. Lisboa: ICLP, 1981.

DUARTE, Lélia Parreira. Ironia: traço comum a *Os Lusíadas* e a *O bosque harmonioso*, de Augusto Abelaira. *Boletim do Centro de Estudos Portugueses*. Belo Horizonte, Fale/UFMG, n.12, p. 150-156, jul.1986/dez.1988.

MACEDO, Helder. A poética da verdade d'*Os Lusíadas*. In: GIL, Fernando & MACEDO, Helder. *Viagens do olhar*. Lisboa: Campo das Letras, 1998. p. 121-141.

PINTO, Fernão Mendes. *Peregrinação*. Transcr. Adolfo Casais Monteiro. Lisboa: INCM, 1983.

SARAIVA, António José. *Fernão Mendes Pinto*. 2. ed. Lisboa: Publicações Europa-América, 1971.

António Vieira

Ambigüidade nos *Sermões* de Vieira: dar a César ou a Deus?

Vieira geralmente é visto por seus ouvintes, leitores e estudiosos como um servo de Deus, um santo pregador, um patriota inflamado e um sermonista exemplar, capaz de convencer por suas palavras iluminadas e plenas de sabedoria divina. Realmente, foi ele um orador admirável, um devotado missionário, um grande evangelizador e um defensor de oprimidos e explorados, com uma capacidade extraordinária de articular conceitos e metáforas. Além disso, Vieira foi um artista na representação: hábil em tratar questões bíblicas e evangélicas – com vistas à maior glória de Deus –, relaciona-as a questões políticas, em que se mesclam objetivos referentes aos interesses da pátria portuguesa, aos de sua ordem religiosa e aos de suas questões particulares, e em que se incluem lições sobre como construir sermões com sucesso, de forma a tornar evidente o merecido aplauso devido à sua arte.

Seu discurso sedutor reúne os objetivos do pregador religioso – salvador de almas, enaltecedor das glórias de Deus – e os do articulador de estratégias que visavam a tornar realidade o sonho do Quinto Império, com que Portugal deveria atingir seu verdadeiro lugar entre as potências do tempo. Para realizar essas altas missões, deveria ser ele o melhor sermonista – o mais sábio, o mais convincente, o melhor conhecedor da Bíblia e de seus comentadores e o mais capaz de convencer e representar um modelo para seus companheiros de profissão. Além disso, devia ser o melhor conselheiro do rei e o mais hábil conciliador de divergências. Isso significava possuir a arte e os artifícios de um perfeito tecelão de discursos e de estratégias de convencimento, capaz de evangelizar e de converter cristãos e pagãos, portugueses e brasileiros, amigos e inimigos – partidários de suas idéias e/ou seus ferrenhos opositores.

Vieira estava bem preparado para essa missão: sua formação clássica, jesuítica, dirigida para a oratória sagrada, fez com que desenvolvesse a herança ciceroniana e sua preocupação com a imagem exemplar de um caráter cívico sublime. Mas fez também com que ele buscasse aprimorar constantemente os dados de sua herança religiosa, o que lhe acentuou a bagagem argumentativa, desenvolvida em torno do livro sagrado, suas inferências e relações.

A oratória de Vieira filia-se à retórica desenvolvida na civilização grega, época em que se tornou uma disciplina da pedagogia humana, desempenhando a eloqüência uma função na vida pública.[1] Essa filiação marca essa oratória, entretanto, com a inquietante suspeita de má intenção na constante preocupação com a autoglorificação, pois com o cristianismo a humildade passara a virtude, tornando-se censurável a soberba dos oradores. Nessa contradição criou-se Vieira, cuja atividade sermonística assemelha-se por vezes à dos sofistas, produtos do ecletismo, do enciclopedismo e das mnemotécnicas, dada a sua preocupação em ser exemplo e em apresentar modelos de discurso. Como os sofistas, Vieira é um verdadeiro acrobata metalingüístico, sempre ocupado em comentar palavras – definições, sinônimos, antíteses. Realista e pragmático, preocupado com a idéia do discurso como ação, Vieira pratica muitas vezes a acomodação da verdade às necessidades do momento. Não basta que a palavra seja *alethes*, ela deve ser também *pseudes*. Não basta que seja objetiva, é preciso que seja também lúdica, marcada por similaridades, contigüidades e ambigüidades, donde o gozo da audição.

A análise dos sermões de Vieira vai justamente demonstrar a conjugação dessas duas vertentes – autoglorificação e humildade – em torno de causas em que o cívico se mescla ao religioso e em que se exercita uma eloqüência fundamentada nos profetas bíblicos, em Cristo, em São Paulo, nos Padres da Igreja e nas hagiografias. Essa bagagem alia-se aos

---

[1] Os admiráveis estudos de Margarida Vieira Mendes acompanham minuciosamente a "laboriosa incubação" da oratória vieiriana (cf. Mendes, 1989, p. 27-83).

conhecimentos de estadista habilitado para a função de "conselheiro do rei", conhecedor e bom usuário dos hábitos palacianos e do ambiente de representação natural da corte. Alia-se ainda a uma impressionante capacidade de articulação desses saberes, através de forte presença, de grande capacidade de representar e de uma linguagem voltada para seduzir e convencer.

A teatralidade da representação é um artifício extremamente usado nos sermões, ensinado e incentivado nas escolas, com a finalidade de chamar e prender a atenção. A retórica vieiriana sabe explorar com grande habilidade esse componente teatral, usando-o para criar na imaginação do auditório poderosas imagens de triunfos heróicos, festas, martírios e castigos. Esse caráter de espetáculo dos sermões já existia na formação de pregadores no século XVI, na Europa, valorizando a memória e as citações, bem como o exercício da poesia, especialmente de seu ritmo. A gesticulação, a modulação da voz, o exagero no uso de metáforas, símiles e alegorias, e a manipulação das referências bíblicas tinham o objetivo de emocionar e com isso mover à ação.

Essa tática combina bem com a ironia, arte em que Vieira se revela verdadeiro mestre. A ironia é a arte de dizer algo sem dizê-lo, como diz Fontanier. Ou, segundo Lausberg, é a arte de fazer uso do vocabulário que o partido contrário emprega, com a firme convicção de que o público reconhecerá a incredibilidade desse vocabulário. Esta é a ironia da palavra, continuada pela ironia de pensamento e que consiste na substituição do pensamento em causa por um outro, através de uma relação de contrários (Lausberg, 1972, p. 163 e 251). A luta pelo poder caracteriza esse tipo de ironia, bem como o caráter lúdico de que essa luta se reveste.

E não restam dúvidas quanto à sua utilidade para o discurso vieiriano, quando se sabe que, por sua situação de destaque e sua atuação pública, Vieira deveria mesmo tomar posição nas disputas e em todas as situações políticas de Portugal ou dos territórios a ele subordinados. Deveria também cuidar para que os seus sermões convencessem, para assim converter os fiéis e, principalmente, os infiéis e os pagãos, e ainda para que o seu exemplo frutificasse e a sua imagem – de verdadeiro *Ecce Homo* – perdurasse através dos tempos.

A carga ou preocupação pragmática que envolvem a ironia calham bem aos interesses de Vieira, cuja pregação pretende certamente a conversão religiosa de pecadores em geral, sejam reis, nobres, plebeus, colonos, índios ou negros. Mas Vieira tem outros objetivos, além da maior glória de Deus: é um defensor ardente e convicto da grandeza de Portugal e parece querer também o seu quinhão de glória, incluindo-se no ideal político que prega.

Dada a sua posição de religioso – confessor e conselheiro do rei – e de estadista ligado ao poder, Vieira tinha acesso às questões políticas do reino português, o que incluía a luta do país pela restauração plena de sua autonomia e pela manutenção dos territórios colonizados, constante objeto da cobiça de potências como França, Inglaterra e Holanda. Vieira fazia parte também de outros grupos que lutavam pelo poder: sua crença católica opunha-se à dos "hereges" protestantes e calvinistas; sua ordem religiosa disputava com a dos dominicanos o prestígio junto ao rei e aos fiéis; seus recursos oratórios se contrapunham aos de outros pregadores, e era preciso marcar a superioridade de seu modelo; sua pregação catequética era sempre colocada em questão pelos colonos que queriam liberdade para escravizar índios e negros e perturbavam ou mesmo impediam o trabalho de evangelização.

Tendo de agradar a César e a Deus, a ironia lhe é de grande utilidade. Muitas vezes ele faz citações bíblicas, por exemplo, para argumentar em situações predominantemente políticas, como aquela em que relaciona descendentes de Noé para chegar a Tubal, supostamente fundador da cidade de Setúbal e, por extensão, de Portugal, país por isso destinado a centro do mundo. Em outro momento dirige suas apóstrofes a Deus, supostamente esquecido de seu povo, em perigo de ser dominado por protestantes e calvinistas hereges. Ou então diz falar a peixes, seguindo o exemplo de Santo Antônio, quando os homens, de ouvidos e corações duros, não o querem ouvir. Mas ao fazê-lo, nomeia e descreve certos tipos de peixe, aproveitando para censurar defeitos em seres humanos da sociedade a que se dirigia.

Vieira trabalha com perícia a questão dos partidos em luta através do binarismo, opondo homens a peixes, devoradores a devorados, exploradores a explorados, índios e negros a colonos. Opõe o clero e a nobreza não produtivos e isentos de impostos aos que produziam com seu trabalho e deviam ainda arcar com as despesas da Corte. Opõe pregadores a pregadores e pregadores a pecadores. E acaba por englobar esses binarismos em grandes oposições, em que um poder maior sempre está em jogo. O Quinto Império de Portugal é assim identificado ao reino de Deus sobre a terra e representa, portanto, o poder divino que se opõe ao poder das trevas e o vence.

Como os grandes ironistas, Vieira se preocupa com as estratégias irônicas de seu sermão, cujos argumentos retira de fontes fidedignas – a Bíblia, seus doutos comentadores, as vidas de Santos, documentos históricos ou considerados como tal, como os que se referem à batalha de Ourique. A preocupação com a figura do enunciador é constante, a exemplo do *Sermão da Sexagésima*, com toda a sua discussão em torno do semeador da palavra de Deus.

O ouvinte também é levado em conta: o orador valoriza suas reações, mas previne-se contra possíveis questões. Suposta e ironicamente lhe dá voz, enquanto procura massacrá-lo com argumentos incontestáveis. Para complementar o seu cuidado irônico com a mensagem, Vieira valoriza nos *Sermões* a figura do bom leitor, apoiando-se em competentes leitores que o precederam e cuja dignidade e competência nunca se esquece de referendar. Mas a sua habilidade de ironista se revela especialmente na capacidade de manipular referências, relacionar dados e acrescentar raciocínios e informações às citações feitas, de forma a aproveitar as suas leituras ou lembranças como suposto argumento para o que pretende demonstrar.

Para ser bom ironista e pregador da palavra plena, Vieira precisa ter credibilidade e contar com a boa-fé de seus ouvintes. Apresenta-se por isso muito bem documentado, cuidando para não ultrapassar os limites de sua fala indireta, de modo a não comprometer a clareza do entendimento e a aceitação de suas palavras. A ambigüidade permanente não faz parte de sua tática monológica, sua técnica não inclui a dúvida que valoriza a linguagem em si ou o receptor. Mesmo quando o ouvinte é Deus, o que Vieira apostrofa é um deus meio adormecido, desatento dos perigos que ameaçam o seu reino, esquecido de seus feitos e conquistas antigos, um deus que não está em uso de suas faculdades divinas. De modo especial, como os ouvintes, está em posição de inferioridade relativamente ao sermonista, que sabe mais, tem melhores argumentos e está mais próximo da verdade. Sabe o que é mais conveniente em cada circunstância e sabe até mais que Deus o que é melhor para o fortalecimento de seu reino. E por isso seu discurso deve permitir que o leitor entenda sem dificuldades a mensagem, o sentido dado às palavras.

No *Sermão gratulatorio e panegyrico*, pregado em 1669 em ação de graças pelo nascimento da primogênita bisneta dos gloriosíssimos reis D. João e D. Luiza, o sermonista reforça, de maneira que pretende inequívoca, a sua idéia de pátria e o seu ideal político, controlando e censurando as eventuais questões dos ouvintes/leitores: "Só os Portuguezes, filhos, descendentes e sucessores de Tubal, são e foram (sem controversia) aquelles que por meio de suas prodigiosas navegações e conquistas (...) se estenderam e dilataram por todas as quatro partes do immenso globo da terra" (Vieira, 1951, v. XV, p. 10). Essa afirmação é apresentada como inconteste, pois tudo está definitivamente explicado. Em outro momento, diz o sermonista: "Não posso deixar de confirmar esta bênção ou doação (porque não me ponham pleito) com uma escriptura publica, e tambem sagrada" (p. 10).[2] Ainda no mesmo sermão: "Mas poderá replicar a curiosidade (por não dizer a ingratidão) de algum ouvinte mau de contentar". Parece bem eficaz o comentário, que desestimula as questões desse ouvinte mau, ingrato e difícil de satisfazer, com o qual certamente ninguém quereria ser identificado.

Um outro exemplo: "Em Deus (como ensinam todos os Theologos) primeiro é o essencial, que o nocional" (p. 25). Quem se atreveria a duvidar, mas principalmente a levantar questões, se se trata de verdade afirmada por tantos teólogos? Logo em seguida diz o pregador: "Não me detenho em distinguir estas prioridades e virtualidades, porque fallo entre doutos" (p. 25). A qualificação de douto lisonjeia o ouvinte que,

---

[2] Ressalte-se que os parênteses são muito usados no discurso irônico para trazer explicações e realmente evitar questionamentos.

ironicamente apaziguado, reprime questões que talvez desvelassem não ser real o seu doutoramento no assunto... A primeira manobra retórica é a que faz referência a dois coros de louvores em ação de graças, um deles constituído por vozes de ancestrais cuja morte não deve ser nesse momento motivo de tristeza.

O sermonista explica em seguida que não só Portugal, mas todo o mundo – "porque Portugal é toda a terra" (p. 8) – devem louvar o gentil nascimento. Isso lhe seria fácil demonstrar com "os compassos geometricos em um mapa, ou esphera do mundo" (p. 8). Mas pode prová-lo com as Escrituras Sagradas e o faz, através de referências ao dilúvio e a Tubal, neto de Noé e primeiro português, através de quem cumpriram-se as profecias, pois foram os seus descendentes que realizaram as "prodigiosas navegações e conquistas" e assim "estenderam e dilataram o reino português por todos os quatro cantos da terra" (p. 10).

Por isso Vieira pode prever a chegada do Quinto Império, um tempo em que Portugal dominará o mundo, pois nenhum dos quatro grandes impérios anteriores – egípcio, assírio-caldaico, persa e romano – recebeu essa herança por legítima sucessão de pais e avós, registrada nas Sagradas Escrituras.

Vieira faz nesse sermão um complicado jogo com primogênitos e filhos últimos, herdeiro e herdeira, a fim de justificar a origem mítica dessa menina cuja missão seria afinal a de franquear e deixar livre o passo ao venturoso futuro irmão, quebrando-lhe o azar de primogênito. Seria ela a estrela que anunciaria o nascimento do verdadeiro herdeiro, a aurora que anunciaria o sol, a flor que prediria a chegada do fruto. Mas, de modo especial, seria aquela que enfrentaria em seu lugar os perigos que o poderiam destruir.

A estrutura retórica e o fio da ironia são visíveis também no *Sermão da Sexagésima*, todo construído com o paralelismo binário, iniciado com a oposição entre engano com o pregador/desengano com a pregação. Visto pelos estudiosos como uma crítica aos modelos vigentes de pregação, que visavam ao mero comprazimento auditivo, o sermão se revela uma esmerada construção lúdica do mais puro barroquismo, um modelo de oratória racionalmente organizada para seduzir e converter, se não à palavra de Deus, pelo menos ao estilo vieiriano de pregar. O sermonista não perde de vista sua proposta dialética, discutindo constantemente oposições: do pregador tradicional e do eu que fala, dos que pregam o alheio e dos que pregam o seu, do pregar arrazoando e do pregar bradando, dos que usam bem a palavra de Deus e dos que com ela levantam falso testemunho, dos que falam a verdade e dos que adulam as orelhas, dos que pregam com a fama e dos que pregam com a infâmia, dos que pregam palavras de Deus – no seu verdadeiro sentido – e dos que usam a palavra de Deus num sentido alheio e retorcido. Opõe ainda bons e maus ouvintes – os que saem descontentes de si e os que saem descontentes com o pregador –, o estilo polido e estudado ao estilo escuro e duro.

Também o *Sermão pelo bom sucesso das armas de Portugal contra as de Holanda* constrói-se sobre binarismos. O sermonista manipula ironicamente citações, reduplicações e perspectivas sobre o maravilhoso e o sobrenatural, valorizando os significantes sonoros e fazendo mascaramentos e espelhamentos, através de perguntas retóricas. Fala da tradição de vitórias e conquistas do povo de Deus, que corre agora o risco de ser vencido por nações bárbaras, dominadas no passado com a ajuda de Deus e a cujos inimigos Ele agora faz o seu povo voltar as costas, "não por fracos, mas por castigados". O Senhor abandonou o seu povo, que se resume agora aos que vão morrer e aos que vão ficar sem pátria, perdendo fazendas e vidas e, o que é pior, perdendo a honra, pois o nome celebrado nos anais da fama agora é afrontado pelo herege insolente com suas vitórias.

Atrevidamente, Vieira dirige-se a Deus, afirmando que o reino de Portugal é Dele e não "nosso". Dirige-se ao "peito divino", com queixas e acusações, pois desta vez Deus deverá ser o arrependido, embora sejamos nós os pecadores, não se esquece o ironista de acrescentar, comentando ainda que a argumentação não é de "nós para vós", mas de "vós para vós".

O sermonista lembra passagens bíblicas de Davi, Moisés, Marta, Jó e Josué, que sustentam sua sugestão de que Deus deve arrepender-se de sua atitude em relação ao seu povo, pois o Seu prestígio é que será prejudicado. Retoricamente diz que não repete, como Moisés: "Olhae, Senhor, que dirão", mas afirma: "Olhae, Senhor, que já dizem". E num arroubo bem teatral pergunta: "Por que não acabaes já de embainhar a espada de vossa ira?".

Em vez de pedir clemência e perdão, o pregador mostra o merecimento desse povo que trabalha pelo reino de Deus e é por Ele abandonado, embora viva desterrado da pátria, da fazenda, da mulher e dos filhos, depois de ter fiado sua vida às ondas e aos ventos, depois de transformar terras agrestes em cultivadas, depois de edificar as cidades. Disso "se hão-de lograr os hereges, e inimigos da fé dos trabalhos portuguezes e dos suores catholicos?" (p. 315). E não será estranho que o pastor de ovelhas as entregue aos lobos? Que o Salvador se tenha transformado em castigador? que Deus diga "faça o que mando mas não o que eu faço?". Por isso diz o sermonista: "Honrai o vosso nome!".

Com todas essas manobras retóricas, Vieira camufla seu objetivo de brilhar, de convencer, de mostrar-se capaz de converter. Ou então revela que sabe não apenas tornar os homens descontentes com os seus pecados, com os seus costumes, os seus passatempos e as suas ambições; sabe também usar uma palavra plena para alcançar esse objetivo.

Sua empresa não seria afinal apenas de engano ou de desengano com pregador ou com pregação, pois teria também o objetivo de relacionar, pregar e tecer. O seu exemplo é de que o sermão deve trabalhar simultaneamente enunciado e enunciação, para cativar o ouvinte/leitor através de um encantamento que o leva sem esforço ou resistência a um conteúdo semântico preciso e irresistível, em que se inclui certamente grande admiração pelo *Ecce Homo* ali presente.

Apresentado na Fale/UFMG, no Congresso comemorativo do III Centenário do Padre António Vieira, e publicado no *Boletim do Centro de Estudos Portugueses* da Fale/UFMG, v. 18, n. 22, p. 11-22, jan./jul. 1998.

Referências

BOSI, Alfredo. Vieira ou a cruz da desigualdade. In: *Dialética da colonização*. 3. ed. São Paulo: Companhia das Letras, 1992. p. 119-148.

CASTRO, Aníbal Pinto de. O padre António Vieira, síntese do barroco luso-brasileiro. In: SANTOS, Gilda *et al*. *Cleonice clara em sua geração*. Rio de Janeiro: UFRJ, 1995. p. 72-80.

FONTANIER, Pierre. *Les figures du discours*. Paris: Flammarion, 1977.

LAUSBERG, Heinrich. *Elementos de retórica literária*. 2. ed. Lisboa: Fundação Calouste Gulbenkian, 1972.

MENDES, Margarida Vieira. *A oratória barroca de Vieira*. Lisboa: Caminho, 1989.

FLORES, Luiz Felipe Baêta Neves. Palavra, mito e história no sermão dos sermões do padre António Vieira. In: RIEDEL, Dirce Côrtes. *Narrativa*: ficção e história. Rio de Janeiro: Imago, 1988. p. 170-190.

VIEIRA, António. Sermão da Sexagésima. In: *Sermões*. Porto: Lello & Irmão, 1951. v. I, p. 1-36.

———. Sermão de Santo Antonio. In: *Sermões*. Porto: Lello & Irmão, 1951. v. VII, p. 249-284.

———. Sermão pelo bom successo das armas de Portugal contra as de Hollanda. In: *Sermões*. Porto: Lello & Irmão, 1951. v. XIV, p. 331-360.

———. Sermão gratulatorio e panegyrico. In: *Sermões*. Porto: Lello & Irmão, 1951. v. XV, p. 5-34.

Palavra plena x palavra vazia: o jogo de Vieira e o de Fernando Pessoa

Desde que Fernando Pessoa publicou *Mensagem*, explicitando a sua admiração por Vieira e pelo Quinto Império – sonho que transformaria épocas de mudança e incerteza em tempos míticos de glória e poder – tornou-se possível estabelecer um paralelo entre as obras desses dois grandes autores da literatura portuguesa e universal. Em sua concepção utópica, ambos os gênios anunciaram um Quinto Império em que figuravam a visão profética, o conhecimento histórico-geográfico, a análise da situação política portuguesa e o senso patriótico e religioso do homem lusitano. Ambos pensaram o futuro através da síntese pessoana: "Esse futuro é sermos tudo", e falaram de seu tempo, dirigindo-se a um homem novo e verdadeiro ainda por existir e a uma sociedade autêntica ainda por ser – Portugal e os portugueses.

Fernando Pessoa refere-se insistentemente a Vieira, sobretudo através do ortônimo e de seu semi-heterônimo Bernardo Soares. Revela admiração e deslumbramento por sua obra: "António Vieira é de fato o maior prosador – direi mais, é o maior artista – da língua portuguesa" (*Obra em prosa,* 1974, p. 343). Tanto Vieira quanto Pessoa perfilham a mítica sebastianista, mostrando-se aliados de crença e de ideal. Pessoa identifica em Vieira o precursor ilustre de um pensamento visceralmente mítico e profético, orientado para esse universo de desejo a que se deu o nome de Quinto Império.

Pessoa revela, entretanto, clara consciência das diferenças que o separam de Vieira, entre as quais o tipo de sebastianismo que os identifica. Será com base nessas diferenças que procurarei desenvolver a idéia de que Vieira estaria para a palavra plena, enquanto Fernando Pessoa estaria para a palavra vazia, em potência, em estado de significância.

Vieira foi um poliglota e um estadista de enorme e admirável cultura. Sacerdote da Companhia de Jesus, foi pregador por profissão e conviveu em palácios reais. Atuou como embaixador e negociador de alianças, empréstimos e apoios navais e militares, visionando casamentos e recursos econômicos que alimentassem o erário público e fortalecessem a posição de Portugal entre as potências européias de seu tempo. Conselheiro de reis, foi muitas vezes encarregado de propagar confiavelmente as suas decisões, o que fez principalmente através de seus 207 sermões, mas também com textos exegéticos, profecias, cartas e relatórios, através de sua palavra plenamente semantizada, que a sua eloqüência procurava transmitir, de forma a convencer, para levar à ação.

Peça fundamental do edifício da Restauração Portuguesa, Vieira foi lusocentrista convicto. Prático e lúcido, teve especial percepção dos problemas de seu tempo, como o dos cristãos-novos, para o qual buscou as soluções então moralmente mais pragmáticas. Conviveu de perto com a cobiça dos colonos, no Brasil, contra os quais lutou com energia, usando também nesse caso a sua capacidade inventiva e a sua habilidade retórica. Seu discurso veemente conjugava ao mesmo tempo as certezas inabaláveis de sua fé, a impetuosidade emotiva de seu temperamento, a força prodigiosa de sua imaginação e a beleza de seu verbo, através de oposições dialéticas que se traduziam, no discurso, pelo virtuosismo do jogo semântico de antíteses e pelo binarismo da organização sintática da frase.

Em virtude de sua errância pelos mais opostos espaços – de grandeza e de miséria – sua visão do mundo apresenta um sentido vívido do transitório, da fragilidade do humano, da inanidade das ambições que impulsionam as baixezas dos mortais, em contraposição à serena perenidade dos valores eternos que igualam os homens. Na concepção da arte barroca, Vieira percebe o mundo como um grande e variado teatro, dinamizado pela força caleidoscópica da mudança. Aposta por isso na transformação do ser humano e, com seu visionarismo marcado antes de tudo pela lusitanidade, pretende restaurar no homem a noção profunda da salvação, desenvolvendo a idéia redentora do Quinto Império.

A partir de sua perspectiva visionária, Portugal dominaria a máquina mercante mundial. Tomando como modelo estratégico as potências rivais e criando uma estrutura similar na esfera do poder monárquico lusitano, colocar-se-ia no centro da política colonial de seu tempo.

Mas a inteligência avançada de Vieira pregava num ambiente hostil e suspeitoso de ouvintes que ainda não compreendiam o alcance da transformação burguesa em curso na Inglaterra e na Holanda protestantes. Por isso usava ele a ironia. Seus inimigos eram muitos e poderosos, nessa fase difícil de reerguimento de um império ameaçado na Europa pela Espanha e nos domínios atlânticos pela Holanda. O receio da novidade das companhias mercantis, a obstinação portuguesa em distinguir dinheiro bom e ruim, as regalias e isenções de que gozavam os nobres e os religiosos acabaram por impedir a vitória de suas idéias e, afinal, a instalação do sonhado Quinto Império.

Em seus *Sermões*, Vieira alardeia, oralmente e por escrito, soluções para todos os problemas. Ressemantiza termos como "honra", "fidalguia" e "nobreza", que passam a ser integrados à esfera do trabalho e não da herança, numa virada axiológica em que a omissão torna-se o grande pecado. Potencializa o mérito do homem em estado de alerta, ao mesmo tempo que agrava o demérito do relapso e do acomodado.

Para isso usa com extrema perícia a retórica, tendo a seu favor uma memória prodigiosa e sua habilidade de pregador, especialista no que Aristóteles chama de *ethos*, *pathos* e *logos*, ou seja, na apresentação de um caráter capaz de tornar o orador digno de fé e de produzir nos ouvintes uma paixão transformadora (*pathos*) com seu discurso (*logos*). Vieira cuida de sua *imago* de orador, incorporando-lhe a concepção apostólica do pregador, forjada nos profetas bíblicos, em Cristo, em São Paulo, nos padres da Igreja e nas hagiografias.

O fenômeno Vieira explica-se assim como resultado da conjugação de uma série de fatores que alguns veriam como destino, pois o grande orador surge no momento histórico mais propício ao florescimento de seus dotes individuais e de sua poderosa eloqüência, fixada literariamente nos *Sermões*.

Os *Sermões* dizem efetivamente algo, são "palavra plena", procuram não deixar dúvida ou espaço para divergências e constituem exemplo de discurso ideológico, autoritariamente articulado para inibir perguntas. Como bom pregador da palavra plena (e bom ironista), Vieira busca sempre encaminhar o pensamento de seu ouvinte. Para isso muito lhe serve a ironia: quando fala por vias indiretas, quando usa o não para dizer o sim, quando diz o contrário ou algo diferente do que pretende fazer entender, fá-lo sempre com o cuidado de quem conhece bem o ouvinte e sabe até onde ir para não comprometer a clareza de suas palavras. A ambigüidade não faz parte de sua tática, porque a dúvida que valoriza a linguagem em si ou o receptor – esperando deste o entendimento da mensagem – não faz parte de sua técnica. Mesmo quando fala a Deus, o vê como um ouvinte meio adormecido, esquecido de seus feitos e conquistas, desatento aos perigos que ameaçam o seu reino. Trata-se de um deus que não está em uso de suas faculdades divinas. De modo especial, como todos os outros ouvintes, está em posição inferior ao sermonista, que sabe mais, tem melhores argumentos e está sempre mais próximo da verdade. Sabe o que é mais conveniente em cada circunstância e sabe, até mais que Deus, o que é melhor para o fortalecimento de seu reino. E assim deve falar claro, mesmo quando faz ironia: seu discurso deve permitir que o receptor entenda facilmente a mensagem, o sentido dado às palavras.

Fernando Pessoa, ao contrário, aponta no seu discurso uma palavra vazia, representada num estado de potência fingida e frustrada. "O poeta é um fingidor" que oferece ao leitor o espetáculo de sua dor fingida e significante, por isso potencialmente significativa.

Vieira sabe o que pregar, como pregar, como conseguir resultados com o sermão. Sabe, melhor que o semeador do evangelho, por experiência própria, as dificuldades que esperam o missionário, cuja tarefa se tornará gloriosa pela coragem e perseverança. Sabe por que a palavra de Deus não tem frutificado e o que é necessário para que isso ocorra. Sabe a quem dirigir suas apóstrofes, cujo destinatário varia conforme a necessidade.

Fernando Pessoa, diferentemente, sabe que seus sonhos são irrealizáveis:

> Nada me prende a nada.
> Quero cinquenta coisas ao mesmo tempo.
> Anseio com uma angústia de fome de carne
> O que não sei que seja –
> Definidamente pelo indefinido...
> (Pessoa/Campos, 1965, p. 359)

Uma das grandes armas vieirianas para afirmar verdades incontestes está na arte da argumentação binária, característica da retórica que busca o poder. Essa arte coloca dois partidos em luta: o céu e o inferno, Portugal e Holanda, os colonos e os índios, os jesuítas e os dominicanos, os passíveis de conversão e os duros de coração, o partido do pregador e o do ouvinte, cuja gama é muito variada: abrange desde os índios, que mal entendem a fala do pregador, até os peixes que, obedientes e atentos, têm o uso sem a razão, diferentemente dos homens, que têm a razão sem o uso. O ouvinte pode ser até o Divino Criador, duramente interpelado quando o pregador acredita estar em perigo o domínio cristão no Brasil, em virtude da invasão holandesa.

A carga ou a preocupação pragmática que envolvem a ironia calham bem aos interesses de Vieira, cuja pregação pretende certamente a conversão religiosa de pecadores, sejam eles reis, nobres, plebeus, colonos, índios ou negros. Mas Vieira tem outros objetivos, além da maior glória de Deus: é um defensor ardente e convicto da grandeza de Portugal, cujos feitos quer reconhecidos e cujo poder quer ampliado e fortalecido. E parece querer também, certamente, o seu quinhão de glória, incluindo-se no ideal político que prega.

O binarismo serve a um espetáculo em que a sua própria figura pode indicar o sim ou o não. Seus argumentos comprovam-se para depois, por diversas vezes – ironicamente ou não –, ser suplantados por outros que ele mesmo propõe. Seu estilo não é o dos pregadores, que se expressam por contrários, em xadrez de palavras.

Marcando a diferença entre o seu tempo e o de Vieira, no qual, como se viu, havia uma crença no indivíduo e em suas potencialidades, a certeza do absoluto e a confiança na capacidade da palavra em comunicar a verdade e impulsionar a ação, Fernando Pessoa, em obra da maturidade, diz: "Quem me dera que a poesia fosse mais que a escrever!" (1972, p. 568). Se a leitura de Vieira confirma a percepção de sua crença na potência da retórica, a intenção de plenitude presente em sua palavra magistral e sua correspondente esperança na realidade do Quinto Império, a repetida degustação da obra pessoana revela que o poeta sabe que seu trabalho com a palavra se esgota em si mesmo. Seu Quinto Império é bem delimitado: "Minha pátria é a língua portuguesa", diz Bernardo Soares. E a obra poética pessoana não ultrapassa os próprios limites – não incita à ação, não revela busca, não apresenta objetivos. Se fala em ação é muitas vezes para adiá-la, com Álvaro de Campos, ou para dizer que não vale a pena cansarmo-nos e que é melhor abdicar e ser rei de si mesmo, como propõe Ricardo Reis.

Para Vieira, o Quinto Império é uma questão histórica que tem como condição de efetivação a conquista e a posse de territórios pela força das armas, impulsionada pela energia das palavras. As terras descobertas são muito importantes. Nos *Sermões*, Vieira trata dos problemas das colônias, sempre com doutas e irrefutáveis soluções retiradas de suas fontes tradicionais de sabedoria, como a Bíblia, onde o *logos* divino constitui anúncio e promessa. No Quinto Império de Vieira não há maneira de sublimar a exigência imprescindível de um império que, para ser do espírito, tem de ser também de domínio e expansão.

Já para Fernando Pessoa, o Quinto Império será o da cultura e qualquer ilusão de domínio territorial representará um desvio no verdadeiro destino da ação portuguesa no mundo. O poeta não reclama a posse das colônias e chega mesmo a interpretar positivamente a sua perda, porque nele a palavra não é ação, como em Vieira. Não lhe dá concretude e não lhe referenda a fé, pois afirma sentir-se "tão real como uma metáfora". Faltam-lhe referenciais que determinem a realidade de seu próprio sentimento: a ilimitada liberdade poética transforma o sujeito em sua própria alegoria – já que a palavra é vazia e a poesia não é mais que o escrever...

Usuário da retórica e da ironia, no seu afã de dizer, Vieira não confessa o seu fingimento, a sua enganosa dialética, a manipulação das referências ou as freqüentes voltas da argumentação para adequá-la à mensagem que deseja transmitir. Fernando Pessoa, ao contrário, não apenas confessa o fingimento, mas o considera natural e necessário. Um fingimento que não pode reforçar a idéia de pátria, porque a pátria é a língua que constrói mundos sabidamente fictícios e fantasiosos e é capaz de sustentar a criação dos heterônimos, cujo discurso, ao ser analisado, revela-se palavra vazia, potencialidade, significância.

Em seus *Sermões*, Vieira faz perfeitas representações. Embora afirme condenar no sermonista a teatralização do discurso, apresenta-se como mestre em fazer de seu sermão um espetáculo, em que os recursos visuais são fortes instrumentos para conduzir os ouvintes à conversão e à verdade. Também Fernando Pessoa representa, fazendo um verdadeiro teatro com sua própria existência, ao multiplicar-se em heterônimos. Diferentemente de Vieira, entretanto, ele não esconde os recursos utilizados: "Desde que tive consciência de mim mesmo percebi em mim uma inata tendência à mistificação, à mentira artística" (Pessoa, 1974, p. 92).

O poder de representação de Fernando Pessoa traduz a subjetividade moderna, que vive como num imenso teatro, vendo o mundo exterior através de reflexos interiores. Numa sociedade individualista, o sistema social é apenas uma forma de combinar as várias individualidades. O que parece universal não passa de uma normatividade extrínseca, epidérmica, em função da qual a arte não se traduz em ação nem é um fator de integração social, pois não efetiva a sua aspiração de concretizar seus gestos no diálogo com outros gestos.

Por isso a obra de Fernando Pessoa traz freqüentemente o sentimento de infelicidade, o desconforto de uma época em que as consciências estão condenadas à inação.

Não sou nada.
Nunca serei nada.
Não posso querer ser nada.
(...)
Serei sempre *o que não nasceu para isso*;
Serei sempre *só o que tinha qualidades*;
Serei sempre o que esperou que abrissem a porta ao pé de uma parede sem porta,
E cantou a cantiga do Infinito numa capoeira,
E ouviu a voz de Deus num poço tapado.
Crer em mim? Não, nem em nada.
(Pessoa/Campos, 1990, p. 197)

A poesia de Fernando Pessoa expressa a lucidez do homem contemporâneo em relação ao seu problema existencial: o poeta não consegue expandir sua criação para além dessa angústia particular. Encarnando embora o sentimento de toda uma geração e até de uma época, ele fala sempre a partir de si – alguém que pressente o mundo – mas não o encontra. Vieira lê o mundo como uma energia em ação, uma inteligência que sempre encontra argumentos, recursos e caminhos novos para todos os problemas e que tem como objetivo a maior glória de seu Deus, de sua religião e de seu país (e sua própria, afinal). Já Fernando Pessoa diz com Ricardo Reis:

Não consentem os deuses mais que a vida.
Tudo pois recusemos, que nos alce
A irrespiráveis píncaros,
Perenes sem ter flores.
(Pessoa, 1965, p. 260)

Sábio que se contenta com o espetáculo do mundo, Ricardo Reis recomenda a calma, a sabedoria de "passar silenciosamente / E sem desassossegos grandes" (Pessoa, 1965, p. 256). Não há perspectiva de futuro, por isso "façamos nossa vida um dia, / Inscientes, Lídia, voluntariamente / Que há noite antes e após / O pouco que duramos" (Pessoa, 1965, p. 259). A interlocutores não nomeados diz que projetos e desejos de grandes realizações terão como resultado sempre o fracasso: "A obra cansa, o ouro não é nosso. / De nós a mesma fama / ri-se, que a não veremos" (Pessoa, 1965, p. 260).

É verdade que o Fernando Pessoa do início de *A Águia*, participante do grupo do saudosismo, compositor de *Mensagem* (em que o tratamento (des)infantilizado do tema da saudade diferencia o poema do restante da produção dos saudosistas, de modo geral), apresenta proximidade com Vieira e sua visão do Quinto Império. Também a idéia de um supra-Camões – uma voz mais potente que a de *Os Lusíadas* e capaz de cantar glórias ainda maiores – aproximaria Vieira e Fernando Pessoa. Se se lembrar, entretanto, que Fernando Pessoa se afasta dos saudosistas por discordar de sua obsessão pelo passado, se se considerar que o autor de *Mensagem* busca cultuar uma nova poesia, cujo impulso leva à criação de *Orpheu*, que lançou uma estética modernista em Portugal, se se pensar que *Orpheu* é responsável pelo impulso futurista (oposto ao do saudosismo) e, principalmente, se se observar que a heteronímia pode ser a solução encontrada para uma poesia que supera, de maneira modernista e iconoclasta, a de Camões, parece possível vislumbrar a divergência que separa Vieira e Fernando Pessoa.

Apesar das diferenças, uma força extraordinária aproxima os dois autores: Pessoa admira Vieira como o "maior prosador", o "maior artista", o "imperador da língua portuguesa". A leitura de Vieira o "faz tremer como um ramo ao vento, num delírio passivo de coisa movida" (Pessoa/Soares, 1982, p. 16). Une-os, principalmente, a grande força da língua portuguesa, que, para Vieira, seria um instrumento pragmático de dominação, pois o seu Quinto Império teria um sentido político, de poder real e de domínio concreto do mundo. Para Fernando Pessoa, essa língua teria valor em si e não o de instrumento.

Pessoa admira em Vieira o uso da potência da palavra, como documenta esta passagem do *Livro do desassossego*:

> Não chóro por nada que a vida traga ou leve. Ha porém paginas de prosa que me teem feito chorar. Lembro-me, como do que estou vendo, da noute em que, ainda creança, li pela primeira vez numa selecta, o passo celebre de Vieira sobre o Rei Salomão. "Fabricou Salomão um palacio..." E fui lendo, até o fim, tremulo, confuso; depois rompi em lagrimas felizes, como nenhuma felicidade real me fará chorar, como nenhuma tristeza da vida me fará imitar. Aquelle movimento hieratico da nossa clara lingua majestosa, aquelle exprimir das idéas nas palavras inevitaveis, correr de agua porque ha declive, aquelle assombro vocalico em que os sons são cores ideaes – tudo isso me toldou de instincto como uma grande emoção politica. E, disse, chorei; hoje, relembrando, ainda chóro. Não é – não – a saudade da infancia, de que não tenho saudades: é a saudade da emoção d'aquelle momento, a magua de não poder já ler pela primeira vez aquella grande certeza symphonica. (Pessoa/Soares, 1982, p. 16-17)

O grande império, vislumbrado por Pessoa na mencionada página de Vieira, não se relacionaria com o palácio construído por Salomão, possível metáfora do Quinto Império. Estaria muito mais na naturalidade cristalina com que o sermonista a expressa, na clareza majestosa com que usa a língua, a sua potencialidade musical.

Num outro trecho Fernando Pessoa se distancia do Quinto Império vieiriano:

> Não tenho sentimento nenhum politico ou social. Tenho, porém, num sentido, um alto sentimento patriotico. Minha patria é a lingua portuguesa. Nada me pesaria que invadissem ou tomassem Portugal, desde que não me incommodassem pessoalmente. Mas odeio, com odio verdadeiro, com o unico odio que sinto, não quem escreve mal portuguez, não quem não sabe syntaxe, não quem escreve em orthographia simplificada, mas a pagina mal escripta, como pessoa propria, a syntaxe errada, como gente em que se bata, a orthographia sem ipsilon, como o escarro directo que me enoja independentemente de quem o cuspisse. (Pessoa, 1982, p. 17)

A pátria pessoana ou o "supra-Camões" não tem a intenção de estabelecer verdades ou recuperar mitos, mas sim a de deixar entrever a máscara vazia da linguagem, palco onde o artista pode encenar e fingir, para criar um sentido que nunca poderá ser fixado. Essa pátria faz esquecer, através da fruição estética, por "um momento imperceptível", a pesada carga do homem preso inevitavelmente a sistemas, normas e convenções e que tem como única certeza a morte e a perda não só do Quinto, mas de todos os impérios sonhados.

Publicado nos *Anais do III Congresso Internacional do III Centenário do Padre António Vieira*. Lisboa: Universidade Católica Portuguesa, 1997. v. 3, p. 1933-1942.

Referências

BOSI, Alfredo. Vieira ou a cruz da desigualdade. In: *Dialética da colonização*. 3. ed. São Paulo: Companhia das Letras, 1992. p. 119-148.

CASTRO, Aníbal Pinto de. O padre António Vieira, síntese do barroco luso-brasileiro. In: SANTOS, Gilda *et al. Cleonice clara em sua geração*. Rio de Janeiro: UFRJ, 1995. p. 72-80.

FLORES, Luiz Felipe Baêta Neves. Palavra, mito e história no sermão dos sermões do padre António Vieira. In: RIEDEL, Dirce Côrtes. *Narrativa: ficção e história*. Rio de Janeiro: Imago, 1988. p. 170-190.

FONTANIER, Pierre. *Les figures du discours*. Paris: Flammarion, 1977.

PÉCORA, Antônio Alcir B.; OSAKABE, Haquira. Vieira segundo Fernando Pessoa. *EPA – estudos portugueses e brasileiros*. Campinas, Unicamp, n. 7, p. 171-175, 1º semestre 1986.

LAUSBERG, Heinrich. *Elementos de retórica literária*. 2. ed. Tradução, prefácio e adit. R. M. Rosado Fernandes. Lisboa: Fundação Calouste Gulbenkian, 1972.

PESSOA, Fernando. *Obras em prosa*. Rio de Janeiro: Aguilar, 1974.

———. *Obra poética*. Rio de Janeiro: Aguilar, 1965.

———. *Poemas de Álvaro de Campos*. (Ed. crit. de Cleonice Berardinelli). Lisboa: IN-CM, 1990.

———. *Sobre Portugal*. Lisboa: Ática, 1979.

———. *Livro do desassossego*. Lisboa: Ática, 1982.

MENDES, Margarida Vieira. A história ou a "laboriosa incubação". In: *A oratória barroca de Vieira*. Lisboa: Caminho, 1989. p. 27-84.

VIEIRA, António. Sermão da Sexagésima. In: *Sermões*. Porto: Lello & Irmão, 1951. v. I, p. 1-36.

———. Sermão de Santo Antonio. In: *Sermões*. Porto: Lello & Irmão, 1951. v. VII, p. 249-284.

VIEIRA, António. Sermão pelo bom sucesso das armas de Portugal contra as de Hollanda. In: *Sermões*. Porto: Lello & Irmão, 1951. v. XIV, p. 331-360.

———. Sermão gratulatorio e panegyrico. In: *Sermões*. Porto: Lello & Irmão, 1951. v. XV, p. 5-34.

Almeida Garrett

Viagens na minha terra

um exemplo de modernidade

Uma análise de *Viagens na minha terra*, de Almeida Garrett,[1] poderia iniciar-se pelo enfoque das personagens da história de amor aí contida, preocupando-se com a observação de suas contradições internas, especialmente de Carlos e seu pai. Essa perspectiva valorizaria o enunciado e seus elementos míticos e ideológicos, e poderia estudar a presença do mito do herói na personagem Carlos, o rebelde que luta pela causa liberal, não consegue conviver com o universo feminino e acaba por referendar a ideologia que contesta, ao tornar-se barão, o sucedâneo dos frades. Vários elementos indicariam a presença desse mito nas *Viagens*: o descontentamento da personagem com o mundo que a cerca, sua luta contra o monstro da guerra, a seqüência mítica nascimento / morte / ressurreição, a presença do ser amado que se torna interdito e morre fisicamente (Joaninha) ou simbolicamente (Georgina). A rebeldia e a submissão do herói poderiam também ser relacionadas com os conflitos de seu criador que, educado no absolutismo e no classicismo, abraçou o liberalismo e o romantismo, deixando em sua obra, entretanto, a marca das convicções que o formaram inicialmente.

A contradição interna das personagens de *Viagens na minha terra* levaria à percepção de que o texto de Garrett teria as marcas de uma posição romântica que se recusaria a seguir modelos clássicos preestabelecidos. Indicaria também a dualidade sentimental e vivencial de um

---

[1] Garrett, 1965. Todas as citações serão dessa edição, indicadas apenas pelo número das páginas.

autor que contrapunha ao idealizado amor à pátria o desalento resultante da observação da realidade. As contradições do romance refletiriam assim a evolução de uma visão de mundo alterada pelas experiências vividas, especialmente no exílio, e que resultaram em disponibilidade para aderir a práticas literárias então inusitadas em Portugal.

Educado no absolutismo, mas liberal praticante, de formação clássica, porém adepto da liberdade de criação, tal como postulada pelo romantismo, Garrett documenta em *Viagens na minha terra* uma oscilação entre razão e sentimento típica da época e busca expressar, numa linguagem em que se misturam gêneros diversos, o conflito do romântico diante de um mundo visto pelo classicismo como supostamente organizado e racional, e onde, todavia, os valores se apresentam decadentes ou em transformação. Por outro lado, revela a consciência de construir seu texto como um jogo em que as personagens podem, por exemplo, combater duramente uma posição ideológica para depois nela se acomodarem, como acontece ao Carlos contestador que se torna barão. Se é possível considerar com José-Augusto França que, ao tornar-se "político desonesto e financeiro" e "barão cabralista", Carlos comete verdadeiro suicídio (França, 19--, p. 257), pode-se também atentar para o fato de que a personagem é nitidamente construída como um ser de papel, figura de discurso, cujas convicções podem mudar, em vista de seu caráter ficcional.

No texto, uma voz revela a consciência de fazer uma literatura que já não se pretende apenas representação, mas se confessa também produção e simulação, resultado do trabalho artesanal de um sujeito que produz uma arte de caráter sabidamente fictício, distanciada e diferente da realidade, embora elaborada com dados dela retirados. Ao equilibrar-se ludicamente na construção ambígua das figuras do combatente liberal e do Carlos barão, essa voz afirma nas *Viagens* a função utópica da linguagem, para desmontar ironicamente o estabelecimento de qualquer forma de coerção sobre o homem, especialmente aquela que se escuda em impulsos liberadores aparentemente contestadores do poder. Basta atentar para a fragmentação do texto nas inúmeras digressões e no complexo jogo entre o tempo do discurso – ou do narrador – e o tempo da história, elementos que desconstroem qualquer poder que ali tenta instalar-se.

Há uma obra de Garrett em que essa oscilação entre o classicismo e o romantismo pode ser facilmente observada: *Frei Luís de Sousa*, em que se conjugam fatalidade, função catártica, presença do herói e desfecho trágico, além de reconhecimento, peripécia, catástrofe, nobreza das personagens, unidade de ação e relativa unidade de tempo e lugar. Esses elementos clássicos recebem entretanto um tratamento moderno, numa composição em prosa marcada pelo espírito cristão, o que favorece a classificação da peça como drama romântico, especialmente pela presença do herói, a punição de uma inocente e o arrependimento que garante ao pecador a recuperação de seu estado de graça, numa perspectiva religiosa otimista que contradiz o espírito trágico, eliminador de qualquer esperança. Elementos românticos seriam ainda a concepção da peça como espetáculo, a presença do nacionalismo e de estereótipos românticos: a despedida para a morte, a destruição do fruto do amor pela morte dos amantes, a súplica diante de algozes e a metáfora da casa como representação do corpo.

Essa perspectiva romântica é acentuada por Garrett nas *Viagens na minha terra* através da introdução da ironia, que revela ser a obra algo construído por uma consciência em ação, distanciada da perspectiva clássica em que o homem era como algo exterior introduzido no universo, permanecendo alheio a tudo quanto se lhe deparava. No texto das *Viagens* existe a visão romântica de que o homem e sua percepção da realidade estão inextricavelmente relacionados, pois tudo se inclui na mesma grande entidade. Por isso o autor se rebela contra uma proibição e, abandonando a objetividade e o distanciamento clássicos, marca sua presença na obra. Realiza assim efetivamente a proposta romântica de valorização do indivíduo, fazendo a sua defesa contra a sociedade em conjunto e buscando uma síntese entre o real e o fictício, o transitório e o perene, o corpo e a mente.

Esse tipo de reflexão focaliza ainda o enunciado do texto, em busca de descobrir um significado que lhe teria sido atribuído. Valoriza entretanto a sua enunciação, pois o vê como resultado da atividade de um sujeito que diz algo e ao mesmo tempo revela os artifícios usados para dizê-lo. Tal experiência não é apenas uma realidade verbal, mas um ato pelo qual o sujeito afirma a sua liberdade de usar a linguagem, encenada em vez de simplesmente utilizada e que, além de se constituir como saber, apresenta-se como reflexão dramática sobre esse saber.

A presença da ironia romântica nas *Viagens* permite compreender o percurso de Garrett do classicismo ao romantismo, levando a aquilatar devidamente o notável avanço em direção à modernidade representado por essa narrativa que realiza a proposta romântica de mistura dos gêneros literários, através da ação contraditória, mas convergente, de imaginação e ironia. Garrett parece seguir nessa obra a perspectiva de Schlegel, referendada por Adorno, que reluta em resolver o conflito básico da obra literária numa síntese final, insistindo em reconhecer a tensão, a contradição e a oscilação como essência da vida a ser reproduzida na arte.[2] Ao valorizar a fragmentação e o estilhaçamento, revela-se aliás um precursor das teorias lacanianas, como demonstra o estudo de Gary Handwerk[3] sobre a ironia romântica.

Essas reflexões levam à importância de analisar a enunciação de *Viagens na minha terra*, acrescentando à perspectiva que vê no texto a referência a algo que o extrapola – isto é, a uma preocupação com a mensagem e com o significado –, uma visão do texto como construção, em que se valoriza tanto a consciência do fazer como a figura do receptor, considerado elemento fundamental para a concretização de uma obra que é "máscara do nada", como ensina Mallarmé. Uma imagem de *Viagens na minha terra* lembra essa máscara: o fio trabalhado pela avó de Joaninha, de quem diz Frei Dinis: "Está morta, e não espero aqui senão a dissolução do corpo para a enterrar" (p. 367). Apesar disso, "a

---

[2] Theodor Adorno julga que Schlegel foi um teórico que revolucionou a questão da representação ao buscar a estética na autopresentação da arte. Enquanto para Hegel o conteúdo da arte é o seu absoluto, para Adorno a arte é artefato, não se identificando com o espírito externo, a idéia transcendental ou o conceito, mas podendo ser tanto os procedimentos imanentes, materiais da arte, como a natureza efêmera desses procedimentos. O conteúdo da arte poderia ser, assim, a sua própria transitoriedade (Finlay, 1988, p. 133-181).

[3] Para Handwerk, Schlegel prenuncia as teorias lacanianas quando se refere ao estilhaçamento e ao isolamento a que a autoconsciência aparentemente condena o sujeito, e também quando fala no reconhecimento de aspectos da alteridade de distintos sujeitos no sujeito individual (Handwerk, 1985, p. 18-43).

velha dobava sempre, sempre" (p. 367), pois a trama do seu fio equivale à própria narrativa.

Viagens apóia sua construção em reflexões sobre elementos do passado, mostrando entretanto a consciência de que o texto se orienta em direção ao futuro. Torna-se impossível assim a sua realização como cópia de uma essência supostamente preexistente e representativa de um absolutismo recusado, que só seria eficientemente combatido com um discurso capaz de trapacear o seu próprio dito, para assim desestabilizar um poder nele camuflado.[4]

A submissão e a acomodação do herói das *Viagens* podem ser vistas assim sob uma nova luz, isto é, como jogadas irônicas de um narrador que encena a linguagem e, em vez de utilizá-la a favor de qualquer tipo de poder, lembra ao seu narratário, através do estranho e do inesperado, que ali se joga com os signos e se escreve literatura. Por isso se pode, num momento, combater uma ideologia política para em seguida abraçá-la.

Viagens na minha terra, precursora da modernidade, ilustra a reversão do platonismo, em que a valorização do simulacro coincide com a dinamização da presença da ironia no texto, que abandona a lição de Hegel[5] e a reprodução mimética da realidade para se confessar produção, simulação, invenção, síntese de noções antitéticas como a objetividade e a subjetividade, o sério e a brincadeira, o sonho e a realidade, o

---

[4] Penso principalmente em *Frei Luís de Sousa* e em *O arco de Sant'Ana*, textos que se desenvolvem em dois níveis: o do discurso do narrador, que se refere à política portuguesa da época, e o da história narrada, relativa a acontecimentos passados no século XIV, que o próprio Garrett informa não pretender reconstituir severamente, o que está de acordo com a Memória lida no Conservatório Real de Lisboa, na apresentação do *Frei Luís de Sousa*, em 6 de maio de 1843: "Nem o drama, nem o romance, nem a epopéia são possíveis, se os quiserem fazer com a 'arte de verificar as datas na mão'" (Garrett, 1965, p. 46).

[5] A dialética de Hegel distingue duas espécies de representação: a interna, pré-discursiva e a externa, representação artística da representação interna. Assim, discurso e pensamento existiriam separadamente, como objetos de pensamento e de discurso, servindo este simplesmente para exteriorizar as representações internas, transparentes no que diz respeito aos objetos que representam. Marike Finlay mostra como tal pensamento hegeliano se opõe à postura romântica de Schlegel, que pretende ver na obra um organismo vivo válido em si mesmo e não apenas representativo de algo que o transcende (Finlay, 1988, p. 133-181).

sublime e o patético, tornando-se representante da representação, nas palavras de Lacan.

Ao voltar-se para o passado com a disposição de reproduzi-lo criticamente e, sobretudo, ao fazer um relato de viagem recheado de digressões – entre as quais uma história de amor, útil para prender a atenção do leitor –, a narrativa de Garrett atua como o simulacro que se afasta do mundo da representação e, tornando sensível a distância entre o mundo limitado e o infinito do ideal, afirma a ilusão das coisas e, antes de tudo, a ilusão da própria arte. Significativa é a ambigüidade do texto, que se preocupa com a verossimilhança e a credibilidade, mas volta-se para sua própria enunciação, desmistificando-se como "verdade" e afirmando-se como "tessitura de elementos",[6] artefato, artifício e jogo.

As contradições percebidas na estruturação das personagens das *Viagens* parecem apoiar-se também nessas diferenças entre enunciado e enunciação: a obra de Garrett valoriza o enunciado e busca simbolizar, num estilo jornalístico que tenta captar o transitório, o fugidio e o contingente, as contradições dos indivíduos e as marchas e contramarchas do progresso social em Portugal. Isso é comunicado ao narratário de forma supostamente espontânea, e uma das formas de fazê-lo é a narração da história de Carlos e Joaninha, na qual o contexto é o de luta entre absolutismo e liberalismo e cujo final revela a expansão e o domínio da nova corrente.

Por outro lado, têm-se também as experiências políticas, militares, diplomáticas e mundanas de um narrador que se apresenta como construtor de seu texto e lembra, sem modéstia, as intenções de seu livro: "Saiba pois o leitor contemporâneo, e saiba a posteridade, para cuja instrução principalmente escrevo este douto livro" (p. 318). Valoriza assim a enunciação, chamando a atenção do receptor para a sua arte,

---

[6] Lacoue-Labarthe & Nancy vêem no inacabamento a marca principal do fragmento: "Le fragment se délimite par une double différence: si d'une part il n'est pas pur morceau, de l'autre il n'est pas non plus aucun de ces termes-genres dont se sont servis les moralistes: pensée, maxime, sentence, opinion, anecdote, remarque. Ceux-ci ont plus ou moins en commun de prétendre à un achèvement dans la frappe même du 'morceau'. Le fragment au contraire comprend un essentiel inachèvement" (Lacoue-Labarthe & Nancy, 1978, p. 62).

a fim de que não se cuide haver ali "quaisquer dessas rabiscaduras da moda que, com o título de 'Impressões de viagem', ou outro que tal, fatigam as imprensas da Europa sem nenhum proveito da ciência e do adiantamento da espécie" (p. 151). Na verdade, a voz enunciadora parece ironicamente valorizar essas "rabiscaduras", pois se mostra no trabalho de elaboração do texto, por exemplo, quando se refere à atividade de entretecer suas observações e as histórias ouvidas com um fio que "só com muita paciência se pode deslindar e seguir em tão embaraçada meada" (p. 292). Esse fio corresponderia, no plano do enunciado, àquele constantemente trabalhado pela avó Francisca que, "sentada na sua antiga cadeira, dobando, como Penélope tecia a sua interminável meada" (p. 342).

No plano da enunciação, esse fio seria o da linguagem que tenta unir o representado e o representante, separados pela janela da menina dos olhos verdes, que em tal estatuto de enquadramento faz, entretanto, lembrar o seu caráter artificial de ficção que não pode valer como realidade.

A voz enunciadora das *Viagens* procura afirmar-se como real também quando apresenta nas digressões dados biográficos: "Eu que já não tenho que amar neste mundo senão uma saudade e uma esperança – um filho no berço e uma mulher na cova" (p. 195); quando se refere a outras obras suas, como *Camões* e *Um auto de Gil Vicente*, entre cujos personagens há também autores literários; quando procura fazer-se entendida por um leitor constantemente desafiado a desvendar o significado do texto, aceitá-lo ou recusá-lo e a quem também caberia a responsabilidade da sua construção;[7] quando se espelha na personagem Carlos, duplo do autor, pois, como ele, deambulou por Inglaterra,

[7] Maria de Lourdes Ferraz afirma que a existência de um autor que assume a responsabilidade do texto só o torna real a partir da atuação de leitores reais que modelam o seu "horizonte de expectativa". O leitor (representado no texto pelo narratário) não será então apenas um outro do narrador, pois é nele que se projeta a transformação sofrida pela própria literatura, cuja função de educar o leitor se tornou indireta – irônica – e não mais direta como na tradição mimética (Ferraz, 1987, p. 35-39).

Açores e Porto, teve de fugir por suas idéias liberais, conviveu nos salões aristocráticos, teve agitada vida amorosa e acabou agregado à nobreza e à política dominante, como visconde e par do reino.[8]

A identificação entre criador e criatura, tão contrária ao gosto clássico, ratifica a opção de Garrett pelo romantismo e pela valorização, na obra literária, do indivíduo e de seus interesses.

O registro de uma presença concreta que assinala a obra como produção manifesta-se ainda por algumas personagens que, além de terem um papel na história, exercem outras funções no texto: Carlos é também narrador de sua história, Joaninha e Frei Dinis são leitores da carta-narrativa de Carlos; narratário da história da menina dos olhos verdes, o narrador é leitor do texto de Carlos e torna-se personagem ao dialogar com Frei Dinis.

Viagens na minha terra apresenta uma fórmula para a escrita de romances e dramas:

> Uma ou duas damas,
> Um pai,
> Dois ou três filhos, de dezanove a trinta anos,
> Um criado velho,
> Um monstro, encarregado de fazer as maldades,
> Vários tratantes, e algumas pessoas capazes para intermédios. (p. 165)

Além da relação das personagens necessárias para a execução da fórmula, indica fontes onde procurá-las e aos seus nomes:

> Ora bem; vai-se aos figurinos franceses de Dumas, de Eug. Sue, de Vítor Hugo, e *recorta* a gente, de cada um deles, as figuras que precisa, gruda-as sobre uma folha de papel da moda, verde, pardo, azul – como fazem as raparigas inglesas aos seus álbuns e *scrapbooks*; forma com

---

[8] Gomes de Amorim diz que "Garrett desdobrou-se em seu herói: 'Mudem-lhe a cor dos olhos, rasguem-lhe um pouco mais a boca e digam se não é esse o seu retrato'" (Amorim apud Coelho, 1961, p. 156).

> elas os grupos e situações que lhe parece; não importa que sejam mais ou menos disparatados. Depois vai-se às crônicas, tiram-se uns poucos de nomes e de palavrões velhos; com os nomes crismam-se os figurões, com os palavrões *iluminam-se* (...) (estilo de pintor pinta-monos). E aqui está como nós fazemos a nossa literatura original. (p. 165)

Registra-se assim a contemporânea perspectiva de que a literatura é resultado de apropriações, de plágios e de fragmentos entretecidos trabalhosa e artisticamente por uma consciência em ação. Nesse sentido, é sugestiva a referência em epígrafe a Xavier de Maistre, seguida da primeira frase do primeiro capítulo, que cita esse autor e a sua *Voyage autour de ma chambre. Viagens na minha terra* remete também a *A sentimental journey through France and Italy*, ao falar em Sterne. Faz o leitor lembrar-se da ironia exemplar com que esse autor escreve, por exemplo, *The life and opinions of Tristram Shandy gentleman.*

Essa consciência artística de *Viagens na minha terra* manifesta-se ainda pela presença de um narratário freqüentemente interpelado como "amigo leitor", "leitor benévolo", "benévolo e paciente leitor", "belas e amáveis leitoras", diante de quem se faz a obra e se desfaz a ilusão do texto como representação de algo que o extrapola.

Na última página, o narrador parece remeter as lembranças da cena de Frei Dinis e da velha tecedeira ao campo do sonho ou da invenção literária: "Meti a mão na algibeira, e não achei senão notas... papéis!" (p. 368). Esvazia-se a verossimilhança e desmistifica-se o contato com as personagens. Estas são colocadas como seres de papel manobrados por um narrador que se deixa ver nos bastidores da criação, muitas vezes apresentada apenas como pretexto para reflexões sobre arte, cultura, política e relações humanas.

O narrador alerta o leitor também nas histórias que encaixa em seu relato, especialmente a de Santa Iria e a do homem das botas. Da primeira e de suas várias versões fica a lição de que a história varia conforme o interesse do seu contexto de origem, isto é, não importa a história, mas a forma como se elabora, reveladora de uma mentalidade especial e interessada em determinado tipo de poder:

> Ou houve duas santas deste nome, ambas de aventurosa vida e que ambas deixassem longa e profunda memória de sua beleza e martírio – o de que não tenho a menor idéia – ou nos escritos dos frades há muita fábula de sua única invenção deles que o povo não quis acreditar; aliás é inexplicável a singeleza desta tradição oral. (p. 284)

A segunda história encaixada reafirma que o texto é elaborado com elementos ficcionais e que o leitor não pode enganar-se como aquele povo que tomou como possível a inverossímil história do "homem das botas" e cujo engano permitiu que a disputada relíquia fosse afinal levada de volta para Santarém, sem oposição (cf. p. 318).

Viagens na minha terra usa recursos de outros gêneros literários: "encena" constantemente, por exemplo, o relato das viagens; a história de Carlos e Joaninha desenrola-se em três "atos": um introdutório, que transcorre na casa da avó Francisca e nos apresenta as personagens e seus problemas (cap. XI – XVIII); um segundo, que nos faz assistir, no Vale, a quadros da guerra civil e ao idílio de Carlos e Joaninha, cujo bom termo já se pressente como impossível; e um terceiro, que reúne todas as personagens numa cela do convento em Santarém, onde se descobrem os segredos familiares e se assiste à luta íntima e à desesperada fuga de Carlos.

Útil para essa perspectiva sobre a narrativa de Garrett pode ser a leitura das reflexões de Foucault sobre o quadro de Velásquez, *As meninas*, retomadas por Lacan no Seminário *L'objet de la psychanalyse*. Foucault vê no quadro do pintor espanhol um exemplo de delimitação entre idade clássica e moderna, considerando esta última como a época em que a linguagem se liberta dos limites da representação, ao colocar em cena o criador em ato e a figura do receptor ao lado dos objetos representados (Foucault, 19--, p. 17-33). Marca-se assim uma diferença essencial entre as duas épocas: o classicismo preocupava-se com a fidelidade à imagem, caracterizando o triunfo da representação; na nova época, o criador prevalece sobre o objeto representado, apesar da realeza deste (trata-se, segundo Foucault, do rei D. Filipe IV e de sua esposa Mariana), valorizando-se da mesma forma a figura do(s) receptor(es), também representado(s).

Retomando Foucault, Lacan conclui que o fim da idade clássica coincide com a libertação da linguagem dos limites da representação. Ao que se via anteriormente como função representativa da linguagem, opõe-se na modernidade um valor expressivo irredutível: a linguagem é ação daquele que fala e não reduplicação das coisas. Se a interpretação no século XVI ia do mundo à palavra divina, a do século XIX vai dos homens, de Deus, dos conhecimentos e das quimeras às palavras que os tornam possíveis, não para descobrir um discurso primeiro, mas para testemunhar que somos seres habitados pela linguagem (Lacan, apud Alvarenga, 1991, p. 282-315).

Parece que *Viagens na minha terra* apresenta de fato essa consciência de que a representação se representa a si mesma: quem fala na narrativa (e quem hipoteticamente recebe o texto) seria um sujeito habitado pela linguagem, um representante da representação, que funciona também como reprodução espelhada e como reduplicação através do processo de *mise en abyme.*

A narrativa de Garrett pode ser lida assim como um texto moderno, consciente de seu caráter de simulacro, no qual se torna evidente que o autor simula outra coisa, para com isso estabelecer comunicação com o leitor. Mostrando ter consciência do valor parcial e provisório de seu texto, o narrador parece afirmar o caráter autoparódico das *Viagens*, em que o leitor é visto como co-produtor de algo que resulta de um trabalho de construção a que deve seguir-se uma recepção atenta, capaz, ao mesmo tempo, de perceber o fio com que se tece a obra e de participar de sua elaboração.

Viagens na minha terra poderia ser lida na perspectiva hegeliana de tradição aristotélica que vê a literatura como representação de algo que a extrapola, e essa representação como a tarefa original, primária, da expressão. Essa perspectiva deixaria, entretanto, de valorizar outros elementos do texto, ligados especialmente à sua enunciação e à sua elaboração, e passíveis de serem relacionados a pressupostos da ironia romântica.

No primeiro caso observar-se-á o conteúdo humano da obra que, antropomorficamente espiritual em sua relação com a exterioridade objetiva, cumpre a tarefa da obra romântica de revelar a interioridade da alma, já que suas representações externas teriam como função exteriorizar, de maneira transparente, as representações internas.

Já quanto ao processo de enunciação, *Viagens na minha terra* pode ser considerado como um exemplo de texto irônico e moderno, espécie de paródia impulsionada por sua própria dinâmica, cuja reflexão autônoma é válida em si mesma como expressão/problematização de uma linguagem que questiona o mundo sem oferecer respostas. Essa análise focaliza o texto a partir dos seus materiais de construção e por suas características comunicacionais, interativas, isto é, por si mesmo, como narrativa irônica que afirma sua consciência de jogo no próprio conteúdo e na própria existência e que, independentemente da capacidade mimética e/ou representacional, faz ressoar uma voz paradoxalmente lúcida e apaixonada, que põe em crise a representação do eu e se coloca, juntamente com outras obras de Garrett, como um divisor de águas entre idade clássica e idade moderna, em Portugal.

Publicado em *Colóquio/Letras*. Lisboa, Fundação Calouste Gulbenkian, n. 134, p. 45-54, out./dez. 1994.

Referências

ALVARENGA, Maria Elisa Parreira. Le représentant de la représentation. In: *Au-delà de la sublimation*. Paris, 1991. 516 p. Tese (Doctorat Nouveau Régime) – Université de Paris VIII, 1991, p. 282-315.

COELHO, Jacinto do Prado. Garrett e seus mitos. In: *Problemática da história literária*. Lisboa: Ática, 1961. p. 151-157.

FERRAZ. Romantismo e dramatização do eu. In: *A ironia romântica*: o estudo de um processo comunicativo. Lisboa: Imprensa Nacional – Casa da Moeda, 1987. p. 35-39.

FINLAY, Marike. Irony the iconoclast, the crisis of representation. In: *The romantic irony of semiotics*: Friedrich Schlegel and the crisis of representation. Berlin: Mouton de Gruyter, 1988. p. 133-181.

FOUCAULT, Michel. Las meninas. In: *As palavras e as coisas*. Trad. António Ramos Rosa. Lisboa: Portugália, 19--. p. 17-33.

FRANÇA, José Augusto. Garrett ou a ilusão desejada. In: *O romantismo em Portugal*: estudo de factos socioculturais. Lisboa: Livros Horizonte, 19--. p. 239-283.

GARRETT, Almeida. Viagens na minha terra. In: *Frei Luís de Sousa* e *Viagens na minha terra*. Dir. e apres. António Soares Amora. São Paulo: Difusão Européia do Livro, 1965.

HANDWERK, Gary J. Friedrich Schlegel's irony: from negation to conscience. In: *Irony and ethics in narrative*: from Schlegel to Lacan. New Haven: Yale University Press, 1985, p. 18-43.

LACAN, Jacques. L'objet de la psychanalyse (seminário inédito) apud ALVARENGA, Maria Elisa Parreira. Le représentant de la représentation. In: *Au-delà de la sublimation*. Paris, 1991. 516p. Tese (Doctorat Nouveau Régime) – Université de Paris VIII, 1991, p. 282-315.

LACOUE-LABARTHE & NANCY. *L'absolu littéraire*: théorie de la littérature du romantisme allemand. Paris: Seuil, 1978.

Camilo Castelo Branco e Machado de Assis

A reversibilidade irônica de Camilo em *A queda dum anjo*

A fortuna crítica de alguns autores fica, algumas vezes, definitivamente marcada por estudos pioneiros que lhes foram dedicados. No caso de Camilo Castelo Branco, parece que esses estudos fundamentais foram a *Introdução à novela camiliana*, de Jacinto do Prado Coelho (1946), e *Narrador, tempo e leitor na novela camiliana*, de Aníbal Pinto de Castro (1976).

Um dos importantes e avançados aspectos da tese de doutoramento de Jacinto do Prado Coelho foi a sua percepção da consciência com que Camilo lidava com a linguagem. Prado Coelho afirmava em seu trabalho que várias novelas de Camilo são exclusiva ou predominantemente irônicas, separando-as em dois tipos: de um lado *Coração, cabeça e estômago* e *A queda dum anjo*, obras de ironia mais reflexiva, elevada e sutil, que põem em causa problemas morais e literários experimentados pelo autor; de outro lado *A filha do arcediago* e *Aventuras de Bazílio Fernandes Enxertado*, "obras em que avultam a farsa, a graçola e o cômico dos caracteres".

Aníbal de Castro parte da consideração de que é necessário distinguir, em qualquer obra, autor de narrador, enfatizando em seguida a importância do estatuto ficcional do narrador camiliano. Aponta a variedade e a versatilidade dessa instância narrativa, cuja função seria, entre outras, a de salvaguardar a verossimilhança e a naturalidade da matéria diegética, conquistando assim a simpatia e a confiança do leitor. Outro aspecto apontado por Aníbal de Castro é o da consciência com que Camilo distingue tempo diegético e tempo narrativo.

Tanto o estudo de Jacinto Prado Coelho como o de Aníbal de Castro reconhecem, assim, a consciência com que Camilo Castelo Branco lida com a linguagem e a dubiedade lúdica das narrativas do criador de Silvestre da Silva, fundamentais para os estudos que analisam a ironia e o humor de sua comunicação com o leitor.

Efetivamente, ao demoníaco criador de *Amor de perdição* não interessa apenas o dito; muito mais que a mensagem transparente, elabora ele o material opaco da linguagem e a sua dubiedade propícia ao jogo, registrando as contradições de uma época de certezas abaladas, em que se tenta criar forças para uma rebelião transformadora. Exercita assim a sua veia satírica através do que Wayne Booth (1974) chama de ironia estável, indicando-a com incongruências como exagero, repetições, insólitos sinais gráficos, elogios que censuram e contradições entre tons. Dirige assim ao receptor mensagens através de dois canais: um que diz sim e outro que coloca em dúvida o dito, mostrando um objetivo crítico que conta com a capacidade de compreensão do leitor que, como diz Aníbal de Castro, é assim forçado ao atento cuidado de sujeitar os juízos e afirmações recebidos a uma espécie de interpretação corretora da desfocagem (Castro, 1991, p. 59-74).

Essa ambigüidade reflete, aliás, as contradições do próprio autor de *Amor de perdição* e de *Amor de salvação* que, na vida, ofende a moral comum com a prática de adultérios, fugas e violências, mas nas suas novelas proclama e defende essa moral; ri-se constantemente da facilidade com que se espalham os títulos nobiliárquicos e requisita insistentemente o seu para conseguir a merecida reforma; pertence ao partido miguelista, mas as suas atitudes levam-no a ser acusado de traidor pelo mesmo partido; empenha-se numa campanha contra o rei, mas por duas vezes visita um monarca ou é por ele visitado; ridiculariza as *Folhas caídas* de Garrett, chamando-as "Folhas caídas apanhadas na lama", e noutros escritos lhes dedica admiração; insurge-se contra *O crime do padre Amaro* e *O primo Basílio*, de Eça de Queirós, e escreve os "romances facetos", à moda realista.

No plano do enunciado do texto, através da brincadeira, da mordacidade ou mesmo do sarcasmo, a ironia retórica de Camilo critica para moralizar; expõe o ridículo com a pretensão de fazer refletir e provocar mudanças; diz algo pelo contrário ou pelo diferente, levando o leitor a compreender um sentido oposto ao que na mensagem está explicitado. Exemplos dessa ironia seriam desfocagens entre nomes e descrições/ atuações de personagens: Angélica, de *A filha do arcediago*, é muito mais demoníaca que angelical; Felicidade Perpétua, de *Vinte horas de leitura*, faz questão de exibir a sua infelicidade; Mafalda, de *Amor de salvação*, é certamente a boa fada que recupera Afonso para a família e para a religião (e para a ideologia...). Outros exemplos seriam os jogos de enganos no plano do enunciado e do sentido, como acontece em "A sorte em preto", a primeira novela de *Cenas da Foz*, em que o jogador-enganador profissional é trapaceado pela herdeira rica e manifestamente estúpida. Referências a Otelo, a ciúmes, às caretas do preto – o escudeiro que acompanha constantemente a fidalga – e às contínuas brincadeiras dos dois são insinuações constantes com que o narrador introduz o demônio da desconfiança no espírito do leitor.

A dissimulação de Hermenegilda, capaz de enganar o esperto noivo, encontra paralelo na arte de tecelãs de personagens camilianas como as de *Amor de perdição* e de *Amor de salvação* que, na superfície do texto, revelam obediência e servidão, mas, no nível latente, tecem fios de rebeldia e não-conformismo. Ao mesmo tempo, essa tessitura enganosa remete à arte com que o autor se comunica com o leitor, avisando-o do perigo de ser também ele vítima de jogos de enganos, porque não é apenas no enunciado do texto de Camilo que se encontram múltiplas armadilhas: se personagens e instituições da sátira camiliana não são confiáveis, também não é digno de confiança o seu narrador-autor. A partir de sua dubiedade irônica, o texto camiliano obriga o receptor a abandonar qualquer esperança de um sentido definitivo captável pela leitura de seu texto. E assim Camilo revela sua profunda adesão à ironia romântica, resultado da consciência da impossibilidade de o ser humano realizar o seu desejo de absoluto, porque a esse desejo opõem-se a sua transitoriedade e relatividade.

Esse paradoxo apresenta-se nas novelas camilianas simultaneamente como necessidade e como impossibilidade de relato completo da realidade, assim como sinal da consciência de que o sentido não é uno, mas múltiplo, não é estável ou fixo, mas escorregadio e deslizante. Será por isso que o autor apresenta na obra um eu enunciador que admite abertamente o caráter ficcional de sua obra e a relativiza. Os textos camilianos revelam assim a consciência de ser uma construção comunicacional que depende de um leitor para se tornar realidade, ou seja: estão em contínuo processo de produção de sentido.[1]

Mais fácil torna-se então compreender o vício do *tongue-in-cheek*[2] que domina Camilo e cujo funcionamento se percebe em *O que fazem mulheres*, através do que Cleonice Berardinelli chama de antelóquios, interrupções e inserções (1994). Seriam exemplos a acrescentar a esses artifícios as supostas hesitações, as estórias inseridas *en abîme*, o constante diálogo com o leitor, os jogos de enganos, enfim, as armadilhas, tessituras e cumplicidades com que a cada momento o narrador-autor faz parábases e aparece em cena. Desmistifica assim o seu texto como representação da realidade, à moda hegeliana, para mostrá-lo como ficção produzida, resultado de uma consciência em ação que põe em xeque o enunciado e a enunciação.

Fazendo ouvir constantemente a sua voz, o narrador-autor camiliano estimula ou desinquieta constantemente o leitor, sugerindo-lhe críticas ou prevenindo-as: "Já agora, leitor, não queiras que eu perca duas tiras de papel, escriptas debaixo da inspiração saudosa dos tempos ridículos!"; "(...) devo, para desarmar a crítica, protestar contra o epíteto 'ebúrnea'" (19--, p. 53): "Não sei com que direito me fazem esta pergunta assim

---

[1] Somente a arte construída dessa forma "é infinita, como também só ela é livre", diz Schlegel. Para esse primeiro teórico da ironia romântica, a ironia é signo de liberdade a alcançar-se pela autodestruição e pela autocriação, única forma de o homem superar sua condição individual determinada e finita. A partir dessa liberdade, o homem se define como "animalidade de segunda potência", capaz de ultrapassar-se para atingir a liberdade infinita e absoluta, além dos limites e condicionamentos mesquinhos; essa liberdade leva-o a rir de si mesmo e só assim um autor pode ser tomado a sério. Ainda segundo Schlegel, é somente ao reconhecer a parceria do leitor que o autor pode verdadeiramente criar.

[2] Guido Almansi chama de *tongue-in-cheek* a indicação de ambigüidade que, num texto, impede que o leitor perceba com clareza se o sentido do enunciado é positivo ou negativo (Almansi, 1978).

com uns visos de espanto", rebela-se, quando supõe a possibilidade de o leitor duvidar do amor de Ifigênia por Calisto Elói, em *A queda dum anjo* (1986, p. 194); "Que tristeza de história!", reclama em *Vinte horas de liteira* o narrador transformado em narratário. "Não lha pedi tão sentimental!" (19--, p. 576). Em *Coração, cabeça e estômago* (19--), o editor dos escritos de Silvestre da Silva cumpre essa função de desinquietar o leitor: elogia e critica, acusa e defende alternadamente o amigo, de modo que a leitura não pode ser feita com tranqüilidade e sossego.

O motivo da adulação ao casto leitor (afirma o narrador que ele não pode ser chamado sempre de pio) é às vezes explicitado: é preciso fazer com que ele compre o livro! Também o uso da paródia pode ser visto como jogo com o leitor: um exemplo interessante encontra-se em *A queda dum anjo*, em que são parodiadas novelas passionais do próprio Camilo. Além disso, em várias novelas camilianas alternam-se ou condensam-se funções de narrador, narratário e personagem e até de autor e editor, insinuando-se freqüentemente a idéia de ser a narrativa dirigida pelos interesses dos leitores/ouvintes, o que acaba por dar ao receptor um importante papel na construção do texto. Em *Vinte horas de liteira*, por exemplo, surge a dúvida: o narrador é contador, recontador, ou suas histórias servem apenas à ruminação da linguagem? Isto é, em sua suposta autonomia, o autor revela a sua dependência para com o receptor de seu texto: ao dar-lhe a mão, pretende receber dele pressões e sinais que possam conduzir-lhe a produção e a arte. Ou, em outras palavras, revela a importância fundamental de seu processo de enunciação, em que uma ironia instável, de segundo grau ou literária abre os bastidores da construção textual e revela que a obra é tessitura, armadilha aberta à cumplicidade do leitor atento ao exercício de linguagem em que se constitui a literatura consciente de o ser.

Para aprofundar o estudo da ironia na obra camiliana, vamos aqui focalizar mais de perto *A queda dum anjo*, uma das narrativas mais irônicas de Camilo Castelo Branco. Trata-se de um texto ambíguo, construído com o fio evanescente da ironia por um emissor/artífice que faz constantes, múltiplos e sutis sinais ao receptor do texto, a indicar-lhe a necessidade de cuidado na leitura. Se ficar atento, o leitor poderá perceber que, ao relatar a história de Calisto Elói de Silos e Benevides de Barbuda, o autor critica o contexto que retrata e as modas literárias de seu tempo. Além disso, a novela torna visíveis o material que utiliza e a ironia romântica com que se constrói, pois, ao mostrar os fingimentos e representações da sociedade, exibe ao mesmo tempo o seu caráter de representação, revelando a presença de seu autor através da parábase e valorizando o leitor, a quem atribui a responsabilidade de uma leitura ativa e coadjuvante da construção do sentido do texto.

A novela apresenta simultaneamente traços românticos e ultra-românticos, ao lado de críticas à produção e à recepção da obra romântica, indicadas principalmente através de elementos incongruentes colocados lado a lado. Essa contradição faz com que se esvazie a emoção provocada pelos elementos passionais presentes na novela, revelando assim a sua intenção paródica e a sua tessitura irônica.

O primeiro exemplo de incongruência seria a "queda do anjo", não exatamente de um anjo, nem realmente uma queda, mas uma queda às avessas, uma espécie de jogo de perde-ganha: depois dela o protagonista sobe aos céus, como a ninfa que tem o seu nome – Calisto –, mas também desce à terra, já que se humaniza, pois deixa de ser um anjo infeliz para tornar-se o que a ideologia considera um homem feliz, "com algumas vantagens a mais que o comum dos homens" (Branco, 19--, p. 785-905).[3] Isso aliás se indica em seu pomposo e ambíguo nome – Calisto Elói de Silos e Benevides de Barbuda: Calisto é o superlativo de *kalós*, o mais belo; Elói é o escolhido, o eleito, além de lembrar Eloim, nome que substitui muitas vezes o de Jeová no *Pentateuco* e poderia ser visto como indicador de um ser em contato com Deus. Silos lembraria o grego *síros* (sátira, poema satírico, paródia); faz referência também a tulha, depósito, de onde vem a idéia de armazenamento e/ou entulhamento de riquezas e de erudição. Benevides, como o texto explica, seria aquele que vive bem, etimologicamente o que vê bem;[4] e Barbuda é

---

[3] Todas as citações serão dessa edição, indicando-se apenas o número das páginas.

[4] Esse significado para Benevides, a partir da etimologia do nome, foi lembrado por Ângela Vaz Leão como uma contribuição para este trabalho, inicialmente apresentado como seminário ao concurso para professor titular de Literatura Portuguesa na Fale/UFMG, em 1991.

família importante, com brasão, armas e timbre. Fazendo jus ao nome, Calisto Elói é morgado, herdeiro da fortuna familiar, aumentada por ele a partir do casamento com o "dom de Deus", Teodora. Seu ofício/mania eram os livros antigos, nos quais encontrava prazer, lei e verdade incontestáveis, talvez porque assim se confirmava a sua situação de poder.

Mas Calisto é também o sujeito que encalista, dá azar ao jogador; esse sinal de má sorte atinge realmente aqueles que se opõem à personagem ou o leitor ingênuo. Porque a trajetória do morgado de Agra das Freimas acaba por ser realisticamente positiva, sendo passageiras as suas decepções, sempre resultado de seus problemas de leitura, como o que resulta de sua busca da boa água nos chafarizes de Lisboa, ou o seu mau entendimento das palavras e da atitude de Adelaide. É preciso reconhecer, por outro lado, que são as suas decepções que, ironicamente, abrem caminho para situações de privilégios especiais.

A relação entre o nome da personagem e a sua caracterização inicial também revela incongruências indicadoras de ironia: se o nome marca-se positivamente através de seus elementos constitutivos, a descrição da figura apresenta traços grosseiros e/ou ridículos. O narrador afirma errar o leitor que enquadrar a personagem em molde grotesco; apresenta-a entretanto vestindo, em 1865, o mesmo tipo de roupa com que se casara em 1833, e assim a descreve: "Sensível e dessimétrica saliência do abdômen", "nariz um tanto estragado das invasões do rapé e torceduras do lenço de algodão vermelho" e tronco "que denunciava o arqueamento da espinha por efeito da incansável leitura e minguado exercício" (p. 83). Calisto Elói é uma figura quixotesca: leitor inveterado, acredita que os livros reproduzem fielmente a realidade. Por isso procura seguir a tradição ao pé da letra e busca na "vida real" o que lê nos livros, encontrando muitas decepções em sua ida para Lisboa.[5]

A trajetória na capital é tecida com o fio da ironia: a personagem conhece Adelaide, a de "porte nobre", que funciona como Ariadne ao fornecer-lhe o fio do amor, mas é também causa de sua primeira frus-

[5] A comparação entre Calisto Elói e D. Quixote foi magistralmente feita por Abreu (1994).

tração amorosa. Após essa iniciação, Calisto encontra Ifigênia, a "nascida com o poder", que não tem fortuna, mas beleza e experiência (e esperteza) capazes de garantir ao deputado a saída de sua labiríntica e livresca prisão. Desde o momento em que ouve falar da brasileira, Calisto esquece a desilusão amorosa sofrida com Adelaide, assim como qualquer problema de consciência relativo à esposa abandonada.

É portanto após a queda, isto é, depois de passar pelo ritual de iniciação/frustração no amor, que Calisto Elói passa a ser dono de uma bela figura e a fazer jus a seu nome: perde a barriga, desempena o corpo, passa a vestir-se nos melhores alfaiates, deixa crescer a barba e faz outras "reformas capilares"; troca o rapé pelo charuto, os óculos pela luneta, manda queimar as críticas que escrevera sobre o luxo, compra magníficas alfaias estrangeiras e completa a transformação com uma viagem à Europa. Encerra, além disso, a sua carreira de orador prolixo e de reformador do mundo e, com a intenção de receber apoio para a reeleição, arranja o desejado hábito de Cristo para o mestre-escola e para o boticário (concessão que sempre lhe parecera imoral), mudando posteriormente de partido político para obter vantagens no governo. Calisto Elói de Silos e Benevides de Barbuda integra-se realisticamente na civilização e aprende a usufruir de suas riquezas e dos prazeres da vida: ama uma linda mulher que o preza muito e lhe dá duas lindas crianças loiras, "penhores de felicidade infinita"; atualiza suas leituras, passa a ter boa vida cultural também fora dos livros e, além de tudo, torna-se barão, o que indica sua integração na sociedade de seu tempo.

Através dessa felicidade de traços ambiguamente românticos e realistas, *A queda dum anjo* parodia o modelo tradicional das novelas passionais do próprio Camilo Castelo Branco, em que os amantes são geralmente separados pela sociedade e morrem – assassinados, doentes ou mortos em vida, em conventos ou hospícios – ou enfrentam a oposição social, sem encontrar a felicidade. A novela inverte ironicamente a questão: parte de uma união abençoada pela Igreja e pela sociedade, efetivada em consonância com as exigências de ambas, já que Calisto e Teodora teriam o mesmo nível social e econômico; orienta em seguida a intriga ficcional para a realização do amor fora do casamento, como se procurasse até ignorar esse contrato social. É interessante observar, nesse sentido, o nome da rua onde os namorados realizam o seu amor: São João dos Bem-Casados.

Poder-se-ia ver nesses elementos a ironia como sátira a uma sociedade que reprime e condena os amores ilícitos do próprio Camilo ou reprova o amor apenas quando o poder econômico de uma classe mais alta é ameaçado pelo desejo amoroso de um elemento de classe inferior, como acontece em outras novelas camilianas (exemplos seriam *Amor de perdição*, *Carlota Ângela*, *A doida do Candal* e *Onde está a felicidade?*). Haveria aí, por extensão, um irônico alerta ao leitor: só se poderá assumir a valorização romântica do eu e da liberdade na medida em que houver um posicionamento crítico diante da realidade. Mas poder-se-ia ver também na novela uma ironia que requer uma leitura atenta, capaz de perceber os fingimentos de construção do texto, o caráter enganoso de trama e jogo, reflexo de uma sociedade hipócrita que procura legitimar de qualquer maneira os artifícios do comércio e da exploração. E, principalmente, poder-se-ia ver aí uma indireta valorização da literatura, da leitura e, enfim, da comunicação, através das quais o homem pode ser verdadeiramente humano e ter momentânea plenitude e liberdade.

O enunciado de *A queda dum anjo* equilibra-se ironicamente entre o romantismo e o realismo: valoriza o eu, o amor, a liberdade individual e a vida – elementos românticos –, mas também elabora satiricamente o pragmatismo de personagens que se adaptam ao contexto, procurando dele tirar proveito.

No plano da enunciação, a novela apresenta um narrador que, interrompendo a cada momento a diegese com seus comentários, dirigidos a um receptor intradiegético, usa a ironia romântica e destrói com a parábase a ilusão do texto como representação da realidade e resultado de inspiração. Mostra-o, assim, como produção de uma inteligência criadora que esvazia a seriedade a partir do jogo, usando elementos de representação e fingimento na construção de personagens, situações e discursos. O autor critica assim de forma radical a sociedade pragmática que retrata e em que o valor do homem se mede por sua capacidade de enganar e enriquecer. Valorizando o tu receptor, emparelha a sua arte com a capacidade de percepção do outro, revelando a consciência de que somente a existência desse outro torna real a sua obra e, afinal, a sua própria existência.

A queda dum anjo e a sátira social

A primeira forma de ironia que se observa em *A queda dum anjo* é a da sátira dirigida ao contexto focalizado, através do uso de recursos criticados na sociedade, como o fingimento e a máscara, pois toda a novela se estrutura como uma representação em preparação e/ou em andamento. Vê-se isso, por exemplo, no cuidado com que o marido de Teodora prepara o cenário de seu primeiro encontro com Ifigênia e depois enfeita o seu ninho de amor, na casinha em que os livros – estranhamente para aquele Calisto livresco – pareciam mais próprios para a contemplação do que para leitura. Nessa casa os jardins eram um lugar especial para os passeios rituais do casal enamorado, que assim se exibia a curiosos espectadores. Também Lopo da Gamboa representa diante da prima Teodora – a "leitora" ingênua que não percebe o fingimento do interesseiro primo. Há muitas vezes a indicação de espectadores para as cenas: no "teatro" do parlamento as pessoas entram com bilhetes, apreciam a ação, aplaudem e/ou vaiam ou cochilam, quando entediadas. Quando Calisto vai a Campolide ver Adelaide, acaba por ser espectador da cena em que dialogam a amada e Vasco da Cunha, o que lhe revela que Adelaide o considera atrevido, hipócrita e bruto. Ao assistir à cena, Calisto percebe que sua hierofante nos caminhos do amor não só não o ama, mas ama o seu rival, que não está apaixonado por ela, mas pelos vínculos da tia Quitéria, e em função desse amor representa a sua religiosidade.

Dois são os espaços de representação privilegiados pela ironia na novela: a família e o parlamento. Quanto à primeira, basta observar a vida conjugal de Calisto e Teodora, resultado de uma união por interesse, em que inexiste a comunicação; a preocupação da família do desembargador Sarmento com a opinião alheia; o cuidado de Calisto em manter as aparências, voltando toda noite para o seu hotel, depois de montar casa para Ifigênia e de passar o dia com ela. Essa volta de Calisto para o hotel é especialmente interessante depois que o casal vai ao teatro, tomando distintas carruagens para recolher-se à casa.

No parlamento encena-se uma democracia, fingindo-se preocupação com o país. Fazem-se ali juramentos que se sabem apenas formais, bem como discursos inflamados, cuja intenção é dominar pela ironia retórica, estabelecendo-se uma relação de poder entre dominadores e dominados. Nesses discursos, o objetivo não é defender uma idéia e um benefício para o povo, nem mesmo um programa partidário, mas apenas fingir fazê-lo para vencer o oponente através da força da palavra, usada muitas vezes sarcasticamente.

O parlamento tem até o aspecto de um teatro, onde as pessoas vão para se distrair de "pensares melancólicos". Alguns espectadores dormem, outros se divertem ou comentam, há risos e aplausos e "farfalhices", sendo também o debate uma representação que permanece no âmbito filológico, como diz o próprio deputado Benevides de Barbuda. Os discursos revelam uma luta retórica em que a função de deputado serve apenas como oportunidade de exibição de conhecimentos, com o que pretende cada um, ironicamente, elevar-se a partir do desmerecimento da figura do outro. O doutor Libório é acentuadamente ridicularizado: além de atribuir-lhe discursos retóricos e vazios, o narrador conta que ele foi reprovado nos estudos e vingou-se dos examinadores: impelido pelo "coice de Pégaso", "traduziu um poema latino com tanta clareza e fidelidade que o poema original ficou sendo muito mais inteligível aos ignorantes de latim do que a versão com que a memória de Lucrécio fora ultrajada" (p. 95).

O narrador ausenta-se dos diálogos parlamentares, substituindo-se por marcações entre parênteses e/ou em itálico, o que resulta em mais vivacidade da cena e explica por que *A queda dum anjo* foi várias vezes adaptado para o teatro.

Ligam-se à questão da representação as várias situações, na novela, em que leitores ou espectadores ingênuos são enganados pela ironia de espertos "atores" ou pela própria deficiência de leitura: Teodora é seduzida pelo primo Lopo de Gamboa; Duarte Malafaia confirma sua ingenuidade quando acredita no papel representado por sua esposa; o mestre-escola e o boticário são adulados/enganados por Calisto Elói, que compreende mal as gentilezas com que Adelaide o trata; Adelaide é trapaceada por Vasco da Cunha, que tenta roubar a amada de Calisto Elói, em cuja "honradez" acredita o comendador Sarmento, que depois engana Calisto, mandando as filhas para a quinta de Campolide sem avisá-lo.

Em vários momentos a novela se caracteriza como uma farsa, a que não falta o elemento ridículo: Teodora é apresentada como ignorante mais que o necessário para ter juízo; nem sabe onde é a Europa; é "mais feia do que pede a razão que seja uma senhora honesta" (p. 103); suas toucas e lencinhos pudibundos não são enfeites muito sedutores e, além disso, tornam a "virtude rançosa" (p. 154); quando chega à conclusão de que já não tem marido, conta o narrador: "Acocorou-se no chão a chorar, com a cara metida entre os joelhos" (p. 218). Apesar de sua descrição, entretanto, e acentuando o caráter de representação do texto, a personagem é posteriormente transformada em tal beleza que até seu pé fica menor: adquire, no andar, um "certo requebro e donaire que lhe ia tão natural como se tivesse sido educada por salas e adestrada em flexuras da dança" (p. 241). Essas mudanças na personagem indicam também outras: seduzida pelo primo Lopo, ela passa a tirar peças de seu caixote de ouro, em vez de se preocupar apenas, como antes, em acrescentar-lhe outras moedas. Acentuando ainda o seu caráter de títere, sem vontade própria, Teodora diz a Lopo que o teria amado se tivesse se casado com ele.

Também o professor de instrução primária é bastante ridicularizado: além de chamar a atenção para as suas orelhas, o narrador conta ter ele ruminado as palavras do fidalgo, após aquele discurso no adro da igreja, em Caçarelhos, ou mostra a ingenuidade da personagem, que procura o deputado de Miranda no paço real, em Lisboa. Conta também que na conversa com Teodora, que estranhava a atitude do marido, Brás Lobato fez "com os beiços um bico e logo um arco, trejeitos meditabundos com que ele ousava solenizar os dizeres graves" (p. 198).

Vale a pena, aliás, observar de perto a construção de personagens como o "anjo humanizado", o "lobo dissimulado" e a "brasileira" de Portugal:

Calisto é o anjo humanizado, cujo nome pomposo é compatível com sua fortuna e tradição de herói, afirmadas através de sua ascendência nobre, de seu saber livresco e de suas riquezas, garantidas pela união dos dois morgadios e pela boa administração da esposa Teodora. É, entretanto, um herói ridículo por seu aspecto físico, por estar preso ao passado e por seu comportamento, pois enfrenta monstros quixotescamente. Além do anacronismo de suas vestimentas e de seus discursos, os sintomas de seu estado amoroso relacionam-se a elementos fisiológicos, o que os torna cômicos: quando viu o coraçãozinho de prata e ouro de Adelaide, "o morgado de Agra das Freimas sentiu do lado esquerdo do peito, entre a quarta e a quinta costela, um calor de ventosa" (p. 124); sua paixão manifesta-se também pela "queda da espinhela, sensação esquisita de vácuo e despego, que a gente experimenta, uma polegada e três linhas acima do estômago, quando o amor ou o susto nos leva de assalto repentinamente" (p. 125). Quando tem a desilusão com Adelaide, sente algo que lhe define o espírito, segundo o narrador, e que o leitor descobre ser fome, já que em seguida ele faz uma refeição de presunto e ovos regada a vinho. Quando conhece Ifigênia, Calisto leva maquinalmente "a mão ao coração: traspassara-lho uma azagaia electrica" (p. 176). E o narrador ironiza a transformação que o amor opera na personagem: "Aquela alma vai-se transformando à proporção da roupa. Assim como o leitor, à medida que o amor lhe fosse avassalando o peito, escreveria páginas íntimas, ou ainda pior, cartas corruptoras à mulher querida, Calisto, em vez disso, muda de calças" (p. 126).

A construção irônica de Calisto Elói marca-se também pelo exagero: sua memória é tão prodigiosa que ele é capaz de se lembrar, entre os seus clássicos, das obras de doze Petrônios e de "todas" as mulheres fatais, incluindo personagens da história, da Bíblia e da literatura; também as transformações que se operam na personagem são quase inverossímeis: o morgado abandona sua rigidez moral e política, pára de querer reformar o mundo, embeleza-se a partir do cuidado com o aspecto físico e a mente e, principalmente, passa a ter um discurso pragmático de frases curtas e objetivas, em que comparece muito mais o silêncio que a palavra.

Calisto é inicialmente vítima da ironia pela ingenuidade de suas leituras, que não atentam para a necessária contextualização de seus clássicos, o que tem como resultado os seus primeiros problemas em Lisboa – com a água, por exemplo. Sua leitura deficiente engana-o ainda quando o leva a supor que Adelaide o ama, embora a moça declare apenas a estima que lhe tem; e também quando agradece ao lobo da gamboa, que lhe ronda a fortuna, o aviso sobre a viagem da esposa, chegando a dizer-lhe que pretende pedir o divórcio e a separação do casal: anuncia assim ao rival, ingenuamente, a sua vitória na empresa de ficar com Teodora, o desejado dom de Deus.

O deputado por Miranda trouxe de Caçarelhos habilidade retórica para lutar com opositores, como revelam as suas contendas com o Dr. Libório e os episódios das botas, das luvas e da "salvação" de Catarina Sarmento; entretanto, só depois de "aprender a ler a realidade" é que ele se integra ao seu tempo e torna-se capaz de ter desejos e de realizá-los, chegando a vencer os rivais que lhe rondam a bela Ifigênia.

Calisto cura Catarina de sua infidelidade conjugal para depois contrair a mesma "doença", o que o leva a uma ciranda amorosa; enamora-se da irmã da adúltera catequizada, a qual busca o amor de Vasco da Cunha, que por sua vez espreita a amada Ifigênia...

Já Lopo de Gamboa é, desde o início, uma personagem capaz de lutar ironicamente pela realização de seu desejo: lobo dissimulado, fica no remanso tranqüilo da gamboa, tecendo cuidadosamente a sua intriga para apanhar a prima Teodora, que parece o chapeuzinho vermelho da história infantil, com seu lenço de três pontas ou com seu fatal chapéu/monstro de palha. A ocasião para a conquista da prima (e de seu caixote de peças de ouro) surge quando Calisto muda-se para Lisboa e apaixona-se por Ifigênia. Lopo consegue então seduzir Teodora, com o auxílio do próprio marido desta, pois tece espertamente a sua trama irônica e aparenta batalhar pela realização do desejo de ambos, a fim de atingir o seu: finge para a prima que trabalha para trazer-lhe o marido de volta, e para Calisto finge ajudá-lo a livrar-se da esposa, o que afinal é verdade, embora não como julga o deputado. Lopo de Gamboa representa especialmente diante de Teodora: quando esta lhe pergunta o que deve fazer, depois de ouvir a sua declaração de amor, ele responde com veemência: "Matar-me! (...), deixando cair os braços, e descendo ao chão os olhos amortiçados" (p. 213). Chega a "esborrachar" os olhos para verterem água, a fim de comprovar sua paixão, ou então contém "o impulso de desfechar uma risada na cara da prima", em nome da coerência do seu plano (p. 212).

Outra personagem adaptada ao seu tempo e hábil tecedeira de tramas irônicas é Ifigênia, que nasceu e casou-se no Brasil e confirma a tradição da novela camiliana, em que o brasileiro é elemento de transformação na sociedade portuguesa. Ironicamente, a "brasileira" faz fortuna em Portugal e não no Brasil: culta, fina, inteligente, nascida com o poder – é o significado do seu nome – ela tem a força de sua própria natureza e, por isso, é capaz de transformar Calisto e torná-lo um amante dócil que usa os cordões da bolsa bem desapertados. Ifigênia é uma brasileira que não tem dinheiro, mas sabe onde encontrá-lo; além de personagem, é uma narradora convincente que (co)move um Calisto endinheirado, metáfora de um país, o Brasil, onde se podia facilmente, na época, fazer fortuna.

Ao comentar a felicidade de Calisto pelo amor de Ifigênia, o narrador faz observações aparentemente descabidas sobre a questão da fortuna, sugerindo que a bela viúva não buscava propriamente a proteção e a amizade do marido de Teodora, mas o seu dinheiro e prestígio.

Artimanhas da enunciação da novela

Na advertência à segunda edição de *A queda dum anjo*, o autor lamenta a pressa com que foi pedida a revisão do livro, impedindo que a nova edição viesse acompanhada de notícias recentes das personagens e promete um romance novo, se a colheita fornecer elementos para tal. Já nessa promessa de acréscimo de documentos à terceira edição aparece, portanto, a ironia da enunciação em *A queda dum anjo*; é como se o enunciador do discurso falasse com um leve sorriso ou uma *tongue-in-cheek* intrigante, capaz de prender melhor o leitor para garantir a sua atenção e assim dar vida ao texto.

Também a referência às cortes de Lamego (p. 53) constitui um sinal de ironia, pois lembra que documentos forjados e de interesse específico podem ser apresentados como verdadeiros para garantir um desejado sentido conferidor de poder.[6] Funciona, assim, como irônica piscadela de um autor que busca a cumplicidade do leitor, o qual deve fingir aceitar como verdade o que é literatura, jogo, mas também comunicação entre dois sujeitos que se entendem através da linguagem.

Há momentos em que o narrador explicita em *A queda dum anjo* o seu estatuto de criador de mundos fictícios:

> Da maior, e talvez única dor literária da sua vida, fui eu causa. Calisto, pernoitando em não sei que solar de damas dadas à leitura amena, pediu algum livro, e deram-lhe um romance meu. Consta-me que deixou o volume com as margens anotadas de galicismos e manchas de toda a casta. Imaginem quantas punhaladas eu dei naquele lusitaníssimo coração! (p. 105)

Isso acontece também no final da novela, em que o narrador afirma, referindo-se a Calisto Elói: "Eu, como romancista, lamento que ele não viva muitíssimo apoquentado, para poder tirar a limpo a sã moralidade deste conto" (p. 245). Assinala assim a diferença entre vida e criação

---

[6] As Cortes de Lamego forjaram, no cartório do Mosteiro de Alcobaça, onde os monges especializavam-se em estudos históricos, um documento cujo original dataria do século XII e cujo objetivo seria excluir da sucessão legítima da coroa portuguesa os reis castelhanos e espanhóis. Incongruências como a referência à representação popular muito antes que ela fosse possível e a presença de cláusulas que só poderiam ter sido formuladas no século XVII, além de deficiências formais reveladoras da ignorância diplomática de seu autor, transformaram esse documento num exemplo de texto construído pela retórica irônica: sua intenção é enganar, garantindo uma significação e um poder que podem, entretanto, ser desconstruídos e esvaziados por uma leitura atenta, que transforma o enganador em enganado.

literária, reafirmando que o que faz é literatura: "A natureza de Sintra, incluindo os rouxinóis daquelas ramarias, poderia espantar-se: eu, não" (p. 191). Assume ainda a postura de articulador da narração quando se recrimina: "Vamos já rodeando por longe os ciúmes de Calisto Elói. Revertamos ao assunto" (p. 195).

Um sinal de ironia em um texto é a referência ao seu receptor: indica-se que a história não subsiste por si, só existe porque há um emissor que a conta e um leitor que a recebe. O narrador pode afirmar diante do narratário sua autoridade sobre a narração, pois nesse mundo fictício criado tudo é possível. Refuta então possíveis desconfianças dos leitores, quando sugere o amor de Ifigênia por Calisto Elói: "*Lisonjeou-se?* (...) Não sei com que direito me fazem essa pergunta assim com uns visos de espanto!" (p. 194).

Confirmando o estatuto de criação de seu texto, o narrador/autor reconhece o caráter ficcional de sua novela, relacionando-a às leituras de Ifigênia, ou denuncia as jogadas irônicas de Lopo e afirma ser ele um dos elementos da corja de birbantes de suas novelas. Há também momentos em que essa voz enunciadora reconhece o caráter inverossímil dos fatos narrados:

> O inesperado remate desse diálogo figurou-se-lhe a ela a passagem de um romance, que se não preza de muito verossímil. Porém como quer que a viúva do general Ponce de Leão fosse grandemente lida em novelas francesas, o caso não lhe pareceu tão extraordinário como ao leitor e a mim, quando mo referiram. (p. 185-6)

O texto se afirma como literatura também ao apresentar incongruência entre o que anuncia e o fato que narra, ou quando torna evidente a inadequação entre títulos e conteúdos de capítulos. Alguns destes têm severos títulos em latim, contrastantes com as farsescas cenas aí vivenciadas pelas personagens. Outros têm títulos ultra-românticos, opostos ao seu conteúdo realista: "Tentação! Amor! Poesia!", "Quantum mutatus!", "Vai cair o anjo!", "E ela amava-o!", "Como ela o amava!", "Perdida!", "Vence o demônio! Choram os anjos!". Essa estranheza acentua-se quando se observa a diferença entre esses e outros títulos bem objetivos e/ou críticos, como: "Asneiras da erudição" ou "Virtuosas parvoiçadas".

O narrador indica, ainda, que seu texto é literatura quando usa ironicamente os antropônimos e os topônimos (lembrem-se os nomes de Calisto Elói, Teodora e Lopo de Gamboa e o da rua onde mora Ifigénia); num capítulo (XXXI) afirma que o saco de peças, pecúlio de Teodora, tinha sido trazido para a família Travanca por seu bisavô, governador do Brasil; em outro capítulo (XXXV) diz que as peças teriam vindo com o governador da Índia. Mas principalmente apresenta a sua história com uma (ficcional) conclusão de conto de fadas, em que os amantes tiveram filhos (que vieram de França numa condessinha) e foram felizes para sempre, ou coloca-se como aquele que reproduz histórias ouvidas, igualmente fantasiosas: "Ouvi rosnar que no solar de Travanca também apareceu um repolhudo menino que, pelos modos, também veio no cesto de alguma parte" (p. 244).

A presença do narrador é ainda registrada através de categorias gramaticais, como pronomes de primeira pessoa, adjetivos e advérbios. Veja-se o exemplo da página 13: "O mal que *daqui* surdia ao género humano, a falar verdade, era nenhum. *Este* bom fidalgo, se lhe tirassem o sestro de esmiuçar desdouros nas gerações das famílias patrícias, era inofensiva criatura. *Deste* senão, a causa..." (p. 54) (grifos meus).

Ou então mediante interferências modais de tempo e/ou de juízo de valor sobre os fatos narrados, com exagero de exclamações, contidas por exemplo nas linhas iniciais de alguns capítulos, como o XIII: "Ó coração sensível! Ó pecadora Catarina, que vais agora expiar o teu crime na cruz da saudade! Aquele Calisto, cuidando que te salvava, matou-te!" (p. 119). Ou no capítulo XIV, intitulado "Tentação! Amor! Poesia!", que assim começa: "Eis que, a súbitas, do coração de Calisto ressalta a primeira faísca de amor!" (p. 123). Ou ainda em comentários finais como o do capítulo XVI, em que o narrador adverte os maridos de mulheres como Teodora: "Ai! maridos, maridos! Quando a Providência vos enviar mulheres *deste* raro cunho, encostai a face ao regaço delas, e não queirais saber como é que o inimigo de Deus enfeita as suas cúmplices na perdição da humanidade!" (p. 139).

O narrador de *A queda dum anjo* assume a sua função irônica também através de outros comentários: após o desastre de Campolide, em que Calisto descobre que sua amada Adelaide ama Vasco da Cunha, depois de mencionar os conquistadores que se vingam em mulheres inocentes quando recebem a "ingratidão injuriosa de mulheres muito amadas", diz: "Que tristeza! E ninguém fala disto senão eu, porque me cumpre fazer o elogio de Calisto Elói, que não fez coisa nenhuma daquelas" (p. 174). Mais interessante fica o comentário se se observa que a personagem vai em seguida preparar sua sala para receber a bela Ifigênia, numa clara sugestão de adulterinos amores.

A exibição do caráter ficcional do texto, isto é, a ironia com que finge ser verdade o que é invenção e fingimento, evidencia-se ainda na multiplicação de funções das personagens: Calisto Elói é personagem, leitor incansável, narrador (especialmente quando conta sua história para Ifigênia) e narratário (quando ouve a história da viúva); é, além disso, um porta-voz do autor na obra, ao falar no parlamento contra os impostos cobrados do lavrador ou quando faz sérias críticas a Portugal. Teodora é personagem, leitora mais ou menos capaz de perceber a ironia presente nas cartas de Calisto, mas receptora ingênua da corte de Lopo de Gamboa. Ifigênia é personagem, narradora e narratária perspicaz da história de Calisto Elói; Lopo de Gamboa é personagem e articulador da trama que vai prender Teodora, e Catarina é personagem da história e autora e atriz do drama que representa para o marido.

Outro sinal de ironia em um texto são as mudanças de registro com conseqüente esvaziamento da seriedade, ao se misturarem, por exemplo, o sentimental e o físico, como quando Calisto fica atônito ao saber que o Estado subsidiava o teatro de São Carlos: "Ao espanto, cólera e dor de alma seguiram-se cãimbras nas pernas" (p. 75); ou quando, depois de muito valorizar o amor, o narrador o compara à tênia, já que os sintomas de ambos não seriam descobertos pelas pessoas inexpertas (p. 124); ou ainda quando o boticário e o mestre-escola são vistos como orelhas (p. 58 e 59) e se diz que, junto com os lavradores, ficaram ruminando as palavras do fidalgo.

O esvaziamento irônico da seriedade sinaliza-se em *A queda dum anjo* ao colocarem-se lado a lado elementos incompatíveis: depois de sua viagem a Lisboa, Teodora "cuidou em reparar as forças com um dormir daqueles que a Providência concede às consciências puras e às pessoas que desembarcam enjoadas" (p. 234); sua virtude é "rançosa" (p. 154); ela "encaixota" o corpo na liteira para ir a Lisboa (p. 233). O mestre-escola de Caçarelhos não distinguia entre autonomia nacional e anatomia nacional (p. 59), mas conseguiu convencer o seu partido político, ganhando-o de eloqüente assalto.

Há momentos em que *A queda dum anjo* faz paródia de novelas passionais do próprio Camilo Castelo Branco: quando Calisto Elói vai à procura de Adelaide na quinta de Campolide, a narrativa parece lembrar episódio semelhante de *Amor de perdição*. Trata-se da proibida visita de Simão a Teresa, na qual há também um triângulo amoroso e da qual resultam o ferimento de Simão e a morte de um aliado de seu rival Balthazar. Assim se inicia a cena em *A queda dum anjo*: "Àquela hora, e por aquela noite capeadora de assassinos e bestas-feras, Calisto Elói, embrulhado num capote de três cabeções e mangas (...) passava rente com o muramento da quinta de Adelaide" (p. 161).

Depois desse intróito prenunciador de tragédias, o narrador conta que a personagem se distrai com suas lembranças literárias enquanto espera, até que Adelaide e Vasco da Cunha chegam à janela, e Calisto ouve sua amada chamá-lo atrevido, hipócrita e bruto, declarando em seguida o seu amor a Vasco. Enquanto em *Amor de perdição* as personagens "vivem" o seu amor em cenas trágicas, em *A queda dum anjo* o "apaixonado" parece apenas assistir a uma cena teatral: imediatamente após sua desilusão amorosa vai para casa com uma estranha sensação que o leitor descobre ser de fome, porque em seguida faz uma boa refeição preparada pela viúva do tenente de infantaria, a qual na oportunidade lhe declara sua admiração, contando além disso que a vizinha do primeiro andar se interessa por ele e que a bela Ifigênia o procurara e voltaria no dia seguinte. Ironicamente, o protagonista frustrado em seu amor percebe-se como um galã desejado pelas mulheres e passa a assumir um novo papel na representação.

O leitor percebe assim a diferença entre os heróis das duas novelas: enquanto Simão Botelho sofre pela impossibilidade de realização de seu amor, Calisto Elói goza as delícias de saber-se objeto de atenção e desejo. Percebe ainda que na novela passional a narrativa é séria e pretende-se verossímil, buscando ocultar o seu processo de construção; na novela irônica, se é tão fácil esquecer uma paixão e se o mesmo ator pode representar vários papéis, ficam indicados o fingimento e o caráter de produção do que o autor dá a ler.

Os sinais da comunicação irônica obedecem a um código particular: não se dirigem ao objeto da ironia, mas a uma terceira pessoa, real ou supostamente presente ao ato da palavra. Em *A queda dum anjo* há várias piscadelas desse tipo, como os comentários, às vezes entre parênteses, que mostram contar o narrador com a atenção do leitor: quando o mestre-escola discursa sobre a necessidade dos impostos e diz que, sem eles, não haveria rei nem professores de instrução primária, segue-se: "(observem a modéstia da gradação!)" (p. 59); quando Brás Lobato conta a Teodora que Calisto Elói estava em perigo e que ele, professor, embora soubesse disso previamente, ter-se-ia deixado erroneamente convencer pelos abades e lavradores a eleger Calisto Elói, lê-se: "(O impostor que tinha votado em si!)" (p. 198); após a narração do início de vida conjugal de Calisto e Teodora, encontra-se: "Ora, deste começo de amores infiram, senhores, o restante daquela doce vida!" (p. 104); depois de relatar os incessantes trabalhos domésticos de Teodora e as leituras constantes do marido, algum tempo após o enlace, afirma com ênfase o narrador: "Vida para invejar! Paraíso em que Deus se esqueceu de mandar o anjo do montante de fogo vedar a entrada!" (p. 104); e depois de mostrar que o despeito foi o motivo da mudança de Catarina Sarmento, comenta que "ainda há gente boa e de muitíssima virtude; isto é que é verdade" (p. 121). Quando as peças de ouro de Teodora caem nas mãos de Lopo, diz o narrador que teriam sido "provavelmente adquiridas com tanta honestidade como agora iam ser esbanjadas" (p. 241); e quando a virtuosa senhora aceita a corte de Lopo, lê-se: "Honra à virtude que cai mais tarde que o costume!"(p. 226).

Esses avisos irônicos parecem enfatizar que nada do que se lê é "verdade", pois as personagens são apenas seres de tinta e papel, e os documentos comprobatórios de "verdade histórica" um artifício usado pela literatura, que se desmistifica como representação da realidade diante do leitor, a quem se exibe como uma produção artística em que tudo é invenção, criação, elaboração de linguagem.

Confirmando afinal ser a sua obra uma construção artística que se elabora conscientemente como arte, o narrador de *A queda dum anjo* exime-se de apresentá-la completa: "Eu, como já disse, não sei realmente se lá no recesso daqueles arcanos domésticos há borrascas" (p. 245). E termina afirmando não ter a sua história nenhum objetivo que a transcenda: "Fica sendo, portanto, esta coisa uma novela que não há-de levar ao céu número de almas mais vantajoso que a novela do ano passado" (p. 245).

Através desses elementos o narrador exibe-se ao leitor como um escritor em ação, a indicar-lhe marotamente os fios com que tece a sua novela, resultado da produção de um artista que dispõe de liberdade para manipular os ingredientes, inverter ironicamente uma fórmula anteriormente utilizada com êxito, para assim elaborar um texto não apenas como simples representação ficcional da realidade, mas também como o contar uma história, com o autor e a narração, o leitor e a leitura, o estilo e sua escolha, a ficção e o fato, a partir de uma perspectiva em que deixa de ser potencialmente o "dono da verdade" para, através de um descentramento intencional do ser, operador de uma abertura para o outro, realizar a verdadeira comunicação, que se apóia no reconhecimento desse outro como sujeito.

Em *A queda dum anjo* ironiza-se, portanto, o contexto representado, já que a queda não é queda, os defensores do povo não o defendem e o parlamento e a família são realmente representações. Também a história contada é ironizada, por ser apresentada como um conto de fadas que parodia as narrativas românticas. O autor ironiza ainda a construção narrativa, pois desnuda para o leitor os artifícios de seu texto, do qual mostra a tessitura transparente, que deixa ver simultaneamente o seu direito e o seu avesso. Fala portanto de ironia com ironia, o que é uma forma de buscar a compreensão reflexiva do leitor, valorizando-o como um outro capaz de posicionar-se criticamente diante da literatura e da realidade.

Através, portanto, da ironia retórica presente no enunciado da novela e nos discursos de suas personagens, da perspectiva realisticamente crítica do narrador/autor sobre estas e sobre a realidade retratada, ou da manifesta consciência de elaboração literária do texto, *A queda dum anjo* deixa entrever a sua tessitura irônica, com a qual, numa apurada tradição camiliana e num magnífico exemplo de ironia romântica, o autor valoriza o leitor que construirá com ele o sentido do texto. Além disso, reconhece que o ser humano é condenado à impossibilidade de atingir o divino e o absoluto, mas pode encontrar no exercício artístico da linguagem e na comunicação com o outro uma ilusão momentânea de plenitude, satisfação e, principalmente, de liberdade.

Publicado no *Boletim da Casa de Camilo*, Vila Nova de Famalicão, IV série, n. 1, p. 45-71, 1999.

Referências

ABREU, Maria Fernanda de. *Cervantes no romantismo português*. Lisboa: Editorial Estampa, 1994.

ALMANSI, Guido. L'affaire mystérieuse de l'abominable *tongue-in-cheek*. *Poétique*, Paris, n. 36, p. 413-426, nov. 1978.

BOOTH, Wayne. *A rhetoric of irony*. Chicago and London: The University of Chicago Press, 1974.

BRANCO, Camilo Castelo. A sorte em preto. In: *Scenas da Foz*. 2. ed. Porto: Em Casa de Cruz Coutinho – Editor, 19--. p. 11-110.

———. *A queda dum anjo*. Intr. Maria de Santa Cruz. Lisboa: Ulisseia, 1986.

———. Vinte horas de liteira. In: *Obra seleta*. Rio de Janeiro: Aguilar, 19--. p. 547-672.

———. Coração, cabeça e estômago. In: *Obra seleta*. Rio de Janeiro: Aguilar, 19--. p. 429-545.

———. *O que fazem mulheres*. 8. ed. cf a 2. rev. pelo autor. Lisboa: Parceria A. M. Pereira, 1967.

CASTRO, Aníbal Pinto de. *Narrador, tempo e leitor na novela camiliana*. Coimbra: Centro de Estudos Camilianos, 1976.

———. Processos de construção da narrativa camiliana. *Actas do Congresso Internacional de Estudos Camilianos*. Coimbra, 1994. p. 59-74.

COELHO, Jacinto do Prado. *Introdução à novela camiliana*. Lisboa: Imprensa Nacional – Casa da Moeda, 1946.

FERRAZ, Maria de Lourdes. *A ironia romântica*. Lisboa: Imprensa Nacional – Casa da Moeda, 1987.

A ironia romântica e a valorização da tessitura textual em Camilo e Machado

A ironia romântica surge no final do século XVIII – quando se acentua a valorização do indivíduo, na civilização ocidental –, como reação à massificação do homem, feita em nome do progresso e da vitória da burguesia. Reconhecem-se nesse momento a grandeza e a importância do eu, capaz de afirmar-se individualmente e de criar, no campo das artes. Ao mesmo tempo, porém, endeusam-se o dinheiro, o pragmatismo e a mecanização da vida, e o artista tem então de fazer a sua escolha: colocar-se a favor da incorporação do progresso ao campo da arte, contribuindo para a sua legitimação, ou resistir a essa incorporação, criticando-a, o que poderia significar o seu suicídio em termos de reconhecimento estético.

Os artistas dessa época apresentam-se, por isso, geralmente constrangidos ou ressentidos, pois criam num mundo que não reconhece a sua arte ou valoriza apenas a sua capacidade doutrinária ou retórica, vista como legitimadora do comércio e da exploração.

É nesse ambiente que surge a ironia romântica: se a arte tradicional primava pela representatividade, a nova arte procura enfatizar e evidenciar a própria artificialidade. Se a nova sociedade era dominada pela hipocrisia, pela representação, o novo artista, irreverentemente, passa a denunciar esse culto da aparência. Não o faz, entretanto, através da mimese tradicional ou de crítica direta e contundente, pois usa o artifício do humor, a ironia refinada e lúdica, que nega e afirma, criando assim algo que evidencia o seu estatuto de arte e marca a sua distância de uma realidade indesejada.

A técnica usada é a do simulacro, pois a nova obra reduplica os jogos de enganos através da exibição de seu próprio fingimento. Cria-se assim um novo cânone, marcado pelos artifícios da máscara, da reduplicação da representação e de recursos como espelhamento, reversibilidade, *mise en abyme* e distanciamento de vozes intra e extradiegéticas, em brincadeiras que escondem profunda seriedade e preocupação com o destino do homem.

Somente a arte assim construída é infinita e livre, diz Schlegel. Para esse primeiro teórico da ironia romântica, a ironia é signo de liberdade a alcançar-se pela autodestruição e pela autocriação. Somente a partir dessa perspectiva o homem se torna capaz de ultrapassar-se para atingir a liberdade infinita e absoluta, além dos limites e condicionamentos mesquinhos. Essa liberdade leva-o a rir de si mesmo e só assim um autor pode ser levado a sério.

Camilo Castelo Branco e Machado de Assis vivem nesse tempo marcado pela vitória da burguesia. Ambos são exemplos da valorização do indivíduo e de sua capacidade criadora. Em seus textos o humor afirma a impossibilidade de afirmar. Fazendo velada crítica a uma sociedade hipócrita e preocupada com o lucro e com as aparências, valem-se dos mesmos artifícios de representação e fingimento dessa sociedade.

Suas obras parecem recusar a visão direta da face medonha da sociedade que retratam. Preferem reproduzir os problemas apenas através de reflexos suaves, representando-os com humor na ingenuidade de narradores e/ou personagens ou em situações/expressões propícias ao estabelecimento de ambigüidade. Privilegiam a matreirice de emissores lúdicos que investem na comunicação, cientes de que é paradoxalmente necessário e impossível o relato completo da realidade, já que o sentido não é uno, mas múltiplo, não é estável, mas deslizante. Por isso suas obras multiplicam ironicamente emissor, receptor e mensagem, usam o dialogismo e dão extrema importância à figura do receptor, revelando a consciência de ser uma construção comunicacional que depende de um tu para tornar-se realidade. Ou seja, reconhecem que só pela parceria um autor pode verdadeiramente criar, dado o contínuo processo de produção de sentido em que se insere a literatura.

O leitor é constantemente invocado nas obras de Machado e de Camilo, às vezes de forma contraditória: o estímulo para que leia ou releia o texto alterna-se e desestabiliza-se com os conselhos para que salte determinados capítulos (que às vezes acaba de ler...). Várias vezes afirmam os seus narradores que o leitor pode crer ou não no que lê. Outras vezes exibem a destreza com que tecem as suas tramas. Em muitos momentos chamam a atenção para artimanhas irônicas de personagens e para a ingenuidade de receptores intradiegéticos enganados, num claro alerta para que o leitor não se deixe também enganar pelos artifícios da narração ou para que aprecie, com o autor, o prazer da criação. Em numerosas passagens representam-se leitores participantes que questionam e discutem aspectos das narrativas, sua seqüência e organização.

Esses textos de Camilo e Machado reproduzem constantemente os jogos de enganos, as trapaças e as lutas pelo poder da sociedade que retratam, bem como a imprevisibilidade dos acontecimentos que o homem, apesar de todos os esforços, não consegue controlar. Mais do que isso, esses textos constroem-se com os mesmos jogos de enganos que denunciam, revelando que o grande interesse do homem é apenas consigo mesmo e com seu medo da morte, motivo pelo qual ele se ocupa em ter ou em criar uma ilusão em que acredite.

Por isso alternam-se e substituem-se em várias obras camilianas e machadianas as funções de narrador, narratário e personagem, e até de autor e editor. Camilo chega a insinuar que a narrativa é dirigida pelos interesses dos leitores/ouvintes, o que acaba por dar ao leitor um importante papel na construção do texto.

Na novela camiliana *O que fazem mulheres* – um exemplo acabado de ironia romântica –, o narrador faz o leitor prever acontecimentos dos quais muda posteriormente o rumo, numa clara advertência de que a obra tem um articulador com plena liberdade para fazê-la e desfazê-la, ao sabor de uma vontade que nada deve a poéticas e normas sociais. Também ao receptor é dada essa liberdade: a novela tem dezessete capítulos e mais um outro – "Avulso" –, que deve ser colocado onde o leitor quiser, além de "Cinco páginas que é melhor não se lerem" – que antecedem o capítulo XV –, e a conclusão, com dois antelóquios, "A todos que lerem" e "A alguns dos que lerem". Admite-se assim que o leitor pegue o livro e não o leia, ou leia apenas partes dele, valorizando, em qualquer dos casos, a importância da leitura.

A novela tem ainda um suplemento, que contém um prefácio supostamente escrito depois de o romance acabado e estranhamente colocado em seu final. Nesse prefácio está incluído um longo poema, escrito por uma nova personagem, um recém-apaixonado pela heroína, cuja função é colocar em dúvida a sua extraordinária virtude, a partir de cuja fama, diga-se de passagem, ela (e, antes dela, sua mãe) domina todas as personagens da história. No plano da enunciação, enfatiza-se a liberdade do autor, que não se submete ao pragmatismo das normas sociais e à expectativa do leitor, mas atende ao próprio capricho ou às necessidades intrínsecas da obra.

Registram-se nessa novela discussões entre autor e leitores e entre autor e editor a propósito dos acontecimentos narrados e da forma de contá-los, encadeá-los e dá-los a público. Comentam-se o poder e a autonomia do narrador/autor, cujas digressões ocupam grande parte do texto. Abre-se espaço às questões do leitor, ao qual também se fazem perguntas; discutem-se nomes de personagens e as suas leituras, o seu caráter real ou ficcional, desautorizando-se, por vezes, em notas de rodapé, as suas afirmativas. Descrevem-se manobras das personagens para realizar os seus desejos amorosos e, sobretudo, de poder financeiro e de prestígio social. Entre essas manobras estão adulações e recursos retóricos que representam e reproduzem os fingimentos e máscaras da sociedade e se reduplicam nos argumentos do narrador, que diz prevenir-se para que determinados tipos de leitor não se sintam ofendidos, deixando de comprar os seus livros. Comentam-se, exibindo-os na novela, determinados artifícios da narração, como encaixes e reticências, vistos como formas de lograr o leitor, porque comparáveis aos "pesos roubados na mercearia" (enganos que a obra, ironicamente, espelharia).

Enfim, reproduzem-se na construção textual dessa novela os artifícios usados pela sociedade retratada para a obtenção de privilégios e poder, incluindo, ironicamente, o fato de uma personagem assumir como seu o adultério cometido pela mãe, numa confissão que, paradoxalmente, lhe confere grande poder.

Marcando sempre a sua presença, o narrador-autor chama a atenção do leitor para a arte, a paciência e a liberdade com que constrói o seu texto, que muitas vezes mistura gêneros e se entretece, por exemplo, com cartas das personagens. Em outros momentos o narrador abre diante do leitor múltiplos caminhos para o desenvolvimento da história, e que posteriormente são abandonados, ou exibe a arte com que encaixa e articula diferentes narrativas. E assim, deixando de lado a mimese tradicional e tecendo a sua obra com o simulacro, Camilo reduplica os jogos de enganos e exibe o fingimento e os recursos usados na construção de seu texto, cuja elaboração e cujo estatuto de arte são desvelados diante do leitor.

Em outro texto de Camilo, *Vinte horas de liteira*, invertem-se e alternam-se as posições de narrador e narratário, acentuando-se a ironia do procedimento pela preocupação deste último em apresentar testemunhas para todas as histórias que relata. Apresentadas num tom lúdico e brincalhão, que não parece pretender ser levado a sério, essas histórias enfatizam o excessivo valor dado ao dinheiro e a ambigüidade da função da família nessa sociedade em que o valor maior é a capacidade de convencer e de seduzir. Espelhando em sua construção esses procedimentos, a novela reduplica as inversões e brinca com as incongruências. Acentuando a artificialidade do texto, joga com a sua (in)credibilidade.

Poderíamos falar da presença da ironia romântica em outras novelas de Camilo Castelo Branco: dos jogos de enunciação de *A queda dum anjo*, com a história de Calisto Elói, na sua ambigüidade de queda moral e ascensão social; de *Amor de salvação*, no seu jogo de perdição/salvação relativos a amor/poder; de *A sorte em preto*, com a sua crítica à ingenuidade de leitura; de *A filha do arcediago*, com a sua discussão sobre autor/autoridade, o uso constante de parábases e a variação de narradores e técnicas, que incluem a do romance epistolar e a do teatro. Poderíamos observar, assim, uma arte que exibe, para quem puder ver, os jogos de enganos que manipula e o fingimento da tessitura que elabora. Como, entretanto, já me ocupei dessas obras em outros trabalhos, a elas remeto o leitor interessado,[1] passando a tentar mostrar que Machado de Assis foi parceiro de Camilo Castelo Branco nesse uso da ironia romântica, participando da construção de um novo cânone para as literaturas de língua portuguesa.

Começo por "A chinela turca", conto em que Machado condensa amor, desejo, fantasia, elementos românticos e ultra-românticos, elaboração literária e recursos oníricos, num complexo jogo de espelhos (Assis, 1962, p. 295-303). Um visitante-autor-personagem indesejado impede, pela enfadonha leitura de seu drama, que o bacharel Duarte vá ao seu romântico encontro amoroso. Como que numa vingança inconsciente, o bacharel foge da situação desagradável através de um sonho, construído com os próprios elementos do drama de Lopo Alves – raptos, envenenamentos, punhais, testamentos e morte – e com uma figura que reduplica a sua desejada Cecília. O final é adequado às duas ficções e o ouvinte de uma/criador de outra explica-se: "O melhor drama está no espectador e não no palco". Essa conclusão confirma a valorização do receptor no texto e a estrutura irônica do conto, que valoriza os artifícios usados para a sua criação, simuladores dos processos escusos da sociedade, ludicamente reduplicados através do processo de *mise en abyme*. O conto afirma assim a importância fundamental do receptor para a existência do texto: aparentemente impotente diante da vontade e da prepotência do autor, ele é afinal capaz de alterar a narrativa com a sua própria criatividade.

Outro modelo de ironia e humor é "Teoria do medalhão" (Assis, 1962, p. 288-295), em que se pode perceber um irônico distanciamento de vozes. Um pai aconselha o filho a evitar as idéias e os jogos que as exercitem: que se acompanhe de idiotas e fuja da solidão, oficina de idéias, que reduza o intelecto, através do uso de discurso repetitivo e sem originalidade, e passe a freqüentar locais onde apenas se converse

[1] Ver "A reversibilidade irônica de Camilo em *A queda dum anjo*", neste volume, e "Piscadelas da ironia camiliana em *A filha do arcediago*", apresentado no II Congresso Internacional de Estudos Camilianos, realizado em Vila Nova de Famalicão, em junho de 2005 (*Anais* no prelo).

superficialmente. Segundo o pai, o filho deve cultivar o rótulo e tornar-se adjetivo, beneficiando-se da popularidade conquistada com artifícios e evitando usar a imaginação e a filosofia, o que deve apenas fingir fazer. O principal conselho é que o filho nunca use a ironia – esse movimento de canto de boca, cheio de mistérios, que apenas faz sorrir e que provoca o ouvinte. Isto é, que nunca deixe dúvidas quanto ao sentido do seu dito. Se construir alguma mensagem com duplo sentido, que seja na perspectiva da chalaça, que ridiculariza o outro e faz rir desbragadamente, estabelecendo para o emissor uma situação de poder.

Enquanto dá seus conselhos, esse pai vai ambiguamente colocando o seu ponto de vista sobre o filho, que parece identificar a um animal, pois manda-o ruminar os conselhos recebidos. Afirmando ter ele perfeita inópia mental, critica a sua superficialidade e parece aconselhar-lhe o ofício de medalhão por não acreditar em sua capacidade de ser algo melhor. E o filho, por suas reações, comprova a opinião paterna, pois demonstra não ter realmente o hábito de pensar.

Ao construir um ouvinte ingênuo que não compreende a ironia do pai, o autor ironiza essa sociedade que valoriza os medalhões e as aparências, a futilidade, a linguagem repetitiva, monológica e pragmática, bem como o desprezo do outro, visto apenas como degrau para ascensão na escala do poder. No plano do enunciado, os jogos de enganos, a representação, o vazio camuflado de verdade, a luta pelo poder. No plano da enunciação, o desnudamento desses processos e a comunicação com o leitor extradiegético, a quem se exibe a farsa social, colocada como uma representação teatral, a partir da cena em que conversam as duas personagens.

Também "O espelho" (Assis, 1962, p. 345-352) apresenta dualidade de pontos de vista: o plano do enunciado introduz as personagens num debate em que parece não haver luta pelo poder, pois, apesar da "disparidade de votos", não há "a menor alteração dos espíritos". Uma leitura atenta pode ver essa paz, entretanto, como resultado da passividade do auditório de Jacobina, quando a personagem toma a palavra para narrar autoritariamente a sua história da duplicidade da alma humana. Para atender à demanda de sua participação na conversa, Jacobina exige atenção e silêncio dos companheiros, que devem funcionar como o espelho a que se vai referir a sua história, cuja função é confirmar, sem discussão possível, o estatuto de objeto de desejo do sujeito que se olha.

Na história de Jacobina sucedem-se, realmente, vários espelhos para o Narciso investido na farda: a mãe, os amigos, a tia que reduplica a mãe e até os escravos da fazenda, que funcionam como olhares de admiração a partir dos quais a personagem se sente completa, satisfeita, capaz de exercer a sua dominação sobre o outro, visto então apenas como objeto desejante.

Se no plano do enunciado Jacobina é o narrador autoritário que domina os narratários, tão embalados pela narrativa que não se lembram de questioná-la, no plano da enunciação uma outra voz procura se fazer ouvir pelo leitor extradiegético. Essa outra voz sinaliza-se ironicamente pela multiplicidade de personagens que se prestam à função de espelhos do Narciso, pela falta de um final para a história, pelo exagero de recitar a personagem uma multiplicidade de versos – até uma antologia em trinta volumes – e pela *mise en abyme* do sonho, que inverte a "realidade" e transforma em glória o sofrimento narrado pela personagem.

Se o sujeito do enunciado, Jacobina, representa o olhar de uma personagem que não percebe o outro como outro, mas apenas como espelho, o sujeito da enunciação denuncia essa dominação e através da ironia se comunica com o leitor, cuja participação no processo de construção do texto é vista como fundamental.

Em "A sereníssima república" (Assis, 1962, p. 340-345), o narrador-conferencista procura afirmar a precedência dos brasileiros sobre os europeus, pois, se um sábio inglês afirma ter descoberto a linguagem fônica dos insetos através de um estudo feito com as moscas, ele já teria antes dominado a sociedade das aranhas, a partir da decodificação de sua linguagem.

Afirmando ter como objetivo apenas "ressalvar os direitos da ciência brasileira", o narrador usa o texto para acentuar a importância de sua descoberta e, veladamente, os próprios méritos, pois explicita a paciência e acuidade de seu estudo e as suas vantagens. Conta que os aracnídeos o temem com a um deus e que fora auxiliado pelo uso da flauta e pelo domínio da escrita da linguagem descoberta, elementos com os quais pretende dominar também os ouvintes de sua conferência. Sua idéia de que as aranhas necessitavam de um governo só pretenderia acentuar a sua importância junto delas, pois naturalmente ele decidiria qual o sistema ideal e quais os processos eleitorais adequados para a sua instalação. A repetição de problemas nas eleições exerce entretanto a função de confirmar para o leitor a falta de verossimilhança da história narrada, que aparece então apenas como artifício usado pelo narrador para prender a atenção dos ouvintes.

São muitas as piscadelas marotas do autor a indicar essa manobra irônica do narrador através de incongruências: decidir um humano o tipo de governo adequado às aranhas, a falta de um final conclusivo para o conto, a referência a Penélope e ao seu interminável tecido, a ambigüidade de sentido dos termos "teia", "tecido", "trama", aplicáveis à produção das aranhas e à tessitura do narrado, as sucessivas transformações do saco eleitoral, cujas dimensões, textura e opacidade/transparência são sucessivamente alteradas ou invertidas, a questão bizantina de deverem os fios ser curvos ou retos.

Distanciada da cena em que o conferencista procura convencer os ouvintes, essa outra voz narrativa busca a colaboração ativa do leitor no sentido de desmistificar o caráter enganoso do uso da linguagem para a promoção pessoal, observando ser ela apenas um código que se presta a múltiplas tessituras e à comunicação inteligente.

Na mesma linha está "A igreja do diabo" (Assis, 1962, p. 328-333), em que o filho das trevas vai disputar com Deus as almas, seduzindo-as a partir das franjas de algodão ou de seda de suas capas. No plano do enunciado a ironia retórica atua nas manobras do bom e do mau e em suas lutas para convencer com a verdade e a mentira, com as legítimas e as falsas virtudes, costurando o sentido a partir do algodão ou da seda. No plano da enunciação, ao contrário, o autor implícito torna evidente o jogo de enganos, a reversibilidade do material com que se constroem as franjas e, conseqüentemente, a questão de que bem e mal se definem segundo o contexto e os interesses dos contendores.

Também "O segredo do bonzo" (Assis, 1962, p. 323-328) tem uma estrutura irônica: nesse conto encenam-se à vista do leitor os sucessivos jogos de enganos, à moda da narrativa de Fernão Mendes Pinto. Para o bonzo não existe espetáculo sem espectador e uma coisa pode existir na opinião, o que é imprescindível, sem existir ao mesmo tempo na realidade, o que não tem a menor importância. Colocando em prática os ensinamentos do mestre, seus discípulos Patimau e Languru são aclamados e reverenciados por descrever a suposta origem dos grilos, o ar e as folhas de coqueiro na conjunção da lua nova, e o princípio da vida futura, a partir de certa gota de sangue de vaca. Aprendiz ainda mais astuto, Titané tira dois proveitos da lição do bonzo, pois faz frutuosa propaganda de suas alparcas como as mais sólidas e graciosas do mundo e recebe, além do lucro financeiro, o prestígio e a reverência desejados.

Seguindo o exemplo, o narrador também tira proveito do ensinamento e conta a sua glória de grande musicista, depois de ter representado como se fizesse um recital de música, sem um único som. Mas a glória maior cabe a Diogo Meireles, que consegue convencer físicos, filósofos, bonzos, autoridade e povo de que os narizes inchados e horrendos, resultado de desconhecida doença, seriam vantajosamente substituídos por graciosos narizes metafísicos que, como a roupa nova do rei, todos ficariam certos de possuir.

Se o narrador e outras personagens parecem deleitar-se com a própria capacidade de enganar e fazer acreditar em música sem música, narizes metafísicos e origens de grilos, o autor implícito ri da credulidade e da ingenuidade do ser humano. Se no plano do enunciado temos um narrador esperto a desfilar situações em que a esperteza é contemplada com honrarias e prestígio, a repetição das situações enganosas leva o leitor extradiegético a perceber, no plano da enunciação, uma instância autoral a lhe acenar amigavelmente, chamando atenção para a reduplicação de artimanhas com que a literatura tece a sua teia, criticando, ainda, a sociedade que retrata.

Já *Memórias póstumas de Brás Cubas* (Assis, 1971, p. 513-639) é capaz de representar, por si só, o novo modelo literário criado por autores como Machado de Assis e Camilo Castelo Branco. Bastaria observar, para isso, a constante exibição do seu próprio fazer-se, a reduplicação que aí se faz do fingimento da sociedade, a reiterada exibição da consciência da importância do leitor e a afirmação de que o exercício da linguagem é refrigério para a dor da perda e o medo da morte. Estariam dentro dos pressupostos da ironia romântica os solavancos com que o narrador-autor confessa construir o seu texto, que teria um andar semelhante ao dos ébrios e ao desenvolvimento instável da relação amorosa. Importante também a constante verificação, no romance, de como são relativas a fidelidade e a moral social e de como é impossível atingir a infinitude. A obra critica assim o indivíduo e a sociedade, através da reduplicação consciente dos artifícios com que pretendem atingir o absoluto, e acaba por demonstrar que o homem vive, afinal, da ilusão em que acredita e com a qual pretende preencher o seu irremediável vazio.

Condensação de:
A ironia romântica e a valorização da tessitura textual em Camilo e Machado. In: GARCEZ, M. H. N. & RODRIGUES, R. L. (Orgs.) *O mestre* (Homenagem a Antônio Soares Amora). São Paulo: Green Forest do Brasil, 1997. p. 340-348; e
Artimanhas do bruxo: a ironia em alguns contos de Machado de Assis. In: *Boletim/Cesp*. Belo Horizonte: Centro de Estudos Portugueses da Fale/UFMG, v. 12, n. 14, p. 45-55. jul./dez. 1992.

Referências

ASSIS, Machado de. Papéis avulsos. In: *Obra completa*. v. II. Rio de Janeiro: Aguilar, 1962.

———. *Memórias póstumas de Brás Cubas*. Rio de Janeiro: Aguilar, 1971. p. 513- 639.

BRANCO, Camilo Castelo. *O que fazem mulheres*. 8. ed., cf a 2. rev. pelo autor. Lisboa: Parceria A. M. Pereira, 1967.

———. Vinte horas de liteira. In: *Obra seleta*. v. I. Rio de Janeiro: Aguilar, 1960. p. 547-672.

BOURGEOIS, René. *L'ironie romantique*. Grenoble: Presses Universitaires de Grenoble, 1974.

CASTRO, Aníbal Pinto de. *Narrador, tempo e leitor na novela camiliana.* Vila Nova de Famalicão: Casa de Camilo, 1976.

FERRAZ, Maria de Lourdes. *A ironia romântica*: estudo de um processo comunicativo. Lisboa: Imprensa Nacional – Casa da Moeda, 1988.

FINLAY, Marike. *The romantic irony or semiotics*: Friedrich Schlegel and the crisis of representation. Berlin: Mouton de Gruyter, 1988.

"Missa do galo":
ironia romântica, humor e leveza

The "lost" object was never present; representation is the positing of a presence that never was, rather than a detour from that presence. In other words, representation mutely designates the unthinkable: originary absence or pure negativity, death.

Candace Lang

Um dos grandes recursos da literatura de todos os tempos é a ironia. O seu princípio básico é, aliás, o mesmo da literatura: ambas se baseiam na antífrase e/ou na ambigüidade e na flutuação de sentidos. Usada inicialmente como ingrediente da sátira, voltada portanto para o contexto, a ironia teve uma função crítica, pragmática e didática, de defesa de valores morais e sociais. Observada nas literaturas de língua portuguesa em uma de suas primeiras manifestações, as cantigas medievais de escárnio e maldizer, a ironia retórica surge como a grande aliada, por exemplo, do teatro de Gil Vicente, que a utiliza para ridicularizar vícios e proclamar virtudes, escondendo (ou revelando, se é feito um desvelamento irônico dos enunciados dos textos) o fato de seus préstimos estarem a serviço das ideologias e dos aparelhos ideológicos de Estado.

A ironia supõe a existência do emissor, do receptor e da mensagem, e caracteriza-se geralmente pela reduplicação desses três elementos: o dito diz simultaneamente sim e não; divide-se (ou multiplica-se?) o emissor em dois, o que leva a supor também dois tipos de receptor: um compreende a ironia, o outro é sua vítima. Assim se constroem os jogos de enganos e as lutas pelo poder entre personagens no plano do enunciado, na literatura ou no teatro, tão úteis para o *ridendo castigat mores* com que se constrói a comédia. E elaboram-se também, no plano da enunciação, as divergências entre vozes de narrador e de autor textuais, que podem comunicar-se alternada, respectiva ou ironicamente com o receptor intra e extratextual.

O recurso da ironia tem como pressuposto a valorização do leitor, visto como capaz de perceber o sentido camuflado ou oculto na mensagem que lhe é enviada. Essa valorização pode entretanto funcionar negativamente, pois a ironia, na sua acepção retórica, apresenta uma mensagem que deve ser compreendida como ensinamento, como "verdade". Define assim o seu receptor como inferior numa hierarquia, pois o apresenta como necessitado de lições para integrar-se num sistema que o domina e reprime.

Existe entretanto um outro tipo de comunicação irônica, que realmente valoriza o receptor, mas não lhe traz nenhum ensinamento. Chamada por Schlegel de ironia romântica (Schlegel, 1983), por Almansi de *tongue-in-cheek* (Almansi, 1978), por Jankélévitch de ironia *humoresque* (Jankélévitch, 1964), por Booth de ironia instável (Booth, 1974) e por outros autores de ironia de segundo grau ou literária, esse tipo de ironia valoriza mais a comunicação que a mensagem comunicada, mais a potencialidade ou a capacidade de significar que a significação, mais o fingimento e a significância que o significado. Brinca geralmente com valores ou "verdades" estabelecidos, denunciando o seu uso como recurso de dominação do homem pelo homem. Nesse tipo de ironia, diz Maria de Lourdes Ferraz (1987), o autor neutraliza ou nega um sistema em vigor (normas, convenções, códigos) e abre questões em constante confronto com filosofias e ideologias. O objetivo desse tipo de ironia não é pragmático. Não se visa com ele ao poder ou ao reforço do poder através de definição de procedimentos, de proibições, restrições ou maniqueísmos. Valorizam-se, ao contrário, a liberdade e as potencialidades do ser humano e a sua criatividade, utilizando-se para isso a capacidade de representação e de significância da linguagem.

Esse tipo de ironia serve naturalmente à arte e, de modo especial, à literatura. Schopenhauer chama-o de humorismo (1991, p. 77-83), explicando que, quando a brincadeira se esconde atrás da seriedade, surge a ironia, e quando a seriedade se esconde atrás da brincadeira, surge o humorismo. A inspiração do humorismo seria uma disposição subjetiva, séria e elevada, que se choca involuntariamente com um mundo heterogêneo ou hostil, sobre o qual não tem condições de atuar.

A ironia se dirige contra os outros, enquanto o humorismo é subjetivo, referindo-se em geral a si mesmo e rindo da própria ignorância, pretensão e necessidade de segurança e de afirmação, da ilusão de que é possível acabar com os problemas do eu e do mundo. É por isso que se encontram entre os antigos os mestres da ironia e entre os modernos os grandes mestres do humorismo, afirma Schopenhauer.

A linha divisória entre antigos e modernos pode ser traçada com as tintas da ironia romântica, que consiste numa brincadeira séria surgida no século XVIII, num momento de ênfase no progresso e de valorização cada vez maior do pragmatismo, do dinheiro, da industrialização e da mecanização da vida. Na crescente vitória da burguesia, o homem da classe dominante parecia confiar cada vez mais em si mesmo e em suas potencialidades, esquecendo a sua fragilidade de ser vulnerável e destinado à morte. Essa situação gerava intensa angústia no artista que, insatisfeito com os caminhos da sociedade, via-se constrangido a manifestar-se contra uma disciplina canônica clássica que teria uma função doutrinária, preocupada em veicular e reforçar valores e verdades estabelecidas através da representação.

Insurgindo-se contra essa representação e contra o material representado, e na esteira de Shakespeare, Cervantes e Diderot, a nova corrente artística propõe a anulação do pragmatismo. Numa atitude iconoclasta, o artista passa a tentar expressar de maneira indireta a sua inquietação diante da alienação do indivíduo numa sociedade que procura ignorá-lo em sua natureza, desejos e necessidades. Para valorizar esse indivíduo, a nova arte o representa indiretamente, recorrendo ao lúdico, ao antipragmático, ao fingimento, à arte que se constrói como arte, sem um objetivo social ou moral que a transcenda. Passa a valorizar a interação entre emissor e receptor, atribuindo a esse último a responsabilidade na construção do objeto artístico, que não é apresentado pronto, mas em processo. Não se liga a um referente externo mimetizado diretamente, mas se desmistifica como representação. Mostra-se, enfim, como produção, ao reduplicar em si seus processos de construção, que por sua vez imitam de forma disfarçadamente crítica os artifícios da sociedade. Trata-se de fingimento, máscara, representação, engano, vistos através de espelhamento, reduplicação, *mise en abyme* e, especialmente, de distanciamento entre vozes intra ou extradiegéticas.

Para Ítalo Calvino, o novo artista – o usuário da ironia romântica – não recusa a realidade monstruosa que está destinado a representar; essa é uma "realidade que ele traz consigo e assume como um fardo pessoal" (Calvino, 1990, p. 17). O que o novo artista recusa é a visão direta da realidade, e nada melhor para isso que a ironia *humoresque*, aquela que diz sem dizer ou que simultaneamente afirma e nega, numa oscilação constante, reveladora do estatuto de arte conferido ao objeto.

"Missa do galo", de Machado de Assis (1987, p. 327-334),[1] é um grande exemplo dessa ironia que passa a dominar a cena literária no século XIX. Através de seu enunciado, o conto afirma a sua impossibilidade de afirmar, a sua relação com um tempo de lazer, de intervalo, de espera, de distração, de fantasia e de sonho, com camuflada liberação de desejos reprimidos e velada crítica a uma sociedade hipócrita e preocupada com aparências.

A leveza da narrativa lembra os conselhos de Calvino em sua primeira proposta para o próximo milênio, pois o conto não gira em torno de um tema pouco leve como o do sofrimento amoroso, embora essa questão não esteja ausente; não faz denúncias concretas, mas indiretas; não trabalha com o cômico ou com a tristeza, pois lhes tira o peso corpóreo, transformando-os em humor e melancolia. O autor muda o ponto de observação: considera os problemas sob uma lógica quase de enigma, sem entretanto dissolvê-los numa questão onírica, apesar da sugestão de que tudo fosse um sonho do narrador-personagem, que teria condensado elementos de sua leitura romântica com suas fantasias eróticas relativas ao casal que o hospedava.

[1] Todas as citações serão dessa edição, mencionadas apenas pelo número das páginas.

A exemplo de Perseu, mencionado por Calvino, o autor implícito parece recusar a visão direta e uma crítica mais contundente dos problemas que focaliza: não olha diretamente para a face terrível da Górgona, a sociedade hipócrita que retrata, mas apenas para o seu reflexo suave, através da (suposta?) ingenuidade e inocência daquele novo d'Artagnan que faz as vezes de um herói redentor do infeliz oprimido, representado por Conceição.

A situação em que é colocado o narrador-personagem é propícia ao estabelecimento de sua ambigüidade, inicialmente porque é extremamente provisória: era hóspede da casa e normalmente já teria ido embora, de férias; ia sair para a missa, mas ainda era cedo. Adolescente vindo do interior, Nogueira seria como a árvore de que recebe o nome e estaria ligado à terra, sem grandes possibilidades de compreender a complexidade e a hipocrisia da corte. Mas suas raízes haviam sido arrancadas e tinha de conviver como podia com a realidade.

Também a situação de Nogueira é propícia à fantasia, ao devaneio e à expansão de desejos inconscientes ou reprimidos. A leitura do romance de Dumas, numa hora noturna, representa um intervalo na realidade, sem substituí-la. A espera é preenchida com o que se sabia ser ficção, mas tomada quase como realidade ("trepei ainda uma vez ao cavalo magro de d'Artagnan e fui-me às aventuras"). Nogueira afirma que "dentro em pouco estava completamente ébrio de Dumas" (p. 328). A metafórica embriaguez poderia ser um estado intermediário entre consciência e inconsciência, na perspectiva do narrador. Mas poderia também indicar, na perspectiva do autor implícito, uma *mise en abyme* irônica, instaladora de espelhamento e/ou reversão: uma personagem lê ficção dentro da ficção e "vive" essa ficção como se fosse realidade.

Imaginário e fantástico rondam a cena: Conceição assoma à porta como um vulto e fala em "almas do outro mundo". A própria missa do galo tem um elemento detonador da fantasia... Acrescente-se a isso a imaginação do adolescente não habituado à visão do corpo feminino e que espreita as mangas e as chinelas para perceber um pouco aquela mulher comum, que nessa noite fica de repente lindíssima (desejável?).

O narrador-personagem conta que preferiu não dormir, enquanto esperava a missa da meia-noite, mas as suas lembranças têm um sabor de sono. Ouvir a mulher trazia-lhe "preguiça à alma" e uma "espécie de sono magnético", que lhe tolhia a língua e os sentidos. E conta que um rumor de camundongo no gabinete acordou-o "daquela espécie de sonolência" (p. 333). Fica no ar a sugestão de que esse narrador, em sua embriaguez de Dumas, dormira e sonhara, liberando um desejo recalcado e tendo de ser acordado pelo amigo a quem lhe cabia ir despertar.

Nessa sonolência do narrador, o autor implícito parece apontar a necessidade de abstração e distanciamento do pragmatismo do contexto, a fim de abrir-se possibilidade para aquilo que, embora difuso, relacionava-se mais diretamente com o indivíduo: o seu desejo e/ou a sua necessidade de ser objeto do olhar do outro, numa tendência natural tão abafada pela coerção da sociedade que se tornava até inconsciente.

A situação definida pelo contexto é propícia à denúncia de um contrato matrimonial marcado apenas pela representação: o marido é o escrivão Meneses, que usa o seu reconhecido poder de chefe da família para justificar como teatro as suas saídas com a amante. Nogueira, receptor ingênuo (sonolento?), nem percebe as reações da assistência àquela farsa: "A sogra fazia uma careta, e as escravas riam à socapa" (p. 327).

A denúncia é bem-humorada. Para fazê-la, o conto reduplica o "teatro" a que se refere, criando no seu interior um espaço de encenação, de intervalo entre realidade e fantasia. Fala-se até de sua preparação: se Meneses se vestira para ir ao teatro, Nogueira ocupara o cenário da representação, "na sala da frente, vestido e pronto", lendo o seu d'Artagnan, numa antecipação da ação (p. 328). Conceição também parece preparada: veste-se com um roupão branco e chinelas pretas, num "desalinho honesto" e com "um ar de visão romântica", afinado com o livro de aventuras que distraía o narrador. Define-se até o tempo da representação, de aproximadamente sessenta minutos: termina na hora da missa do galo, tendo Nogueira ouvido bater onze horas, antes da entrada de Conceição.

Esta anuncia-se teatralmente, com um pequeno rumor que vem de dentro (das coxias?); inicia-se assim uma cena que reproduz, em forma de sugestão e não de mimese realista, o "teatro" do marido. Numa conivência prévia, o narrador-personagem já definira o cenário: a casa, a sala de visitas, ligada à de jantar por um corredor, os móveis, a disposição da porta e da janela, o candeeiro de querosene com sua luz difusa, a cortina, com sua tradicional sugestão de velamento e de sedução.

Se habitualmente Conceição tinha os gestos demorados e as atitudes tranqüilas, durante a "representação" ela ergue-se rapidamente, movimenta-se (mostra-se?). Conta casos, "tudo de mistura, quase sem interrupção (...) com doçura, com graça, com tal moleza" (p. 333) que trazia preguiça à alma do narrador, fazendo-o esquecer a missa e a igreja. A ambigüidade continua: mas fazia esquecer ao não deixar espaço para pensar nelas ou ao não proibir o desejo?

O nome da personagem alude à Imaculada Conceição, mas vem de *concipio*, composto de *cum* (com, junto a) e *capio* (tomar, agarrar, aferrar). Se o erotismo e a capacidade de sedução de Conceição são reprimidos, inconsistentes, quase (in)existentes, no momento da representação o seu olhar perturbador persegue Nogueira, que assim a descreve:

> Conceição ouvia-me com a cabeça reclinada no espaldar, *enfiando os olhos por entre as pálpebras meio cerradas, sem os tirar de mim.* (...) Quando acabei de falar, não me disse nada; ficamos assim alguns segundos. Em seguida, vi-a endireitar a cabeça, cruzar os dedos e sobre eles pousar o queixo, tendo os cotovelos nos braços da cadeira, *tudo sem desviar de mim os grandes olhos espertos.* (p. 329)[2]

Mais adiante, volta o narrador aos olhos da personagem:

> Duas outras vezes, pareceu-me que a via dormir; mas os olhos, cerrados por um instante, abriam-se logo sem sono nem fadiga, como se ela os houvesse fechado para ver melhor. Uma dessas vezes deu por mim embebido na sua pessoa, e lembra-me que os tornou a fechar, não sei se apressada ou vagarosamente. (p. 329)

[2] Grifos meus.

Sugere-se, embora sem muita certeza, um olhar sedutor, que tenta atrair outro olhar, acompanhando-se de gestos como os de passar "a língua pelos beiços, para umedecê-los" (p. 329), colocar os braços de forma a fazer caírem as mangas para desnudá-los pela metade, sentar-se ao lado do narrador, permitindo-lhe ver o bico das chinelas, aproximar a cabeça da do rapaz, cruzar as pernas e bater as pontas do cinto sobre os joelhos. Tudo isso somado à voz baixa e ao cochicho, justificado pelo receio de acordar a mãe. De novo a ambigüidade: porque não queria incomodá-la ou porque não queria que ela lhes perturbasse o colóquio?

Parece ambígua também a referência de Conceição às pinturas na parede: quereria mesmo trocar os quadros de mulheres por imagens de santas ou chamar a atenção do rapaz para as figuras eróticas? A relação entre as gravuras e o espelho poderia sugerir talvez uma comparação e um desejo de ver-se, não como a santa, mas como a Cleópatra ali representada, uma das grandes amorosas da História. A personagem poderia assim inverter ou compensar uma situação desagradável, já que, como diz o narrador, "os quadros falavam do principal negócio desse homem. Um representava 'Cleópatra'; não me recordo o assunto do outro, mas eram mulheres" (p. 332). Esse homem não era um escrivão? Parece que a "comborça" não seria a única rival de Conceição...

Além de falar muito, a personagem interessa-se pelo que Nogueira tem a contar ou pelo que ele inventa. Parece assim provocar uma fala automática em que se emendavam e alternavam os assuntos, sem que o narrador pudesse saber como e por que isso acontecia: "Quando eu acabava uma narração ou uma explicação, ela inventava outra pergunta ou outra matéria, e eu pegava novamente na palavra" (p. 331).

Não se pode esquecer que essa voz é a do narrador, que poderia estar transferindo para a personagem o seu próprio desejo (inconsciente?) de agarrar ou de ser objeto do desejo dessa mulher "apenas simpática" mas que em "certa ocasião (...) ficou linda, ficou lindíssima" (p. 332). Como d'Artagnan,[3] que o embriagava, Nogueira estava prestes a deixar

[3] D'Artagnan, aventureiro de uma ingenuidade provinciana, é destinado pelo autor a ser uma personagem secundária, mas quando aparece não deixa mais o primeiro plano da narrativa (Lafont-Bompiani, 1960, p. 90).

de ser uma figura secundária para tornar-se o centro da representação, o herói que resgataria aquela mulher "esquecida" pelo marido e que sofrera com a existência da comborça, mas acabara por resignar-se, achar que "era muito direito" (p. 327).

Por isso julga o narrador que Conceição "talvez não dormisse por sua causa, e mentisse para não o afligir ou aborrecer" (p. 329), quando insiste em que ela se admirava por vê-lo acordado e conta que, acordando, custava-lhe dormir outra vez, pois rolava na cama, à toa, levantava-se, acendia vela, passeava, tornava a deitar-se e nada (p. 331).

Mas o narrador parece estar também empenhado num processo de sedução. Uma sedução igualmente vaga, ambígua e inconsistente, como se a sua participação no jogo se fizesse mais por instinto que por deliberação, mais por imitação inconsciente que por conhecimento das regras e conseqüências do jogo. Por isso ele conta que "falava emendando os assuntos, sem saber por que, variando deles ou tornando aos primeiros, e rindo para fazê-la sorrir e ver-lhe os dentes que luziam de brancos, todos iguaizinhos" (p. 331).

Nogueira representa-se como dócil, submisso, age de modo a receber atenção, obedece para agradar, senta-se mais perto para falar mais baixo, empenha-se em manter a conversação, reage rápida e lisonjeiramente quando Conceição diz que está ficando velha, elogia seus quadros, evita desviar o olhar dela porque poderia parecer aborrecimento, embora julgasse dever fazê-lo por respeito.

Esse narrador ingênuo, quase tolo, presta-se entretanto a acentuar a situação de Conceição através da camuflada cena de sedução de que participa, compensação momentânea e inconseqüente de sua dependência, subalternidade e humilhação. Revelando seu desejo de que tudo fosse diferente, o autor implícito denuncia assim as palavras de ordem da sociedade retratada – máscara e representação –, usando em sua ficção, principalmente através da ambigüidade, os mesmos elementos. Indica existirem ali negócios escusos e misteriosos, com dissimulada quebra de normas preestabelecidas, como as de fidelidade conjugal. Se as regras sociais podiam ser transgredidas, assim também os dois notívagos podiam fazê-lo, embora fingidamente, através de uma representação.

É tal a leveza do conto, com seu clima ambíguo e indefinido, que nada se pode afirmar quanto a sedutores e seduzidos. A sensualidade da cena e da conversa fica apenas sugerida, pois o conto é cadenciado como o andar de Conceição. O narrador confessa desde o início que nunca pudera entender aquela conversação que tivera com uma senhora, há muitos anos. Isso talvez faça parte de seu jogo de enganos, que se perde porque as várias personagens estão empenhadas numa representação, fingindo todas umas para as outras, de forma a reduplicar o teatro de Meneses e o da sociedade retratada. É assim que o autor implícito revela o conto como arte, representação literária a espelhar a representação em que se constitui aquele casamento, o que se repete na sedução encenada pelas personagens e na busca do autor implícito de levar o leitor a participar do jogo, fingindo aceitar como "verdade" aquilo que é mera representação.

No espírito da ironia romântica, esse autor concorda com Lang (1988): a representação não pode reduplicar a realidade, porque é uma presença que nunca houve. A representação resigna-se assim a refletir indiretamente o impensável: a falta originária ou a pura negatividade, ou seja, a morte. Qual um novo Perseu, o autor implícito brinca com os problemas, refletindo-os em seu escudo, a linguagem, sem representá-los diretamente, mas encaixando na representação várias outras. Brincando, ri com o leitor da ingenuidade com que suas personagens sonham desforrar-se das traições de um sistema que as domina. Desse modo faz com leveza as suas denúncias, cumprindo uma missão didática mais profunda, porque não dita normas, apenas quer desenvolver a sensibilidade do leitor para que possa transformar a sociedade ou para, pelo menos, ter um intervalo divertido de merecido descanso, num mundo hostil em que o desejo revela constantemente a sua incompletude e a sua castração.

Publicado no *Caderno Cespuc de Pesquisa*. Belo Horizonte, PUC Minas, Série Ensaios, n. 2, p. 34-42, 1996.

Referências

ALMANSI, G. L'affaire mystérieuse de l'abominable *tongue-in-cheek*. *Poétique*, Paris, n. 36, p. 413-426, 1978.

ASSIS, José Maria Machado de. Missa do galo. In: *Machado de Assis*: seus 30 melhores contos. Rio de Janeiro: Nova Fronteira, 1987. p. 327-334.

BOOTH, Wayne. *A rhetoric of irony*. Chicago and London: University of Chicago Press, 1974.

CALVINO, Ítalo. Leveza. In: *Seis propostas para o próximo milênio*. Trad. Ivo Barroso. São Paulo: Companhia das Letras, 1990. p. 13-41.

FERRAZ, Maria de Lourdes. *A ironia romântica*. Lisboa: Imprensa Nacional – Casa da Moeda, 1987.

JANKÉLÉVITCH, Vladimir. *L'ironie*. Paris: Flammarion, 1964.

LAFONT-BOMPIANI. *Dictionnaire des personnages de tous les temps et de tous les pays*. Paris: Robert Lafont, 1960.

LANG, Candace. *Irony/humour*. London: The Johns Hopkins University Press, 1988.

SCHLEGEL. Fragmentos. In: *Obras selectas* Trad. Miguel Angel Vega Cernuda. Madrid: Fundación Universitária Española, 1983.

SCHOPENHAUER. La risa. In: STEPANENKO, Pedro. (Sel., prol. e notas). *Schopenhauer en sus páginas*. México: Fondo de Cultura Económica, 1991. p. 77-83.

TUPYNAMBÁ, Geraldo Cordeiro. Ambigüidade e ironia em "Missa do galo". *Boletim do Centro de Estudos Portugueses* da Fale/UFMG. v. 11, n. 13, p. 131-143, junho 1991.

Eça de Queirós

A LÚDICA COMPLEXIDADE DE *A ILUSTRE CASA DE RAMIRES*

EÇA de Queirós é, reconhecidamente, um grande mestre na arte da ironia, não apenas retórica e satírica. No romance *A ilustre casa de Ramires*, reduplicam-se os narradores e os tecelões de palavras, bem como os leitores e ouvintes de histórias. Procura-se aqui mostrar a riqueza da ironia *humoresque* desse texto que valoriza mais o poder da palavra e a complexidade da narrativa que a trama narrativa com seus jogos de enganos.

A ironia de Eça constrói-se nos devidos moldes comunicacionais da retórica, isto é, através de mensagens duplas que permitem distintas interpretações. É por isso que tantas vezes encontramos nos textos do criador do Conselheiro Acácio a figura do receptor ingênuo, do leitor inábil ou do enamorado romântico e desatento: presas em algum tipo de envolvimento ou sedução, essas vítimas de enganos não percebem as ciladas que lhes são preparadas por personagens que pretendem dominá-las e tirar proveito do relacionamento que se estabelece. Caem assim em armadilhas irônicas, por não perceber o "outro" sentido de falas e propostas.

Eça é especialista em jogar com os desejos e fantasias do ser humano, mostrando como este se presta ao exercício da sedução e do poder. Por isso cria personagens como Luísa, de *O primo Basílio*, ou Amélia, de *O crime do padre Amaro*. Predispostas psicologicamente para o amor e biologicamente para o relacionamento sexual, conjugal ou extraconjugal, essas figuras tornam-se presas fáceis de conquistadores como Basílio ou Amaro, sedutores que trazem geralmente a marca do estranho, do exótico ou do diferente, e também do interdito: Basílio apresenta-se à prima Luísa – que foi sua namorada e está casada com Jorge – como viajado, interessante, rico e de hábitos franceses; Amaro é jovem, vem da capital e é sacerdote, o que o coloca numa situação especial de interesse para as moças de Leiria e principalmente para Amélia, que já tem em casa um exemplo de que esse tipo de interdito pode ser camufladamente superado.

Não são apenas mulheres, entretanto, que Eça coloca na situação de vítimas de uma ironia relacionada com o amor: o Macário, de "Singularidades de uma rapariga loira", é outro exemplo: romântico, "sente Vênus" ao conhecer aquela desejável mulher de cabelos negros e braços muito brancos; fica assim pronto para se apaixonar por Luísa, a loira "filha", com quem logo deseja casar-se, sem perceber na noiva sinais de uma "qualidade" que lhe seria inaceitável e que o levaria posteriormente a abandoná-la. Também essa Luísa tem a marca do estranho, de um enigma que seduz: seria ela realmente filha daquela soberba mulher da janela e também de um inglês, o que explicaria ter ela a posse do finíssimo leque chinês?

Há nesses textos um narrador – extra ou intradiegético – que, distanciado da ação, mostra aos leitores extradiegéticos que as mencionadas personagens caem nas armadilhas irônicas que se lhes apresentam porque são ingênuas e despreparadas, sem clareza suficiente para fazer uma leitura serena das mensagens que lhes são dirigidas. Luísa, por exemplo, não percebe a duplicidade, a mentira e o fingimento de Basílio, que já a abandonara uma vez e que a leva ao malfadado "Paraíso"; Macário não percebe que sua noiva, loira e angelical, sempre fresca e vestida de branco, apresenta constantemente sinais de desonestidade. Ao reproduzir a realidade de seu tempo, Eça critica um idealismo romântico em que o desejo alienado impede a percepção de sinais denunciadores de algo inadequado.

Na diegese dessas narrativas há portanto comunicações defeituosas, com emissores enganadores e leitores inábeis; a exibição dessa deficiência de leitura é uma forma de o autor tentar uma comunicação indireta – irônica – e mais eficaz com o receptor extradiegético. Se este não for também um leitor romântico com um desejo que impede uma boa leitura do texto, perceberá as suas incongruências e ficará certamente motivado a ver de forma mais atenta e crítica a realidade ali representada.

Através da ironia retórica, Eça de Queirós satiriza a sociedade portuguesa que retrata, com o objetivo de fazê-la cair em brios e reeducar-se, segundo melhores padrões. Ao usar essa ironia Eça valoriza o seu leitor, vendo-o como inteligente e capaz de perceber o que se esconde por trás do fingimento de suas palavras. Marca entretanto sem dúvida a sua superioridade, a sua postura de quem sabe e pode ensinar, de quem satiriza para moralizar; exibindo o manto diáfano da fantasia, desvela a nudez forte de uma verdade que é sua e que procura levar o leitor a perceber.

Em obras posteriores, Eça passa a usar uma ironia mais sutil e complexa, abandonando uma postura em que a representação pretende identificar-se à realidade. Começa a brincar realmente com os sentidos e a considerar a verdade e os significados como relativos. Deixando de lado as lições e abandonando o pragmatismo, sai da posição de sábio e de mestre e, valorizando a ambigüidade, acentua o aspecto lúdico de sua literatura, revelando a perspectiva de que é impossível afirmar um sentido definitivo, dado o caráter fluido da linguagem. É então que complexifica a trama narrativa de seus textos, pois passa a ironizar também os discursos e a exibir o caráter de construção de sua obra, convidando o leitor a entrar no seu jogo e a se divertir com ele diante do mundo maravilhoso da linguagem.

A sua literatura deixa então de ser sátira, ou apenas sátira, com objetivo pragmático. É o que acontece em *A ilustre casa de Ramires*, romance cuja complexidade narrativa entretece com o fio da ironia dois tempos, dois tipos de ação e dois gêneros literários distintos, revelando a preocupação de produzir algo válido em si mesmo, numa representação que se confessa como tal, resultado de um trabalho de linguagem que é essencialmente comunicação entre um emissor e um receptor.

Ao usar essa ironia mais complexa – confessadamente artifício, tecido e jogo – chamada convencionalmente literária, Eça de Queirós coloca o leitor como co-produtor de sua obra, confessando que, sem um receptor, ela não existiria. Essa obra deixa assim de pretender pertencer ao campo do absoluto: confessa a sua relatividade e revela uma nova postura diante do mundo e da obra literária. Se antes o autor se colocava como aquele que sabe e pretende ensinar, que critica porque tem uma solução a apresentar, passa agora a convidar o leitor a participar do fingimento e de um jogo em que será exercitada a suprema liberdade do ser humano: a capacidade de usar criativamente a linguagem, escapando assim momentaneamente do peso de um destino em que a única certeza é a morte. Descrença na eficácia da ironia retórica? Talvez. Mas também, com certeza, mais amadurecimento e sabedoria, mais tolerância e menos exigência e, principalmente, acentuada desilusão quanto à possibilidade humana de atingir o absoluto e a verdade, apesar do desejo do homem.

Interessante seria acompanhar a evolução da ironia nos romances de Eça de Queirós, de *O crime do padre Amaro* até *A ilustre casa de Ramires*. Aqui tratarei apenas, entretanto, da história dos Ramires, obra de maturidade e que, na realidade, é suficiente para exemplificar a arte com que o criador do primo Basílio consegue tecer a complexa teia de uma ironia literária refinada e sutil. Em contraposição à linearidade do relato de obras anteriores, esse romance lida profundamente com a linguagem, a criatividade e o fingimento. Por isso tem uma estrutura mais elaborada, como se vê pela ambigüidade de seu complexo jogo de séries superpostas no plano da ação, do gênero literário e do tempo, conforme já demonstraram Maria Aparecida Santilli (1984), Carlos Reis (1981), Laura Cavalcante Padilha (1989) e Maria Helena Nery Garcez (1992).

Um aspecto dessa ironia especial de *A ilustre casa de Ramires* está na presença de uma personagem que escreve uma novela, cujo título poderia ser o mesmo do romance. A presença de um representante da representação na obra funciona como um artifício muito usado pela ironia romântica – a parábase –, com que se desmistifica o caráter de verdade e de lição moral do texto, que passa a apresentar-se como arte, relatividade, brinquedo, jogo. A reduplicação e o espelhamento valem assim como índices da construção irônica, que explicita o caráter de produção programada da obra, diferente daquela que se pretende simplesmente uma representação da realidade.

Reduplicam-se em *A ilustre casa de Ramires* os narradores e os tecelões de palavras: lembrem-se o narrador primeiro do romance, o tio Duarte com seu tão oportuno poema, o Videirinha com suas trovas, o padre Soeiro com suas histórias, as Lousadas e a prima Maria Mendonça com suas cartas cheias de intrigas que deveriam provocar ações. E para completar o trabalho desses tecelões de textos, *A ilustre casa de Ramires* apresenta uma série de leitores intradiegéticos, com suas leituras entusiasmadas, como o próprio protagonista da narrativa. Gonçalo lê, durante a ação do romance, todos esses textos escritos e é também um bom ouvinte: tem mais prazer em ouvir contar ou comentar a sua vitória sobre o valentão das Narcejas que com o fato em si. Gosta imensamente de saber que a história é comentada e comemorada na Assembléia, em telegramas, trovas e em novos e amplificados relatos, sendo tão reproduzida que, segundo ele, começa a tornar-se lenda.

O fio desse relato oral se entretece também com o da novela que Gonçalo escreve: a personagem acaba de saber que a notícia de seu confronto com o Ernesto está na boca do povo, que já lhe acrescentou muitos dados, quando chega um telegrama do Castanheiro, qualificando de "verdadeira obra-prima!" os capítulos que Gonçalo já lhe enviara de sua novela. Espelham-se assim as duas realizações da personagem, que somente depois de usar o chicote, a arma de seus antepassados, consegue enfrentar e vencer o Valentão das Narcejas, bem como escrever o último e difícil capítulo de sua novela. Gonçalo condensa, assim, as funções de personagem, leitor, ouvinte (narratário) e autor, o que é fundamental para a presença da ironia *humoresque* no texto.

Há em *A ilustre casa de Ramires* uma obra dentro da obra e um escritor em processo de escritura, alternadamente satisfeito e insatisfeito com o resultado de seu esforço. O narrador primeiro conta, por exemplo, que o capítulo inicial da novela se aproximava sem dificuldades de seu final, seguindo Gonçalo "sem despegar da pena, que corria como quilha leve em água mansa" (QUEIROZ, 19--, p. 1214).[1] Logo em seguida

[1] Todas as citações serão dessa edição.

comenta que o narrador Gonçalo ficava às vezes eufórico com o resultado do trabalho: num momento de inspiração coloca na boca de Trutesindo um altivo grito de fidelidade: "De mal com o Reino e com o Rei, mas de bem com a honra e comigo!". E então, encantado, "atirando a pena, esfregou as mãos, exclamou, enlevado: 'Caramba! Aqui há talento!'" (p. 1217). O narrador primeiro conta também que há momentos em que a personagem não consegue escrever com fluidez, pois a pena lhe parece "lento arado em chão pedregoso", o que a leva a riscar logo "a linha que sentia deselegante e mole" (p. 1190-1). Esses comentários sobre a escrita constituem também sinais de ironia, piscadelas com que o autor implícito do romance desmistifica o escritor como inspirado demiurgo e chama a atenção do leitor para o caráter artificialmente construído de seu texto.

É interessante observar a irônica oposição entre a atitude do personagem escritor e a do autor implícito do texto. Opondo-se à refinada ironia e ao artístico jogo do autor, a personagem exibe o seu pragmatismo, a ironia retórica com que usa a sua arma, a pena, que afinal tem a mesma função da espada dos antigos Ramires. Distanciam-se assim o escritor e seu duplo, no romance, pois Gonçalo é a encarnação do escrevente de que fala Barthes: para ele a escrita é uma atividade transitiva; a palavra é um meio para atingir seus objetivos de "recuperar" (na verdade o seu desejo é de superar) o poder de seus antepassados. A personagem afirma que sua escrita tem a missão de restaurar em Portugal o romance histórico; se o instrumento de poder de seus ancestrais era a espada, o seu é a pena com a qual se "edificam reinos".

Mas o seu relato é ambíguo. Gonçalo narra os feitos dos Ramires, mas o seu grande herói é o Bastardo. Como o herói mítico, Lopo de Baião é sempre, na sua versão da história, uma figura solar: a sua face é a do "claro Sol, onde as barbas aneladas, caindo nas solhas do arnês, rebrilhavam como ouro novo" (p. 1341). Quando enterra o punhal na garganta de Lourenço, o esguicho de sangue lhe salpica "a clara face, as barbas de ouro" (p. 1343); mesmo depois de morto, permanece o brilho de seu cabelo e de suas barbas: "Só a madeixa dos cabelos loiros, repuxada, presa na argola, reluzia com um lampejo de chama, como rastro pela ardente alma que fugira" (p. 1401). E mesmo o esterco que o capataz lhe joga na face tem a função de fazer sobressair "as finas barbas de ouro" (p. 1402).

Em conseqüência da caracterização de Lopo de Baião como herói mítico, os antigos Ramires ficam marcados como o monstro que, no mito, consegue matar o herói, posteriormente resssuscitado e reabilitado pela narrativa de Gonçalo, o narrador segundo do romance, que se coloca assim pragmática e ironicamente como superior àqueles bárbaros primitivos. Essa postura pragmática da personagem – essa sua preocupação com o poder – espelha-se ou se reduplica no romance, encontrando paralelo em várias outras personagens. Desnecessário seria lembrar isso relativamente aos Ramires antigos, cujas ações visavam sempre ao poder, ou quanto ao André Cavaleiro, que abandonou Gracinha ao pé do altar, diferentemente de Lopo de Baião, que morre pelo amor de sua Violante. Dada a decadência da "ilustre casa", Gracinha não representaria a vantagem que interessava ao Cavaleiro e só volta a interessá-lo quando está casada com o Barrolo, pois o que o amante conseguisse com ela seria sempre "lucro".

Essa repetição e esses encaixes de enunciado e de enunciação tornam-se, entretanto, sinais da ironia do autor implícito do romance. Especialmente ao evidenciar a ambigüidade do personagem-narrador e ao atribuir-lhe múltiplas funções, o autor reafirma a sua nova postura diante do mundo e da obra literária, que deixa de pretender dar uma lição e procura revelar o seu aspecto lúdico, com o qual o homem pode libertar-se das fatalidades que lhe marcam a vida.

Elabora-se o romance assim com uma complexidade narrativa que entretece ironicamente dois tempos, dois tipos de ação, dois gêneros literários distintos, dois diferentes tipos de personagem. A diferença entre Gonçalo e seus valentes antepassados, por exemplo, acentua-se, de início. Mas depois que a personagem vive uma morte simbólica – "Caiu no vasto leito como numa sepultura" (p. 1367) – e recebe, em sonhos, o estímulo de seus ancestrais para vencer a "sorte inimiga" (p. 1370), ocorre uma transformação: Gonçalo usa a arma herdada do passado, enfrenta e vence o valentão das Narcejas de quem fugira, covarde, por duas vezes; é reconhecido pelo seu feito, vence brilhantemente as eleições (até o adversário confessa-lhe não ter alternativa senão apoiá-lo) e, surpreso, reconhece-se amado e respeitado, concluindo que não teria sido necessária a sua humilhação diante do Cavaleiro para ser eleito.

Completando a sua transformação, Gonçalo toma verdadeiramente posse de sua Torre, perdoa magnanimamente ao valentão das Narcejas (marcando diferença relativamente aos antigos Ramires), tem comportamento firme diante de Gracinha e do Cavaleiro (a quem recusa delicada e altaneiramente o título de nobreza oferecido pelo rei, comentando que mais adequadamente ele concederia um título de nobreza ao rei que dele o receberia). E para coroar a sua transformação, Gonçalo parte para a África, onde se afirma financeiramente, já que o lugar de deputado não lhe traz a desejada satisfação, nem o poder de cuja falta se ressente. Entretanto, o romance termina em aberto, além de trazer apenas através de uma carta da prima Maria Mendonça as últimas notícias sobre Gonçalo Mendes Ramires, que se encontrara no Hotel Bragança com os Rio Manso – Rosinha e o pai. Esse encontro faz os amigos suporem a possibilidade de um casamento de Gonçalo com a menina; já circulara antes, entretanto, a notícia de que D. Ana Lucena comprara casa em Lisboa e preparava a sua mobília, o que parecia indicar que a bela viúva também pensava em casamento. Fica a questão para o leitor extradiegético: pretenderia Gonçalo Mendes Ramires casar-se? Em caso de resposta afirmativa, seria com uma dessas mulheres supostamente nele interessadas?

O romance permanece inconcluso, sinal da ironia literária usada em sua elaboração, em cuja ação se contestam Gonçalo-autor e Gonçalo personagem, contestando ambos o autor em que se apóia a narrativa, pois duvidam do acerto de elementos de sua história, de sua "pouca exatidão arqueológica", especialmente da possibilidade de sanguessugas sugarem o corpo de um homem, "das coxas às barbas, enquanto uma hoste inimiga mastiga a ração!..." (p. 1403).

No aspecto do gênero, o romance e a novela contestam-se. A novela tem uma única fonte dramática, hipertrofiada: a questão amorosa, romântica, em detrimento de todos os outros problemas. A partir de um casamento contrariado, de um fato da vida privada, mobilizam-se homens e tropas, armas e munições, numa grandiosidade de ação que ultrapassa a amplitude do motivo. No romance, ao contrário, há uma fonte realista, em que o plano afetivo apresenta-se em suas vinculações com os demais ângulos da existência humana. Romance e novela ironicamente antagonizam-se, portanto.

No aspecto do tempo, há tensão entre os dois planos, pois contrapõem-se inicialmente valores dos séculos XII e XIX. O papel histórico dos avós de Gonçalo envolvia-os em disputas de sucessão monástica, em lutas de emancipação política ou em guerras de defesa da fé. Os antigos Ramires recebiam homenagens (de joelhos) e se apossavam (legitimamente!) de mantimentos e dinheiro, defendendo, com todas as forças e poder, as suas posses, incluindo as mulheres das famílias dominadas. O Gonçalo do século XIX, embora também Ramires, é inicialmente fraco e submisso. Engole amargo desprezo e sufoca velhos ressentimentos contra o governador civil de Oliveira, por exemplo, rendendo-se afinal ao preço do apoio eleitoral em nome do qual entrega ao chefe político a irmã Gracinha, objeto de sua cobiça. Marca-se assim a decadência dos altivos Ramires. Ao mesmo tempo, porém, o novo Ramires é muito mais humano, querido por todos e acaba por vencer as dificuldades quando se dispõe pessoalmente à luta, de que é parte essencial a escrita de sua novela.

Há no romance vários níveis de narração: num deles estaria o seu narrador primeiro, bem próximo de Gonçalo e do ambiente em que a personagem se movimenta, constantemente atento às suas ações, reações e contradições, servindo ainda muitas vezes de seu porta-voz. No segundo nível estaria o narrador-personagem Gonçalo Mendes Ramires, fraco e sem prestígio, interessado em recuperar a história de seus antepassados a fim de afirmar-se diante de seus contemporâneos. Num terceiro e último nível estaria o autor implícito do romance, observador atento e divertido das lutas pelo poder no interior da narrativa, este sim um escritor na acepção de Barthes (em que o escritor se contrapõe ao escrevente). Gostosamente lúdico, particularmente atento a todos os fios com que se constrói a narrativa, esse autor deixa em suspenso várias questões, como a da oposição entre romantismo e realismo e a da valorização ou não do romance histórico. Espelhando-se no bom humor e na capacidade de brincar com as palavras, revelados em vários momentos pela personagem central, esse autor explicita a capacidade multiplamente sedutora da narrativa e enfatiza a intrincada trama do texto, que ultrapassa ironicamente o plano do mito (e da ideologia) e constrói com a sua plurissignificância uma verdade narrativa própria, não situada no plano pragmático do poder ou da solução de problemas, mas no da comunicação, da criatividade, do fingimento e da arte.

Publicado em Hummel, Martin & Ossenkop, Christina. *Lusitanica e Românica.* Festschriff für Dieter Woll. Hamburg: Buske, 1998. p. 347-353.

Referências

GARCEZ, Maria Helena Nery. A ficção da História e a história da ficção em *A ilustre casa de Ramires*. In: *Queirosiana*: estudos sobre Eça de Queirós e sua geração, Coimbra, n. 3, p. 39-54, dez. 1992.

PADILHA, Laura Cavalcante. *O espaço do desejo*: uma leitura de *A ilustre casa de Ramires* de Eça de Queirós. Rio de Janeiro: Eduff/Brasília: Ed. UnB, 1989.

QUEIROZ, Eça de. A ilustre casa de Ramires. In: *Obras de Eça de Queiroz.* Porto: Lello & Irmão, s/d. p. 1177-1429.

REIS, Carlos. Escrita literária e posteridade cultural: sobre a edição crítica das obras de Eça de Queirós. *Anais do Encontro Internacional de Lusitanistas.* Hamburgo, 1995, p. 793-802.

———. Níveis narrativos. In: *A ilustre casa de Ramires.* Coimbra: Almedina, 1981. p. 247- 277.

SANTILLI, Maria Aparecida. Eça de Queirós: sepultando Prometeu. In: *Entre linhas: desvendando textos portugueses.* São Paulo: Ática, 1984. p. 49-55.

A valorização do leitor na obra de Eça de Queirós[1] (ou respondendo a Machado de Assis e a Fernando Pessoa)

A fortuna crítica de um autor é muitas vezes marcada, mesmo que provisoriamente, pelos comentários de escritores consagrados, que funcionam como orientadores de leitura para os mortais contemporâneos e depois, se vencida a barreira temporal, também para a posteridade. Isso aconteceu certamente com Eça de Queirós que, se não teve grande aceitação do público em Portugal na sua época, arcou também com comentários negativos de críticos do porte de Machado de Assis e Fernando Pessoa que, curiosamente, engrossaram o coro dos descontentes, apontando defeitos na sua criação.

Machado considerava Eça um escritor de talento: admirava seu estilo vigoroso e brilhante e louvava sua capacidade de observação. A crítica machadiana foi entretanto severa para com *O crime do padre Amaro* e *O primo Basílio*. O criador do D. Casmurro acusou Eça especialmente de construir nessas obras um realismo sem estofo, sem verdade moral, em que o principal era substituído pesadamente pelo acessório (Assis, 1973, v. III, p. 903-913). Quando se publica *O primo Basílio*, em 1878, Machado reclama de uma Luísa fraca, apenas títere nas mãos de Basílio e depois de Juliana. Considera incongruentes e desinteressantes aquela luta intestina entre ama e criada, assim como descrições minuciosas

[1] Tomei aqui como padrão a moderna grafia Queirós, adotada, por exemplo, na revista *Queirosiana*, nos *Anais* do III Encontro Internacional de Queirosianos (São Paulo, 1997), e nas *Actas* do 4º Encontro Internacional de Queirosianos (de 2002). Mantive, entretanto, a forma Queiroz, ao fazer referência às publicações em que foi usada essa grafia.

como a da confeitaria, do jantar do Conselheiro Acácio ou do teatro de São Carlos: "Que os três quadros estão acabados com muita arte (...), é coisa que a crítica imparcial deve reconhecer; mas por que avolumar tais acessórios até o ponto de abafar o principal?" (Assis, 1973, v. III, p. 908). Machado chega a afirmar que, se Eça escrevesse outros livros como *O primo Basílio*, estrangularia no berço "o realismo na nossa língua", pois só voltando às águas sadias de *O monge de Cister*, *O arco de Sant'Ana* e *O Guarani* – ao modelo, portanto, de Herculano, Garrett e Alencar –, esse realismo poderia recuperar a pureza de sua arte literária.

É verdade que, logo após a morte do recriador da literatura portuguesa, Machado de Assis acentuou a importância de sua arte nova, vista inicialmente com estranheza e depois com admiração, "pelo mel da língua, pelas novas graças que lhe deu, pelas tradições velhas que conservou, e mais a força que as uniu umas e outras, como só as une a grande arte" (Assis, 1973, v. III, p. 933).

Também Fernando Pessoa foi impiedoso em sua crítica a Eça de Queirós: em texto de 1928, a propósito de criticar "o provincianismo português", cujo principal sintoma seria a "incapacidade da ironia", diz o criador dos heterônimos que o exemplo mais flagrante do provincianismo português seria Eça de Queirós. Justifica-se dizendo que Eça foi o escritor português que mais se preocupou em ser civilizado, o que o impediu de distanciar-se de si mesmo, de dividir-se em dois, de desenvolver a "largueza de consciência" e a capacidade de "dizer uma coisa para dizer o contrário". Acusa Eça de ser incapaz de usar a ironia, "cuja essência consistiria em não se poder descobrir o segundo sentido do texto por nenhuma palavra dele, deduzindo-se porém esse segundo sentido do facto de ser impossível dever o texto dizer aquilo que diz" (Pessoa, 1974, p. 138-139).

Ambas as críticas parecem reclamar do que consideram grave falha da produção queirosiana: faltar nela uma lição clara – que para Fernando Pessoa deveria ser irônica, invertida –, capaz de transmitir ao leitor uma lição moral que provocasse um movimento ascensional. Se Machado de Assis reclama de personagens que fornecessem modelos (de dedicação, de verdadeiro amor), Pessoa requer um autor modelar cujo discurso fosse capaz de impulsionar o seu país a abandonar o provincianismo e a aproximar-se das metrópoles desenvolvidas. Em ambos os casos, portanto, os dois autores parecem criticar o que consideram o realismo de Eça de Queirós, vendo negativamente o enunciado de seus textos, sem atentar para a arte valorizadora do leitor com que o criador do padre Amaro os constrói.

Tanto Machado de Assis quanto Fernando Pessoa condenam Eça por sentirem que sua produção não tem como objetivo primeiro a educação do leitor, com a moralização dos costumes. Referindo-se a *O primo Basílio*, Machado chega a dizer ironicamente que um dos objetivos do realismo é "inculca[r] vocação social e apostólica" e que "força é confessar que [nesse romance Eça] o não conseguiu, a menos de supor que a tese ou ensinamento seja isto: – A boa escolha dos fâmulos é condição de paz no adultério" (Assis, 1973, v. III, p. 907).

Para os dois críticos teria faltado então, às referidas obras de Eça de Queirós, a preocupação moral que Hegel julgava indispensável à arte, que nunca deveria abandonar a intenção pragmática de prestar serviço à sociedade, tendo mesmo essa intenção como o seu primeiro objetivo. Tanto um quanto outro crítico pareciam preferir esse serviço direto da arte àquele praticado por uma outra ironia em que o autor, descontente com a vitória cada vez mais acentuada da burguesia e a decorrente e sempre maior valorização do dinheiro e do progresso, preferia criar uma arte diferente, de que se ausentaria uma doutrinação direta. Recusando-se a participar da onda de pragmatismo, essa outra ironia queria exibir o seu estatuto de arte e a sua preocupação em construir-se como tal, o que tornava imprescindível a colaboração de um leitor/receptor.

A ironia então utilizada diferiria portanto daquela ironia retórica tradicionalmente vista na literatura e referendada por filósofos como Hegel, para quem a finalidade moral da arte deveria ser muito clara. Exibindo a artificialidade de seu caráter, a sua base na observação da realidade, essa arte testemunhava a crise da representação de que falam autores como Marike Finlay (Finlay, 1988) e outros estudiosos da ironia, mostrando também a sua dependência de um receptor que saiba ler/ver o texto e cuja figura passa a ser mais valorizada do que nunca.

Representado como ingênuo ou malicioso, esperto ou passivo, o leitor passa a ter lugar de destaque nessa arte, dada a valorização da leitura/percepção da construção da trama textual.

É o que se nota já nas primeiras obras de Eça de Queirós: em "Singularidades de uma rapariga loira", o primeiro conto que publica, Eça critica a visão romântica de mau leitor de um personagem que, envolto num sentimentalismo vago e idealista, não é capaz de perceber a trama em que o envolvem. Ao transformar esse personagem (receptor um) num segundo narrador, que conta a própria história para o primeiro narrador do conto, o autor apresenta o contraponto desse primeiro mau leitor através da recepção atenta do receptor dois (o primeiro narrador) que, pontuando o texto, indica ao leitor extradiegético uma outra possibilidade de leitura dos acontecimentos narrados. Macário – o personagem que se transforma em narrador – não percebe um "outro" sentido possível para o que conta ter visto; não percebe que a sua ingênua exaltação amorosa dirigia-se a uma mulher indigna de sua confiança, nem vê sinais negativos nos objetos que observava – o leque, os lenços e a moeda desaparecidos. Através do leitor interno do texto, entretanto, o autor acentua para o leitor extradiegético a importância do ver com cuidado esses detalhes, indicando com a sua ironia que o que se diz ou se percebe pode dizer o contrário do que parece dizer.

Também no primeiro romance que publica, *O crime do padre Amaro*, Eça acentua a necessidade de ver bem, de ler com atenção a realidade, o contexto, a sociedade. Por isso critica personagens como o padre Amaro, João Eduardo, Amélia, a São Joaneira e outros do pequeno grupo que representa Leiria e, por extensão, todo o país, apresentados como leitores ingênuos de uma realidade que os ultrapassa e domina. Se Amaro posteriormente aprende a ler e a construir aparências enganadoras com que se livra de possíveis perigos para a situação de poder que consegue atingir, passando no final do romance a usufruir com tranqüilidade das benesses devidas aos que manobram com maestria os fios da representação/hipocrisia social, no início é ele o típico leitor ingênuo enganado por seus próprios olhos inexperientes. João Eduardo e Amélia não conseguem cumprir o mesmo aprendizado e não têm, por isso, outro remédio senão sucumbir e desaparecer, já que se mostram incapazes de aprender a ler a duplicidade das mensagens, continuando, por isso, a agir em função de uma sinceridade inadequada e fora de moda.

As respostas que tentarei dar aqui às críticas de Machado de Assis e Fernando Pessoa a Eça de Queirós terão como base exatamente essa valorização do leitor, o que comprovaria a presença da ironia na obra, tanto no seu sentido retórico, voltado para a crítica social, quanto no sentido de marcar a arte realista, tão bem exercitada por Eça na literatura portuguesa de seu tempo.

Resposta a Fernando Pessoa

Uma das obras de Eça de Queirós menos valorizadas e estudadas, *O conde de Abranhos*, poderia ser útil para responder às críticas de Fernando Pessoa. O emissor do enunciado aí se divide em dois, para dizer algo que significa o oposto do que fica dito, pois um personagem/narrador lê ingenuamente a realidade, indicando, pelas incongruências de seu discurso, ao leitor extradiegético, uma direção oposta de leitura. Estimula esse leitor assim a uma leitura ativa, capaz de decodificar a ironia do texto e a lição implícita: é preciso aprender a ver.

Muitas outras obras de Eça de Queirós poderiam servir de base para essa argumentação: ingênua seria a leitura de Luísa, de *O primo Basílio*, que não percebe o fingimento do "apaixonado" primo; enganado pela própria ingenuidade teria sido o personagem que narra a sua história em "Singularidades de uma rapariga loira", ou o narrador desejoso de conhecer uma história realista de amor, em "José Matias". Por trás dessas figuras de leitores preconceituosos, incapazes de perceber que o que viam na realidade não era o que esta lhes parecia exibir, vislumbra-se o monóculo irônico de Eça, a piscar para nós, leitores extradiegéticos, indicando-nos a necessidade de uma leitura ativa, capaz de perceber contradições.

Antes de falar da ironia de Eça, lembremos entretanto o conceito de ironia, essa grande arma da retórica: sistema mais ou menos elaborado de formas de pensamento e de linguagem que podem servir a quem discursa para obter, em determinada situação, o pretendido efeito. A ironia, tropo de salto adequado à luta entre partidos opostos, consiste em dizer algo sem realmente dizê-lo, ou dizer muito mais do que aparentemente.

A ironia será sempre muito útil àquele que discorda de atitudes e comportamentos e pretende provocar reflexões e mudanças mas, por algum motivo, considera que a expressão direta de seu pensamento crítico não será bem recebida, será contraproducente ou não será artística. A ironia será portanto adequada ao discurso literário que quer exibir a sua complexidade, o caráter dialógico da linguagem que o constitui e que, conforme diz Bakhtin, é sempre perpassada pela palavra do outro. Compreende-se assim que a ironia seja muito usada em momentos de crise e de mudança, em que "partidos opostos" tentam impor novas idéias ou reforçar antigos valores. Isso certamente acontece no tempo em que Eça começa a escrever e se observa na produção da "Geração de 70", no Portugal do século XIX. A juventude pensante portuguesa recebe, nessa época, de outros países da Europa, idéias revolucionárias que a entusiasmam e com as quais pretende transformar a sociedade em que vive. Impressionados com o positivismo e o socialismo, encantados com uma evolução que não vêem acontecer em sua terra, os participantes do grupo da Geração de 70 tentam com sua obra estimular essa sociedade e provocar mudanças capazes de aproximá-la dos grandes centros que tanto admiram. Nas Conferências do Casino Lisbonense, Antero de Quental – um dos mais fortes esteios desse grupo de jovens – fala das "causas da decadência dos povos peninsulares", apontando-as como de fundo moral, político e econômico, derivadas da transformação do catolicismo (em conseqüência do Concílio de Trento), do estabelecimento do absolutismo – que eliminou liberdades – e do desenvolvimento das conquistas longínquas.

Eça comunga dessas idéias revolucionárias em sua conferência e em outros textos teóricos, como o "Prefácio dos 'Azulejos' do Conde de Arnoso", onde afirma que somente na forma do realismo a arte poderá servir ao ideal revolucionário, pois não será simplesmente um modo de expor – minudente, trivial, fotográfico, voltado para o passado e para a sua idealização. O seu intuito não será a apoteose romântica do sentimento, mas a anatomia do caráter e a crítica do homem, observado diretamente. Diz Eça: "A única esperança que nos resta de não morrermos absolutamente como as couves é a fama, essa imortalidade relativa que só dá a Arte" (Queiroz, 19--, p. 1440).

A crítica de Eça volta-se para a hipocrisia social, a degeneração na política, o desvirtuamento do clero, a ignorância, o comodismo e a repetição conservadora, apontados como causa do atraso de Portugal em relação a outros países europeus. Segundo Eça, a liberdade moral, nesses países, opõe-se a um catolicismo pernicioso; a elevação da classe média constitui instrumento de progresso, o desenvolvimento da indústria garante o trabalho, o comércio e a dignificação do homem. Consciente, entretanto, de que essa literatura moralizadora poderia ser pouco eficaz ou pouco interessante enquanto arte, Eça não apresenta lições prontas a serem recebidas passivamente. Apura, pelo contrário, a arte realista, usando para isso a ironia: critica, desse modo, a visão romântica e admite a existência de outras perspectivas, expressas em diferentes vozes textuais, criando uma linguagem viva e inovadora, no Portugal conservador da época.

Maria de Lourdes Ferraz, para quem o real eciano é aquele em que se projeta "um mundo de cultura e de formas elaboradas pela arte", observa como Eça utiliza visões românticas para construir sua visão realista (1991, p. 48). Nesse realismo vestido de romantismo estaria um dos aspectos da ironia de Eça de Queirós, ignorada por Fernando Pessoa, que o acusa de colocar personagens provincianamente a se fingir de civilizadas ao falar francês, julgando que ali se quebra a imperturbabilidade exigida pela ironia.

Eça pode, entretanto, ser tomado como um especialista na ironia. Em várias obras – *O conde de Abranhos*, *A correspondência de Fradique Mendes*, *A cidade e as serras*, *A ilustre casa de Ramires*, *O mandarim* – vozes enunciadoras usam a ironia retórica como sátira, revelando consciência da função demiúrgica de um escritor que joga constantemente com duas características do ser humano: o seu desejo de poder e a sua tendência a agregar-se em partidos. Em *A correspondência de Fradique Mendes*, *A cidade e as serras* e *A ilustre casa de Ramires* o jogo do enunciado é mais complexo que em *O conde de Abranhos*, seja porque o narrador-personagem participa da diegese com um olhar impregnado de ironia, a exemplo de Fradique Mendes e José Fernandes, seja porque a ironia se acentua no plano da enunciação textual, na tessitura da trama, como em *A ilustre casa de Ramires*. Nesse romance, da plena maturidade de Eça, multiplicam-se narradores, leitores e perspectivas textuais, expõem-se artifícios e artimanhas de uma elaboração discursiva pragmática e interessada, contrapondo-se à voz do autor implícito. Marca-se dessa forma a presença de uma ironia desenvolvida essencialmente no plano da enunciação textual, com o recurso da metalinguagem.

Voltemos a alguns aspectos da ironia retórica de *O conde de Abranhos*, novela datada de 1879, trazida à luz pelo filho José Maria, 25 anos após a morte do pai. Mostrando-se perfeitamente integrado ao espírito crítico da Geração de 70, em *O conde de Abranhos* Eça critica a vida pública e privada do Portugal da época, através da voz (ou da pena) do secretário Zagalo, que constrói o elogioso retrato de Alípio Abranhos.

A novela coloca em cena uma política corrupta e interesseira, uma vida familiar e uma religião degradadas e preocupadas apenas com as aparências, uma educação deficiente e mal orientada e uma sociedade que premia e incentiva a hipocrisia. Através da palavra ingênua de um narrador ingênuo, demonstra ainda uma deplorável incapacidade de leitura crítica do mundo e das informações recebidas. O narrador, Z. Zagalo, é um secretário que deseja perpetuar a memória do venerável homem público que dá nome ao livro, fazendo, em sua encomiástica biografia, o elogio de sua vida de jornalista, homem de família, político da oposição e posteriormente ministro de Estado, depois de oportuna mudança de partido político. Generoso e magnânimo, condescendente para com alguma falha do "homem excepcional" que busca retratar, Zagalo aceita e elogia a perspectiva do patrão e da ideologia conservadora que o levou ao poder. Pretende que sua homenagem leve às gerações contemporâneas "a elevação de espírito e a rectidão de alma" de seu biografado (Queiroz, 19--, p. 287-405)[2], para quem procura construir um monumento comparável ao mausoléu com que a condessa viúva homenageia o marido prematuramente falecido. Rivalizando talvez com essa esposa do conde – pois além de elogiar constantemente a primeira esposa do homenageado, parece pretender dizer que conhece melhor o seu retratado que a mulher com quem ele conviveu durante oito anos de casamento –, Zagalo exemplifica toda a ingenuidade e incapacidade de leitura que Eça pretende apontar no povo português. Critica dessa forma a miséria de um país em que a lealdade é apenas aparente e interessada, camuflando hipocrisias, invejas, despeitos e vinganças de personagens que lutam escusamente pelo poder.

O conde de Abranhos constitui, assim, um bom exemplo de arte construída com a ironia retórica, pois o seu autor coloca em cena um narrador de cuja palavra discorda, utilizando esse leitor intradiegético despreparado para alertar ironicamente os leitores, a fim de que façam aí um exercício crítico e aprendam com essa caricatura a ser menos crédulos, menos bajuladores e interesseiros, enfim, mais atentos e menos ridículos. O exagero dos elogios do secretário indica a ironia desse autor impiedoso, que usa a exaltação moral para desmoralizar e o comentário positivo para criticar.

Zagalo elogia, por exemplo, personalidades a quem o conde devia favores, acentuando ao mesmo tempo o ridículo ou outros aspectos negativos de suas figuras. Uma delas é a do Dr. Vaz Correia, que tinha por Alípio "uma consideração a que se misturava tocantemente uma simpatia paternal" (p. 331). Orientara-o no casamento com uma herdeira rica, o que lhe abrira as portas da alta sociedade lisboeta da época. Zagalo chama o Dr. Vaz Correia de "rábula", avisando logo que essa palavra não devia ser tomada em seu sentido grotesco, acentuando que o adjetivo "grotesco" é realmente para ser levado a sério. Esse entendimento se confirma pela descrição do Dr. Vaz Correia, um "resplandecente espelho de lealdade", de quem o "que menos se conhecia era a sua grande bondade":

---

[2] Todas as citações fazem parte dessa edição e serão indicadas apenas pelos números das páginas.

> Os seus olhinhos vivos que espreitavam por cima dos óculos, a sua carita redonda e enrugada, as duas repas de cabelo grisalho, espetadas como orelhas de diabo de cada lado da calva, a alta gravata de seda preta às pintas, o colete de xadrezinho, e o hábito de falar com as mãos atrás das costas, tornando saliente a sua barriguinha próspera, são feições dele bem conhecidas de Lisboa. (p. 331)

Os diminutivos "olhinhos", "carita", "xadrezinho" e "barriguinha" contrastam ironicamente com a solene figura apresentada do bom gigante, comparado a um S. Cristóvão protetor e sempre venerado. Uma outra figura apresentada como ridícula e realmente criticada por Zagalo é a do sogro de Alípio Abranhos, o desembargador Matos, de honestidade e ciência jurídica discutíveis e que lembra personagens de Camilo Castelo Branco, pois é visto como um animal que "rumina regaladamente" (p. 333): "Fazia, ao comer a sopa, um gluglu nojento e repelente, e atirava para o soalho os escarros que merecia na face" (p. 335). Explica-se, porém, a perspectiva negativa de Zagalo diante do Dr. Matos, pois este uma vez o tratara como lacaio, pedindo-lhe que visse se já chegara a sua sege. Compreende-se a crítica, principalmente, quando Zagalo confessa: "Pode parecer irrespeitosa esta apreciação da família Amado, mas, para minha justificação, direi que o Exmo. Conde a abominava" (p. 335). O "partido" do secretário diegético é assim bem definido e definidor, pois o seu julgamento, calcado na perspectiva do conde, seu venerado e benfeitor patrão, estará sempre previamente estabelecido.

Zagalo exibe as fontes de todos os seus relatos e perspectivas, definindo-se, assim, como um interessante caso de vítima da ironia, pela ingenuidade de sua leitura e narração: se não entende os jogos de enganos de que se torna vítima, tampouco percebe que a sua intenção irônica de exaltar-se ao exaltar o conde não pode funcionar da forma positiva que ele pretende. Ao reclamar o olhar do leitor, escrevendo uma biografia que deverá consagrar o biografado e ao mesmo tempo a si, desvela inconscientemente os artifícios retóricos e escusos do biografado e torna-se ainda mais criticável que este, pois a sua visão ingênua apresenta como positivos os procedimentos que os leitores perceberão como negativos e censuráveis.

A ironia de Eça em *O conde de Abranhos* refere-se principalmente a uma recepção ou retransmissão ingênua de discursos, sem a percepção de incongruências sinalizadoras de irônica manipulação de sentido e de manobras que visam ao poder. Indiretamente, através da voz desse narrador que afirma repetidas vezes não crer ofensivas as lembranças negativas que apresenta, o autor irônico ratifica comentários desairosos sobre a origem familiar humilde de Abranhos, conta como ele se envergonhava dos pais e os abandonou, mostra a deficiência de sua formação cultural, contrapõe seu físico bem desenvolvido à sua pobreza intelectual, exibe a sua propalada veia poética, que se resumia a versos sentimentais da juventude, revela que suas relações sociais e afetivas tinham sempre como base o interesse pessoal, denuncia o seu socialismo mal fundamentado e mal desenvolvido, acentua que somente por ter sido adotado durante muito tempo pela rica tia Amália pôde ter ele a ascensão social de que desfrutava.

É assim que o leitor percebe que o elogiado patrão soube usar bem sua mesquinha e aparente caridade para obter o título de conde, para quem os pobres deveriam ser recolhidos pelo Estado a celas, onde teriam "ração de caldo igual à que têm os presos" (p. 315). Usando o artifício irônico de colocar o secretário "real" a responder supostas perguntas e deslocando assim o eixo da questão, o autor mostra que, simulando um pensamento socialista e fazendo o jogo demagógico do poder, o conde não pretenderia que o Estado sustentasse os pobres de graça, mas propunha que ficassem reclusos e fossem forçados a executar trabalhos pesados, aliviando o poder público de grandes gastos. Sua solução para o problema rezava que "não podemos dar ao operário o pão na Terra, mas obrigando-o a cultivar a Fé, preparamos-lhe no Céu banquetes de luz e Bem-Aventurança!" (p. 302). Através dessa idéia de transferir a um futuro improvável, na perspectiva do realismo, a recompensa de uma vida de trabalho, o autor denuncia uma sociedade hipócrita, em que o paternalismo religioso e a exploração política conjugam-se para impedir qualquer proposta de real transformação social.

Outras marcas de ironia no texto são o exagero, a repetição, o uso de palavras populares ou de expressões incongruentes num discurso supostamente sério e até "científico", como quando Zagalo fala que Abranhos era "inclinadote a agitar questões sociais!..." (p. 310) ou quando descreve o padre Augusto, de quem D. Laura (a desagradável sogra de Alípio) "recebia a direcção espiritual, as ordens, os conselhos, as admoestações e as baforadas do hálito impregnado de alho" (p. 335). Ou ainda quando reza "ao Ser Divino para que proteja o bacharel" (p. 319), aquele que "decora a sebenta" (como o próprio Zagalo), podendo por isso mais tarde garantir a permanência da Carta e, portanto, a continuidade e o conservadorismo, pois "que necessidade há de a examinar, discutir, verificar, criticar, comparar, pôr em dúvida?" (p. 320).

Do exagero vemos exemplo na acrítica admiração de Zagalo pelas marotas propostas de Abranhos relativamente à pobreza: "Em nenhuma legislação humana conheço instituição tão justa, tão eficaz, tão profundamente cristã, tão beneficamente social" (p. 316); a inclinação de Abranhos para as questões sociais é indicada também por sua visão do povo, considerado como um monstruoso elefante, "duma pujança indomável e duma simplicidade risível", já que "o mundo inteiro, pela violência, não o pode obrigar a caminhar contra a sua vontade, e uma criança, pela astúcia, obriga-o a fazer cabriolas grotescas" (p. 325). Zagalo acredita ser Abranhos mesmo favorável ao povo, que devia ser levado à votação sem brutalidades obsoletas:

> Não o espanquem, mas, pelo contrário, acompanhem-no ao café ou à taberna, conforme estejamos no campo ou na cidade, paguem-lhe bebidas generosamente, perguntem-lhe pelos pequerruchos, metam-lhe uma placa de cinco tostões na mão e levem-no pelo braço, de cigarro na boca, trauteando o Hino, até junto da urna do Governo, vaso do poder, taça da felicidade! (p. 326)

Criticando essa leitura ingênua, o autor mostra que Zagalo não entende que o engano do povo seria assim "o segredo das democracias constitucionais", pois, fingindo-se fraco e dependente, o político hábil manobraria ironicamente a população eleitoreira, usando a sua soberania em seu próprio benefício.

Entre os muitos exemplos que comprovam a ingênua ou amoral leitura que Zagalo faz dos ditos e escritos de Abranhos, está o relato do secretário sobre os sucessos da vida estudantil do conde, que incluem uma carta anônima denunciando um colega, com o que garante ele o beneplácito de um professor temido; e ainda outras bajulações de professores, fingimentos e até exploração de mulheres, como Júlia, serviçal que lhe serve de concubina no tempo de estudante e a quem abandona com um filho seu que não reconhece, lançando-a conseqüentemente na prostituição. Magnânimo e sempre conivente, Zagalo comenta que Abranhos recusou,

> com indignação, a esmola que ela lhe mandara pedir, temendo que os poucos mil-réis que lhe poderia remeter, fossem, porventura, contribuir para enfeitar e arrebicar uma nova sacerdotisa da Vénus das vielas. Tanto a esta alma severa e forte repugnavam as moles condescendências e as vãs piedades! (p. 324)

Entre outras manobras de Abranhos, Zagalo relata a habilidade com que o conde aproveita as oportunidades e agrega-se a jornalistas influentes e a políticos da situação, abandonando-os quando, espertamente, percebe que seus oponentes podem garantir-lhe maiores sucessos e benefícios.

Parece enfim realmente possível discutir com Fernando Pessoa a questão da ironia em Eça de Queirós a partir de *O conde de Abranhos*: o secretário "real" do conde é um biógrafo ingênuo, um simples escrevente, monológico e pragmático, que usa a escrita como uma atividade transitiva e interessada, sem perceber, em sua leitura equivocada e em seu relato ingênuo, que sua personagem mentiu, trapaceou, fingiu e bajulou para chegar ao poder. Ao colocar em cena esse narrador ingênuo, leitor preocupado com os documentos e com a repetição, o autor mostra que seu partido é de oposição e revela-se um verdadeiro escritor, atento não só aos ditos e aos documentos, mas aos entreditos e subentendidos do discurso. Mostra, desse modo, sua habilidade para perceber as violações dos interditos e deslindar as múltiplas vozes que encantam e adormecem incautos fechados em seu mundo pequeno e estreito, interesseiro e atrasado. Ardiloso e melhor jogador, o irônico autor usa armas e argumentos do adversário, pois denuncia sem denunciar, através dos artifícios de um especialista malicioso e hábil no manejo da língua e do discurso e realmente capaz de dividir-se em dois – um que diz sim e outro que diz não. Confiante na capacidade de seu leitor extradiegético de perceber que é impossível o texto dizer o que diz, sendo portanto irônico, Eça de Queirós apresenta com a sua novela uma lição artística à sociedade que pretende transformar.

Resposta a Machado de Assis

Para discutir com o criador de D. Casmurro e tentar mostrar a habilidade com que Eça de Queirós usa uma ironia sutil em sua literatura, tomo inicialmente dois textos teóricos de Eça, "A afirmação do realismo como nova expressão de arte", título de sua conferência no Casino Lisbonense, a 12 de junho de 1871, e o "Prefácio dos 'azulejos' do Conde de Arnoso", cuja data é curiosamente a mesma, 12 de junho, só que quinze anos depois (Queiroz, 19--, p. 1431-1443).

No primeiro texto, Eça preconiza a necessidade do realismo na arte, para que a manifestação artística possa servir à revolução e cumprir o seu fim moral de corrigir e ensinar, propiciando a justiça e ligando-se aos movimentos sociais e à realidade de seu tempo. Para isso deveria a literatura falar da realidade contemporânea e não da apoteose do sentimento, como o romantismo. Deveria ainda ter o ideal moderno de justiça e de verdade, para atingir o seu objetivo de regenerar os costumes. Como acentuou mais tarde João Gaspar Simões, Eça conciliava, nessa conferência, a teoria determinista de Taine sobre a influência do meio e do momento histórico na criação artística, com o princípio moral preconizado por Proudhon, para quem a arte devia ser útil, tendo o artista um papel social (Simões, 1980, p. 293-309).

No segundo texto, o "Prefácio dos 'azulejos' do Conde de Arnoso", Eça acentua a importância dessa função conciliadora da arte, chamando a atenção para o papel fundamental do "como" fazer arte: o que elogia nos contos de Bernardo, o amigo conde, é a sua "maneira de pintar a verdade, levemente esbatida na névoa dourada e trémula da fantasia, satisfazendo a necessidade de idealismo que todos temos nativamente, e ao mesmo tempo a seca curiosidade do real que nos deram as nossas educações positivas" (19--, v. II, p. 1438).

O que parece estar em causa, de certa forma, nos dois textos, é a função da arte como criadora de uma "ilusão de real", conciliando simbolicamente a imaginação e a realidade, organizada não em relação direta com o real, mas a partir de uma observação indireta, isto é, do registro de um olhar sobre esse real. A convicção de que a obra literária deve ter uma lógica interna, leis próprias, acentua-se cada vez mais no decorrer de sua obra, como mostra o romance *A ilustre casa de Ramires*. A problemática percepção/expressão da "ilusão de real" terá sido assim a base sobre a qual construiu Eça de Queirós o seu ideal de justiça e de verdade, e sobre essa base teria ele tentado cumprir o objetivo de regenerar os costumes através da arte, que realizaria assim o seu papel social.

Nos referidos textos, Eça não fala de sua observação da sociedade ou da política de seu tempo, mas de seu olhar sobre obras de arte pictórica e de textos literários que tratam desses assuntos, desde a Idade Média. Refere-se à arte grega, à medieval; menciona Rabelais, Beaumarchais, Chateaubriand, Musset e Flaubert; Voltaire e Zola acompanham Cícero, Aristóteles e Horácio; Verlaine e Boileau são apresentados como leitores de Tácito e Catulo. Eça mostra ainda a superioridade de artistas como Aristófanes e Ésquilo, muito mais capazes de fazer a eternidade de um povo que heróis como Leônidas ou Péricles: "A Arte é tudo porque só ela tem a duração – e tudo o resto é nada!" (19--, v. II, p. 1440).

O tão propalado realismo não consistiria, simplesmente, para o nosso autor, numa tentativa de reprodução da realidade (em que se incluiriam histórias de heróis), pois a sua função moral seria a de contribuir para a elevação social a partir da consciência avançada de que a realidade não existe, o que existe são perspectivas sobre o real. Assumindo a sua visão "realista", que entreteceria "ilusões de realidade", o autor poderia então mostrar ironicamente, isto é, sem falar explicitamente dela, a alienação da sociedade, através de pontos de vista defeituosos ou deturpados, mas encobertos pelo véu da fantasia.

Compreende-se melhor assim o olhar oblíquo e dissimulado com que Eça observa o seu tempo e constrói suas personagens, cujo principal problema é não saberem distinguir entre realidade e ilusão. Luísa, de *O primo Basílio*, alienadamente envolvida com suas leituras românticas, não percebe o fingimento do amante, cujo "amor" consistiria apenas de um passageiro interesse sexual. O engano de Luísa assemelha-se ao de Zagalo, o secretário do conde de Abranhos, que se torna ridículo porque parece ver positivamente a atuação política interesseira do conde, assim como a sua vida familiar degradada e preocupada apenas com as aparências. Como Zagalo, que só vê o que lhe interessa no conde, Luísa vê em Basílio apenas o que lhe estimula a sensualidade, o que tem como conseqüência a sua prisão nas mãos da esperta Juliana, uma leitora sagaz e maliciosa, mas embaraçada nas malhas de sua condição social.

A ironia do realista Eça de Queirós não poderia ser romântica como a de Camilo Castelo Branco, que a cada passo interrompia a narrativa para fazer contato direto com o leitor intra ou extradiegético, introduzindo no texto a sua voz. Afirmando a verdade, Camilo mostrava a artificialidade da narrativa, cujo processo de construção era exibido diante do narratário. Essa diferença explica, de modo geral, por que a ironia realista camufla a presença do autor, que aparentemente ignora o seu leitor. Apenas o receptor especialmente atento poderá perceber as piscadelas irônicas que lhe dirige o autor, especialmente através de incongruências que assinalam leituras defeituosas de personagens imersas no auto-engano.

São muitas as personagens através das quais Eça tece esse realismo, mostrando como vêem, ou melhor, não vêem a nudez forte da verdade envolta no manto diáfano da fantasia: o que já se disse sobre Luísa poderia ser dito também, por exemplo, da Ludovina, de *Alves & Cia*; no mesmo sentido, poder-se-ia focalizar, n'*O primo Basílio*, o amor platônico e a devotada dedicação do amigo Sebastião, de que Luísa nem se dá conta, ou a ausência virtual de Jorge, que não vê a insatisfação da esposa, ou a ilusão com que D. Felicidade alimenta a sua paixão pela calva luzidia do indiferente Conselheiro Acácio. Através de Luísa, de Jorge ou D. Felicidade, leitores despreparados, o autor pretende educar os leitores extradiegéticos, ao chamar-lhes a atenção para o véu de ilusão que camufla, diante de seus olhos, a realidade.

Também em seus contos, Eça de Queirós coloca essa problemática da importância do véu da fantasia na construção da arte: parece por isso elogiar Elisa, de "José Matias", que sabe conciliar amores físicos e platônicos, aliando a paixão do amante de bigodes encerados à corte de um enamorado que a adora de longe e se oferece constantemente ao seu olhar, mas não ousa aproximar-se para contatos físicos. Critica, por outro lado, a visão romântica de Macário, de "Singularidades de uma rapariga loira" que, numa percepção idealizada daquela rapariga quase sem voz e sem ação, não percebe os sinais negativos da personalidade da noiva.

Outras obras queirosianas denunciam tal incapacidade. N'*O crime do padre Amaro*, por exemplo, poder-se-ia falar da miopia com que Amélia vê Amaro, bem como do interesse fechado em si mesmo com que a São Joaneira não percebe os perigos que cria para a própria filha com a educação que lhe dá e com a situação doméstica em que a coloca. Poder-se-ia falar também do olhar incompetente, provocador de admiração babosa, com que as beatas mimam o padre Amaro e aumentam os riscos de desvios de sua função sacerdotal; da falta de discernimento de João Eduardo que, levado pelo ciúme, denuncia os padres e acaba por empurrar Amélia para os braços do sedutor sacerdote, cavando ele mesmo a sepultura de seus projetos de casamento com a filha da São Joaneira. Trata-se de leituras defeituosas, com resultados negativos, de verdades não percebidas sob o véu da fantasia, a que se poderia contrapor o aprendizado de Amaro: mal orientado pelas circunstâncias que lhe definiram o caráter na educação familiar, no seminário e na convivência com os padres de Leiria, aprende ele a ler nas vicissitudes da vida e cinicamente passa a confessar apenas as casadas, de forma a evitar problemas como os advindos de seu relacionamento com Amélia.

Desse modo, transfere para outros a sua miopia, adaptando-se então à hipocrisia da sociedade, que é, dessa forma irônica, mais eficazmente criticada.

Outro que aprende a lição é Basílio. Lamentando a morte de Luísa, conclui, depois de receber a reprimenda do visconde Reinaldo, que lhe mostra ter Luísa sido "um trambolho" que "não tinha espírito, não tinha toilette": "Para um ou dois meses que eu estivesse em Lisboa... (...) – Que ferro! Podia ter trazido a Alphonsine!" (Queiroz, 19--, p. 1173). Realisticamente, aprende Basílio que precisaria no futuro de cuidar melhor das escolhas, para ter mulheres com melhor capacidade de representação e de fingimento, evitando a doença e a morte e mantendo a disponibilidade para o prazer. Eça mostra assim, ironicamente, que nessa sociedade vencem tipos como os de Basílio, Amaro ou do conde de Abranhos, vitoriosos porque sabem camuflar a realidade, aos olhos dos outros, com o necessário manto de fantasia.

O mesmo poder-se-ia dizer de Teodorico, de *A relíquia*, que parece muito esperto, mas é, na realidade, ingênuo e alienado, fraco e dependente. Acaba como um perdedor, por não ter percebido a tempo que, para vencer naquela sociedade hipócrita, naquele meio dominado por uma Titi que representava constantemente, disfarçando com uma religiosidade aparente e uma falsa moral as suas frustrações de mulher insatisfeita, ele teria de ser ainda mais hipócrita que todos os seus rivais do clero, desejosos de que a fortuna da velha solteirona lhes proporcionasse uma boa vida também depois da sua morte. Teria de aprender a apresentar a realidade aos outros de forma camuflada e ilusória, apurando a própria capacidade irônica de fazer crer numa representação infiel ao objeto representado.

Em todas essas obras Eça constrói, de modo geral, personagens cuja imaginação desvirtua a realidade, impedindo sua correta percepção. Isso acontece de forma ainda mais elaborada em *A ilustre casa de Ramires*, em que Gonçalo Mendes Ramires percebe tardiamente a visão que outros têm dele: se o valentão das Narcejas o vê como fraco e covarde, os habitantes da região o veneram e maciçamente o elegem para o cargo de deputado. Além disso, a leitura da novela histórica reescrita pela personagem revela a inversão (proposital?) da história de Trutesindo Mendes Ramires: se este é declaradamente o herói que castiga o Bastardo por ousar desejar-lhe a filha e matar-lhe o filho, o Bastardo, reiteradamente chamado de o Claro Sol, é pintado com as cores douradas do herói mítico em que Gonçalo o transforma: tudo depende do ponto de vista, sempre múltiplo...

Em estudo recentemente publicado sobre esse romance, Antonio Candido afirma que "há n'*A ilustre casa* um importante segmento do enredo que é latente e produz efeitos sem aparecer na superfície do relato" (Candido, 2000, p. 23). O crítico se refere à cena que Gonçalo não vê (percebe-a apenas pela audição), de Gracinha e Cavaleiro no pavilhão do jardim, de onde saem "murmúrios de súplica e hesitação". Antonio Candido chama de enredo latente esses elementos implícitos que impulsionam a narrativa e que talvez possam ser vistos, mais uma vez, como a reprodução da realidade através de um filtro fantasista e ilusório – ou pelo menos não realista – criador de uma "ilusão de real" entretanto fundamental para o desenvolvimento da narrativa e a construção da arte.

Se a preocupação confessa de Eça de Queirós com o realismo provoca dificuldades na sua comunicação com os leitores, o que parece ter acontecido até mesmo com críticos notáveis como Fernando Pessoa e Machado de Assis, talvez seja porque sua afirmação de que o realismo "é a análise com o fito na verdade absoluta", feita durante sua conferência no Casino Lisbonense, leva a ignorar outras frases do autor, como "A arte é tudo porque só ela tem a duração" ou "A arte poetiza singularmente a existência". Tais afirmações mostram a importância dada pelo autor à "ilusão do real", que parece envolver questões de leitura presentes em seus textos. Quando falava do "realismo como nova expressão de arte", arte que seria "a única esperança que nos resta de não morrermos absolutamente como as couves" (Queiroz, 19--, v. III, p. 1173), Eça não se referia certamente a uma reprodução direta do real, mas a algo semelhante à leveza de que falaria depois Calvino e que se resumiria não na recusa dos monstros ou das deturpações que lhe cabia representar, mas na construção de uma arte capaz de reproduzir indireta e ironicamente a realidade, cobrindo, como disse o próprio Eça, com o manto diáfano da fantasia, a nudez forte da verdade.

Publicado na *Revista da Academia Lusíada de Ciências, Letras e Artes*. São Paulo, n. 16, p. 56-76, 2001.

Referências

BARTHES, Roland. *Le plaisir du texte*. Paris: Seuil, 1973.

CANDIDO, Antonio. Ironia e latência. In: BERRINI, Beatriz (Org.). *Eça de Queiroz; A ilustre casa de Ramires*: cem anos. São Paulo: Educ/Fapesp, 2000. p. 17-26.

DUARTE, Lélia Parreira. A refinada ironia de Eça em *A ilustre casa de Ramires*. In: *150 anos com Eça de Queiroz*. São Paulo: Centro de Estudos Portugueses da Universidade de São Paulo, 1997. p. 291-297.

FERRAZ, Maria de Lourdes. Eça de Queiroz: romantismo e ironia realista. *Actas* do Segundo Congresso da Associação Internacional de Lusitanistas. Coimbra, 1991. p. 47-61.

———. Visibilidade e arte em Eça de Queiroz. *Scripta*. Belo Horizonte, PUC Minas, v. 4, n. 8, p. 185-193, 1º sem. 2001.

FINLAY, Marike. *The romantic irony of semiotics*: Friedrich Schlegel and the crisis of representation. Berlin: Mouton de Gruyter, 1988.

GONÇALVES, Artur Henrique Ribeiro. O Conde de Abranhos, apontamentos biográficos e reminiscências íntimas, por Z. Zagalo, seu secretário particular – de Eça de Queiroz, ou a biografia "apicarada" de um ministro do liberalismo. In: HATHERLY, Ana & LOPES, Silvina Rodrigues (Orgs.). *Os sentidos e o sentido*: homenageando Jacinto do Prado Coelho. Lisboa: Cosmos, 1997. p. 331-340.

LAUSBERG, Heinrich. *Elementos de retórica literária*. 2. ed. Tradução, prefácio e aditamentos de R. M. Rosado Fernandes. Lisboa: Fundação Calouste Gulbenkian, 1972.

LEPECKI, Maria Lúcia. *Eça na ambigüidade*. Fundão: Jornal do Fundão, 1974.

MATOS, A. Campos. Conferências do Casino. In: *Dicionário de Eça de Queiroz*. 2. ed. Lisboa: Caminho, 1993. p. 172-180.

PESSOA, Fernando. O provincianismo português. In: *Obras em prosa*. Rio de Janeiro: Aguilar, 1974. p. 137-139.

QUEIRÓS, Eça de. A literatura nova (o realismo como nova expressão da arte). In: RIBEIRO, Maria Aparecida. *História crítica da literatura portuguesa*. v. VI. Lisboa: Verbo, 1993. p. 92-95.

QUEIROZ, Eça de. *Alves & Cia*. Rio de Janeiro: Imago, 1994.

———. A ilustre casa de Ramires. In: *Obras de Eça de Queiroz*. Porto: Lello & Irmão, 19--. v. I, p. 1177-1429.

QUEIROZ, Eça de. A relíquia. In: *Obras de Eça de Queiroz*. Porto: Lello & Irmão, 19--. v. I, p. 1489-1675.

———. Contos. In: *Obras de Eça de Queiroz*. Porto: Lello & Irmão, 19--. v. I, p. 701-863.

———. O conde de Abranhos. In: *Obras de Eça de Queiroz*. Porto: Lello & Irmão, 19--. v. II, p. 287-405.

———. O primo Basílio. In: *Obras de Eça de Queiroz*. Porto: Lello & Irmão, 19--. v. I, p. 865-1173.

———. O crime do padre Amaro. In: *Obras de Eça de Queiroz*. Porto: Lello & Irmão, 19--. v. I, p. 29-369.

———. Prefácio dos azulejos do Conde de Arnoso. In: Notas contemporâneas. *Obras de Eça de Queiroz*. Porto: Lello & Irmão, [19--], v. II, p. 1431-1443.

QUENTAL, Antero de. Causas da decadência dos povos peninsulares. In: RIBEIRO, Maria Aparecida. *História crítica da literatura portuguesa*. v. VI. Lisboa: Verbo, 1993. p. 806-809.

REIS, Carlos. Homodiegese: do Conde de Abranhos a *Cidade e as serras*. In: *Estatuto e perspectivas do narrador na ficção de Eça de Queirós*. 2. ed. Coimbra: Almedina, 1981. p. 211-245.

REIS, Carlos. (Dir.) *Queirosiana*: estudos sobre Eça de Queirós e sua geração. Coimbra, n. 3, dez. 1992.

RIBEIRO, Maria Aparecida. *História crítica da literatura portuguesa*: realismo e naturalismo. Lisboa: Verbo, 1994.

SIMÕES, João Gaspar. *Vida e obra de Eça de Queiroz*. 3. ed. Lisboa: Bertrand, 1980.

Alves & Cia., de Eça de Queirós e *Amor & Cia.*, de Helvécio Ratton

Em *O prazer do texto*, Roland Barthes estabelece uma interessante distinção entre texto de prazer e texto de gozo: o texto de prazer vem da recepção instintiva, do (re)conhecimento daquilo que integra o modelo, de uma assimilação passiva do que o texto oferece. Quando a sua recepção apresenta diferenças, atualizações de uma inteligência criadora, num modelo (re)conhecido, transforma-se, segundo Barthes, em texto de gozo. Gozo que decorre de convergência da sensação com a inteligência e sucede à percepção de que o texto resulta de uma recriação atualizadora. O gozo será portanto resultado de uma percepção mais abrangente do que aquela que causa o prazer, pois terá a capacidade de prolongar-se no tempo. Só poderá obtê-lo quem for capaz de encontrar no objeto o que está além de sua epiderme, quem não se satisfizer com a emoção agradável, quem fizer atuar a inteligência, tornando a percepção um ato válido de aprendizagem. Em outras palavras, quem for capaz de fazer um descentramento para atualizar e recriar, fazendo cumprir a dupla função da arte, que não se satisfaz em mimetizar para moralizar, pois, além de divertir, envolve o receptor para fazê-lo pensar. E para esse processo serão sempre muito úteis a ironia e o humor.

A ironia e o humor, usados com grande eficácia na arte literária, parentes ambos da retórica, fundamentados no dizer algo sem dizê-lo e na valorização de um receptor capaz de perceber que não se diz (apenas) o que se diz, distanciam-se, entretanto, a partir de seus objetivos finais. Enquanto a ironia baseia-se em jogos de enganos, tem geralmente objetivos pragmáticos e pretende afirmar ou recuperar verdades, o humor brinca com os significantes e desvela os artifícios do ser humano para se fazer valer, exibindo máscaras e fingimentos. O humor tem portanto maior alcance, pois mostra que o ser humano é frágil e risível no seu apego aos significados preestabelecidos. Preocupa-se o humor com a manipulação lúdica dos significantes e a reduplicação do fingimento.

Essas reflexões vêm a propósito da recriação cinematográfica feita por Helvécio Ratton do irônico romance de Eça de Queirós, *Alves & Cia*. O filme não se limita a imitar ou a transpor para uma outra linguagem – para um outro código semiótico (ou outros, considerando-se a belíssima trilha musical de Tavinho Moura) –, o texto do autor que transformou e enriqueceu a literatura portuguesa. Ratton deu ainda mais flexibilidade e graça ao texto eciano, acrescentando-lhe o gozo ao prazer, o humor à ironia, através de maior elaboração dos elementos irônicos. Como se sabe, embora de forma mais leve em *Alves & Cia.*, a intenção de Eça era "dar um choque ao enorme porco adormecido", despertá-lo para que percebesse os desvios de seus costumes e assim visse a necessidade de voltar ao respeito das normas sociais, para recuperar a dignidade do ser humano. Helvécio Ratton reelabora com mais leveza e humor os significantes trabalhados por Eça, valorizando ainda mais em seu filme o ser humano e fazendo ressaltar a arte e o ludismo de seu trabalho de recriação.

Ratton reconstitui uma história quase contemporânea das personagens originais, embora válida também para os dias de hoje. Porque tanto nos tempos portugueses do Godofredo Alves, do Machado e da Ludovina, quanto no São João del Rei mineiro do século XIX, ou no Brasil (ou em Portugal) dos dias de hoje, temos a mesma problemática social, o mesmo desejo de receber amor e fidelidade, a mesma ânsia de enganar para ser superior, o mesmo medo da morte e do engano e a mesma dupla possibilidade: tratar os problemas a partir de uma ironia moralizadora ou com um olhar malicioso e complacente que aceita como naturais os desvios, rindo levemente deles, com uma construção distanciada e cheia de humor. Sendo esta capaz de entretecer as diferentes perspectivas que possibilitam a ambigüidade e as diferentes leituras de um acontecimento, bem como de fazer ver que as coisas mudam com a diferença de ponto de vista: Godofredo tem sorrisos deliciados para as aventuras de Machado, sentindo-se entretanto incomodado pelo riso alheio quando passa a ser ele, supostamente, o marido traído.

Fiel à obra de Eça, o filme de Helvécio Ratton mostra a permanência do romance e a sua universalidade. Repete e renova a sátira social do autor de *Os Maias*, mantendo o contraponto romântico com que Eça constrói o seu realismo. Realismo que não pretende, em casmurra seriedade, fazer a anatomia do caráter e a crítica do homem, o que o próprio Eça propusera em seus tempos combativos do Cenáculo e das Conferências Democráticas do Casino Lisbonense. Mas que acrescenta a essa fase combativa inicial a percepção de que o ser humano tem motivações internas capazes de determinar a sua reação diante da realidade. Quase antecipando as modernas teorias que vêem o ser humano como caracterizado pela falta, Eça parece compreender as inseguranças, os medos, a necessidade de atenção e o desejo do olhar do outro que, de modo geral, determinam o comportamento de suas personagens. E brinca com isso, especialmente mostrando que uma mesma realidade pode ser interpretada de várias maneiras, estando o componente subjetivo sempre presente na base da interpretação dos fatos. Isso provoca por vezes incongruências e paradoxos em situações que fazem rir, especialmente quando se contrapõem à sisudez apontada pelo autor em "A decadência do riso", texto inserido em suas *Notas contemporâneas*.

O humor em *Alves & Cia.* certamente tem como objetivo recuperar e fazer crescer esse riso. Eça não se propõe apenas a dar lições, como sacerdote ou salvador, mas abre caminhos para o gozo e o enriquecimento trazidos pelo humor. Humor de quem não questiona o que narra nem a autoridade de um autor que se pressupõe capaz de ver e fazer ver a verdade. Mas que tem a perspicácia e a sensibilidade de mostrar que a verdade/realidade depende da perspectiva.

No caso do romance de Eça, a primeira dessas perspectivas é a que faz e propicia uma leitura dramática, com sua carga de inaceitabilidade dos fatos, feita pela personagem Godofredo Alves: leitura que decorre do posicionamento social da personagem, que se julga credor de respeitabilidade e vê-se na obrigação de defender sua honra ofendida de autoridade, marido e chefe de família. Leitura que paradoxalmente decorreria também de sua lamentável situação de coração apaixonado, dependente, indefeso e desamparado. Godofredo Alves parece-se muito com o Jorge, de *O primo Basílio*, e com o Gonçalo, de *A ilustre casa de Ramires*. Mas, enquanto o ar desamparado destes vê comprovada a traição da esposa ou da irmã e/ou do amigo, o Alves não pode suspeitar do adultério de Ludovina e da traição do amigo senão pela rápida cena entrevista e pelas cartas da esposa. Cartas que Ratton criativamente deixa sem vocativo, sugerindo-se posteriormente serem elas copiadas de romances contemporâneos. Assim, se neste romance Eça é menos dramático, valendo-se do lúdico, da ambigüidade e de uma linguagem irônica que mais parece uma cortina de fumaça a tirar nitidez de contornos como no simbolismo, Ratton, um bom recriador, acentua esses artifícios do romance. E sabe marcar muito bem o desamparo de Alves, que também na sua mão é um bom comerciante, mas não sabe gerir o tempo nem dar corda no relógio. Nem pode ser bem alimentado, pois não tem quem lhe aqueça bem o ovo, a cama ou as noites vazias.

A segunda leitura difere da de Godofredo: vê a situação quase como cômica e é feita pelos amigos que não querem ter problemas e para quem importa menos o desgosto do Alves que a própria comodidade. Uma de suas variantes é a de Neto, pai de Ludovina, que espertamente consegue tirar partido da situação. A essas leituras que resultam em ações, Helvécio Ratton acrescenta a do farmacêutico, para quem tudo aquilo é ridículo. Porque entende, matreiramente, quem é o traído da história contada por Godofredo, ao vê-lo no cliente de costelas machucadas que a conta, e a quem sugere o duelo, rindo disfarçadamente quando vê o cliente apavorado com as trágicas perspectivas que lhe pinta.

Outra leitura acrescentada no filme é a da personagem que aponta as leituras românticas das mulheres como responsáveis pela insatisfação decorrente do desencontro entre fantasia e realidade. Esse acréscimo parece funcionar para esclarecer ao leitor de hoje a perspectiva de um escritor que criticava as leituras de prazer alienante em que passavam o tempo as mulheres de uma classe que ascendera socialmente e nisso se refestelava. Segundo essa última leitura, Ludovina repetiria a sogra, leitora inveterada que retirara para o filho, de um livro, o nome infeliz de Godofredo. Repetiria também Luísa, de *O primo Basílio*, que se espelhara na Madame Bovary, de Flaubert. Todas elas vítimas da ociosidade e das leituras românticas causadoras de insatisfação. As cartas de Ludovina – que em *Amor e Cia.* não têm destinatário definido – reescreveriam suas leituras românticas e funcionariam como encaixes narrativos na enunciação da história.

Amor & Cia. reelabora e acentua a modernidade do romance de Eça, pois não se constrói com uma ironia pedagógica e moralizante, mas com um humor leve e lúdico, que leva em conta os desejos, a insegurança e a fragilidade do ser humano e, ao mesmo tempo, a sua ânsia de dominar o outro e o mundo. E o consegue, especialmente porque ressalta ambigüidades que alertam o receptor para o engano em que se envolvem personagens/leitores ingênuos, que confiam num mundo supostamente correspondente aos seus desejos.

É com maestria, por exemplo, que Eça nos faz observar o duplo engano de Godofredo Alves: inicialmente, porque vê pouco e prepara romanticamente o quarto aniversário de casamento, enquanto sua mulher enlanguesce nos braços de seu sócio. Em segundo lugar, porque vê demais e leva sua interpretação dos fatos a extremos, julgando-se por isso obrigado, diante da sociedade, a adotar soluções violentas, como a do suicídio, dada a falta de coragem para o duelo.

Os novos achados de *Amor & Cia.* não se restringem a acrescentar leitores e leituras a *Alves & Cia.* À trama do romance acrescentam-se dúvidas relativas à traição de Ludovina, que se sugere ser mais uma vítima passiva de um sedutor e de suas próprias leituras. E também cenas como a tentativa de arrombamento do quarto de Ludovina, que tem como conseqüência a necessidade de visita ao farmacêutico e a conversa sobre duelos e morte, mais presente no filme que no livro. Vejam-se os sonhos de Godofredo e a tentativa de suicídio de Ludovina. O romance fala de cólera, o filme mostra-a, em cenas deliciosas como essa do arrombamento da porta e a da tentativa de rasgar a fronha para retirar o monograma que enlaça, na cama, os dois nomes. Coloca-se em dúvida no filme o ar de sólida prosperidade que fazia Alves tão respeitado na vizinhança: no livro ele lê as cartas sozinho, dentro de casa, escondendo de olhares curiosos o seu sofrimento. No filme a personagem anda pelas ruas, enlouquecido, lendo em voz alta as declarações de sua mulher para o outro. Outra cena interessante acrescentada é aquela em que Ludovina vai vender a pulseira recebida do marido, criando-se oportunidade para Alves segui-la até a igreja e também para o batizado da criança e a renovação do presente, que funciona simbolicamente como nova aliança de casamento.

O filme utiliza eficazes metáforas relativas ao tempo, as quais ajudam a compreensão do espectador: a barba do Alves, o relógio parado e o ponto errado do ovo quente. São metáforas que trabalham a falta que faz Ludovina à organização da vida de marido, acrescentando o gozo ao prazer da leitura, porque partem de uma recriação atualizadora que confia na capacidade de percepção do espectador.

Assim, é com maestria que Helvécio Ratton e sua equipe recriam *Alves & Cia*, escolhido não por ser o melhor romance de Eça, mas certamente um dos mais "cinematográficos", juntamente com "Singularidades de uma rapariga loira" ou "José Matias", cujos personagens lidam, aliás, com a mesma necessidade do olhar do outro e a mesma ingenuidade. Que lhes dão a certeza de ler corretamente a realidade, ao mesmo tempo em que exibem ao leitor extradiegético a trama de enganos em que se enredam, em textos irônicos sempre marcados pela ambigüidade.

Helvécio Ratton produz *Amor & Cia.* com outra linguagem e outro código, realizando um filme saboroso, que não se esgota como objeto de prazer, mas é também um texto de humor e de gozo sobre o orgulho e a fragilidade do ser humano. O filme utiliza um elemento que funcionaria como atualizador do texto: a criança, que o espectador não chega a saber se é realmente filha de Ludovina e de Godofredo, pois a conversa dos dois a respeito disso deixa atrás da porta fechada ouvintes indiscretos. Criança que ficaria incomodamente colocada num texto de Eça, em que a preocupação em denunciar a hipocrisia reinante no casamento burguês focalizava crianças resultantes de uniões legítimas ou adulterinas, lidando com esses frutos, porém, em sua idade adulta.

Essa criança permite a Helvécio Ratton um final feliz para o seu filme, terminado com um tom de esperança que não exclui o humor, mas ensina a tentar combinar esperteza e generosidade para que se possa esperar um mundo melhor. Ou então aperfeiçoa a percepção eciana da lógica burguesa, acrescentando um filho/herdeiro a uma lucrativa transação comercial, em que é preciso usar bem a prudência para saber quando é necessário conformar-se em perder (veja-se o pagamento da multa contratual das mercadorias que não chegaram). Pois o Godofredo de Ratton, ainda mais que o de Eça, sabe ceder e usar o humor para ultrapassar o prazer e chegar ao gozo, alcançando assim, afinal, como bom comerciante, um lucro maior.

Publicado em Margato, Izabel (Org.). *Cleonice Berardinelli*: figuras da lusofonia. Lisboa: Instituto Camões, 2002. p. 102-108.

Referências

BARTHES, Roland. *Le plaisir du texte*. Paris: Seuil, 1973.

LEPECKI, Maria Lúcia. *Eça na ambigüidade*. Fundão: Jornal do Fundão, 1974.

QUEIROZ, Eça de. *Alves & Cia*. Rio de Janeiro: Imago, 1994.

REIS, Carlos (Dir.). *Queirosiana*: estudos sobre Eça de Queirós e sua geração. Coimbra, n. 3, dez. 1992.

RIBEIRO, Maria Aparecida. *História crítica da literatura portuguesa*. Lisboa: Verbo, 1993.

Mário de Sá-Carneiro

A confissão de Lúcio e a ironia romântica

Ao se analisar *A confissão de Lúcio*, de Mário de Sá-Carneiro, com a intenção de demonstrar os componentes de ironia romântica ali presentes, cabe lembrar inicialmente o movimento literário de que participa o poeta, juntamente com Fernando Pessoa, o que leva a uma reflexão sobre a ironia e suas relações com a literatura, especialmente na época do modernismo português. Após a introdução, procura-se apontar a irônica consciência do fazer literário que essa obra de Sá-Carneiro revela, isto é, os elementos de ironia romântica aí contidos.

Como se sabe, o autor de *Dispersão* foi um dos mais ativos participantes do Orpheu, grupo que buscou acompanhar os movimentos artísticos e literários vigentes na época em outros pontos da Europa, tendo publicado a revista de mesmo nome. Foram seus diretores Sá-Carneiro e Fernando Pessoa, a partir do segundo número do periódico, na realidade o último publicado. *Orpheu*, a revista do grupo, pretendia – ou dizia pretender – apenas uma classificação de revista literária marcada por elevado nível artístico, que conjugasse o desejo de brilhos inéditos com a consciência da necessidade de qualidade intrínseca da obra literária. Essa mistura se dirigia a um público de quem se esperava compreensão dessa paixão modernista. Não havia muita convicção, entretanto, de que essa compreensão pudesse existir. Por isso, como afirma Maria Aliete Galhoz, a proposta levou os novos autores ao desafio de uma originalidade espetacular e mergulhou-os no entusiasmo deliciado de escandalizar o respeitável e "lepidóptero burguês" (Galhoz, 1971, p. XIII), prazer comum nessa geração marcada pelas tendências futuristas que pretendiam usar uma linguagem extrema e estranha, questionadora dos valores burgueses.

Atônita com a novidade e provavelmente influenciada pelos autores consagrados do momento, que ostentavam superior ignorância dessa geração nova que lhe voltava as costas, a opinião pública repeliu, por instintiva defesa, aquilo que lhe quebrava a linha tradicional de entendimento e lhe exigia participação ativa. Essa expectativa de participação destoava da tranqüilizadora visão estética vigente na época, para a qual o leitor teria apenas um papel passivo, de acordo com o "marasmo do conservadorismo português da época" (Berardinelli, 1965, p. 7). A produção afirmada e insólita de *Orpheu*, aliada a prevenções e malentendidos, recebeu o repúdio dos leitores, que, sem se aprofundarem no seu conhecimento, associaram-na à loucura e ao desvario, num sobressalto disfarçado de riso. Ou então entenderam a revista como atuação política, tendo sido Sá-Carneiro o colaborador mais castigado pela opinião pública, por suas tentativas interseccionistas e futuristas.

A primeira crítica publicada sobre *Orpheu* apareceu no periódico *A capital* e foi responsável pelo espaço que a nova revista recebeu na imprensa, mas também pelo tom negativo e censório dessa crítica, que viu na publicação apenas a intenção de escandalizar e, nos seus organizadores e participantes, "rilhafolescos" "doidos com juízo". O resultado foi que somente muitos anos mais tarde começou-se a ver que os textos de *Orpheu* eram razoáveis – no sentido de aceitáveis pela razão –, e que a sua orgânica era de equilíbrio, isto é, de coerência entre condições prévias, vontade e texto. Embora projetada como arte independente, tendo como princípio a falta de princípios, *Orpheu* exigia coerência interna das obras que publicava. Valorizava os significantes utilizados e a sua organização, a sua construção textual. Na verdade, toda a "atitude" criticada nos integrantes do grupo derivava principalmente de sua preocupação confessa de não fazer senão arte, o que foi, segundo Maria Aliete Galhoz, o princípio da sua coesão como projeto (Galhoz, 1971, p. XLIX).

Em suas *Páginas íntimas e de auto-interpretação*, Fernando Pessoa explica por que essa nova geração negou sempre a suas obras qualquer objetivo que extrapolasse o campo artístico, em si considerado. A necessidade de trabalhar conscientemente a criação seria, aliás, uma das bases de *Orpheu*. Disse o autor dos heterônimos: "A arte é supremamente construção (...) tem o dever de se tornar cada vez mais consciente (...); é o uso da sensibilidade e não a própria sensibilidade, que vale em arte" (Pessoa, 1966, p. 212 e 187).

Essa arte que quer ver reconhecido o seu estatuto de arte, que usa a emoção mas ao mesmo tempo dela se distancia, em busca de elaborá-la conscientemente, não era então coisa nova em literatura. Especificamente no romantismo alemão essa preocupação apresentou-se como característica de uma criação que se queria reconhecida como arte, o que significava, no dizer de André Bourgeois, marcar-se como o lugar ideal do encontro do tudo e do nada, do verdadeiro e do falso, do eterno e do efêmero (Bourgeois, 1974). Sintetizar essas contradições, preocupação que seria também a do futurismo, indicava oscilação constante entre subjetividade e objetividade e marcava distância entre autor e obra, pela instalação de uma parábase permanente, movimento em que era fundamental o papel da ironia.

Schlegel, o principal teórico da ironia romântica alemã, afirmava: "Quanto mais a poesia é ciência, mais ela se torna arte" (Bourgeois, 1974, p. 17). O distanciamento e a lucidez irônicos eram assim fatores de autonomia dessa arte que queria ser vista como arte, como realidade própria, como produção e não como representação de outra coisa exterior a si mesma. Desse modo, a arte seria uma realização artificial que se confessa artificial e que indica, na tessitura de seu texto, os artifícios utilizados em sua construção.

A ironia romântica valoriza o fingimento e por isso é combatida por Hegel, para quem a arte seria sempre exclusivamente mimética e assim teria um conteúdo verdadeiro e ético. Adorno concorda com os românticos alemães e reforça a idéia de autonomia da arte, que não teria de representar algo exterior a si mesma: "presentar-se" deveria ser a sua única preocupação. Outra base da ironia romântica seria aquela ironia que os autores chamam filosófica ou de segundo grau, decorrente do reconhecimento de que vivemos num vácuo (in)significante, onde tudo é relativo. Baseia-se na contradição essencial do ser humano, que deseja o absoluto, mas tem como única certeza a relatividade e a morte.

A ironia romântica é, enfim, aquela que se apresenta no plano da organização da trama, da tessitura do texto literário, como produção de um autor que busca comunicação com o leitor, a quem deseja mostrar que tudo aquilo que se configura como representação do mundo é ao mesmo tempo e essencialmente arte, construção, linguagem.

Ao desnudar os processos utilizados na elaboração do texto ou ao usar elementos que testemunham ser ele resultado de um trabalho consciente de criação, essa literatura construída ironicamente fala de si e de seu tempo; simultaneamente, porém, não diz o que diz. Pode comover ou escandalizar o leitor, mas, ao romper declarada ou sutilmente a ilusão de representação da realidade, valoriza a arte com que elabora o texto e também o receptor, visto como co-produtor, de quem dependerá afinal a existência da obra.

Essa ironia lida com a tragédia do homem, ser de desejo, que não consegue realizá-lo de forma permanente. Em vez de se desesperar e sucumbir diante da adversidade, como o herói trágico, o ironista tenta distanciar-se e manipular seus desejos e frustrações como material de construção de sua obra de arte. A ironia funciona, então, no sentido de fazer lembrar ao leitor, a cada momento, que literatura é linguagem, é realmente e antes de mais nada literatura, arte.

Essa introdução tem o objetivo de tentar relacionar a questão da arte como arte (atenção, não se trata de arte pela arte) com a narrativa de Mário de Sá-Carneiro – *A confissão de Lúcio*, publicada pelo poeta em 1914, um ano antes do aparecimento do primeiro número de *Orpheu*. Trata-se de uma novela que parece apresentar a mesma irônica preocupação com a consciência da construção artística existente naquela publicação. Através da fragmentação da novela, da existência de questões que ficam sem resposta, da repetição dos silêncios intervalares, dos espelhamentos intertextuais e até de recursos gráficos, como o uso constante de reticências e do itálico no texto, essa outra voz demonstra ter consciência de que tudo aquilo é material com que se constrói a obra de arte, cuja linguagem é plástica e maleável, criadora de um sentido provisório e impossível de fixar.

As várias funções exercidas por Lúcio na história – ele é ao mesmo tempo personagem, narrador e receptor de outras obras – indicam que o texto é construção de uma consciência em ação, que chama a atenção do leitor para o fato de as personagens serem de papel, articulações de linguagem, produtos da elaboração de um artista. Ao sugerir correspondência entre os grandes momentos do texto e as obras de arte tidas como concluídas, essa voz parece mostrar ironicamente a ambigüidade inerente à linguagem, onde o significante desliza constantemente sobre o significado, sem estabelecer qualquer sentido definitivo. E também que o reverso (ou o complemento?) da criação é a destruição: Lúcio destrói no fogo sua peça *Brasas*, Ricardo mata Marta, sua criatura, o final da obra da americana coincide com a sua morte.

É interessante atentar, nesse sentido, para os enigmas insolúveis do texto: Lúcio teria habitado uma prisão ou um manicômio? A apontada semelhança entre o juiz que o interrogara e o médico que o tratara de uma febre cerebral não indicaria que um deles (ou os dois) seria inverossímil? Teria Marta existido ou seria ela apenas uma criação ficcional que camuflaria um relacionamento sexual entre os dois amigos? Como se explicaria o seu desaparecimento simultâneo à morte de Ricardo de Loureiro? E especialmente seria preciso atentar para o fato de que Lúcio, no plano da diegese, narra a sua história a partir de uma memória sempre posta em questão, mas seria também um escritor de novelas, de peças de teatro e crítico de arte, espectador privilegiado do processo criativo de outras personagens.

Sugere-se aí que também a sua novela seria uma criação ficcional, uma elaboração de linguagem, sem estatuto de verdade, desmistificando-se, assim, o sentido absoluto dessa obra, que permaneceria como registro da existência de um grupo em que a amizade era um valor supremo – o grupo de *Orpheu*. Seria por isso relativizado o próprio conceito de amizade, vista então como impossível de ser vivida de forma satisfatória, o que pode ser trágico exatamente por lembrar a impossibilidade de realização integral dos desejos.

Atente-se, na novela, para os seguintes elementos que concorreriam para desmistificá-la como mimese e representação, acentuando o seu caráter de produção de que deve participar o leitor: a constante preocupação com os temas da representação, da criação, do fingimento; a presença de máscaras, espelhos, duplos (não seria Ricardo de Loureiro um duplo de Gervásio Vila-Nova, e não seria Marta um duplo de Ricardo de Loureiro?); a preocupação do texto com reduplicação, desdobramento e ruptura da ilusão; a fragmentação de seu enunciado, o que poderia ser visto como mais um sinal de sua artificialidade, de seu caráter de ficção.

Lembre-se, especialmente, que finalização, leitura, representação ou execução de obras de arte, na narrativa, coincidem com acontecimentos fundamentais do seu enredo, de forma a deixar no leitor a impressão de correspondência entre as obras concluídas na diegese e os episódios narrados ou, mais ainda, dúvidas quanto à verossimilhança dos fatos.

As várias coincidências ou espelhamentos, no texto, parecem confirmar essa idéia de que a obra se dobra sobre si mesma, utilizando os seus próprios elementos como material de sua construção: veja-se a "orgia de fogo" da americana, com sua idéia da "voluptuosidade da arte", simultânea ao encontro de Ricardo e Lúcio; a conclusão da obra de Ricardo – o *Diadema* – que coincide com a união de Lúcio e Marta e, embora se configure como o triunfo maior, representando metaforicamente a solução encontrada pela personagem para o problema de seu relacionamento afetivo, pode ser vista como registro do esforço e do tempo despendidos pelo "autor" na elaboração de sua obra. Veja-se ainda o título *Brasas*, que poderia referir-se ao relacionamento dos dois amigos, mas também ao calor e ao entusiasmo de uma obra que pretendia valer por si, independentemente de seu valor de mercadoria, determinado por uma sociedade interessada apenas no aspecto comercial da arte.

Lembrem-se ainda outras histórias contadas ou obras criadas pelas personagens e encaixadas *en abîme* no plano da narrativa, nela funcionando como espelhamentos que, junto às idéias de máscara e de duplo, sinalizam a irônica divergência entre os diferentes planos da novela, apresentada assim numa perspectiva de jogo e de ambigüidade. Entre elas estaria a história tetricamente romântica contada por Gervásio Vila-Nova, artista que teria sido raptado aos dois anos de idade e cujos pais não podiam ser identificados com certeza. Estaria também a narrativa de Ricardo, de seu encontro com as duas rapariguinhas gentis, num bulevar de Paris. Estariam até histórias não contadas, como a da vida anterior de Marta e a do seu casamento com Ricardo de Loureiro. Estariam ainda as histórias torpes do amigo de Raul Vilar, com o seu desvendamento da vida íntima dos companheiros, e a composição *Além*, de Narciso do Amaral, durante cuja execução a figura de Marta teria desaparecido.

A possibilidade de modificação do final da peça teatral escrita por Lúcio reforça a perspectiva de que a obra é elaboração de materiais (na nomenclatura de Adorno), construção artificial de dados culturais e por isso reversível e modificável.

Tudo isso parece confirmar que no plano da enunciação de *A confissão de Lúcio* há uma voz que ironicamente diz "não" ao enunciado do narrador, desvelando a enganadora retórica com que o seu discurso é construído e o caráter instável e reversível de suas afirmativas. Esse sujeito da enunciação parece querer mostrar ao leitor que sua obra é uma produção de linguagem: construção, artifício, tecido, elaboração de significantes, cuja significação será sempre arbitrária.

Embora envolva o leitor na trama construída, a obra fornece-lhe sinais irônicos de que faz paródia de si mesma, na medida, por exemplo, em que apresenta um narrador com a consciência de ser também um primeiro leitor, permitindo-se comentar e fazer digressões acerca do que narra. Ou marca a sua construção como irônica na medida em que deixa no texto imensos vazios, num convite à participação do receptor.

A verificação da presença da ironia em *A confissão de Lúcio* parece revelar que a intenção da narrativa não será estabelecer um sentido. Ao oscilar entre mimese e produção, entre comunicação e representação, acaba por atribuir ao dito apenas um valor parcial e provisório, revelando-se assim, na melhor tradição de *Orpheu*, como ato estético elaborado a partir dos pressupostos da ironia romântica, pois afirma o caráter ilusório da obra de arte que se quer reconhecida como tal.

Publicado nos *Anais* da Semana de Estudos Sá-Carneiro.
Belo Horizonte: Fale/UFMG, 1994. p. 99-106.

Referências

ALMANSI, Guido. L'affaire mystérieuse de l'abominable *tongue-in-cheek*. *Poétique*, Paris, n. 36, p. 413-426, nov. 1978.

BERARDINELLI, Cleonice. Apresentação. In: *Mário de Sá-Carneiro*: poesia. 2. ed. Rio de Janeiro: Agir, 1965.

BOURGEOIS, André. *L'ironie romantique*. Grenoble: Presses Universitaires de Grenoble, 1974.

FERRAZ, Maria de Lourdes. *A ironia romântica*. Lisboa: Imprensa Nacional/Casa da Moeda, 1987.

FINLAY, Marike. Irony the iconoclast: the crisis of representation. In: *The romantic irony of semiotics*: Friedrich Schlegel and the crisis of representation. Berlin: Mouton de Gruyter, 1988. p. 133-181.

GALHOZ, Maria Aliete Dores. Gênese e história da revista *Orpheu*. In: *Orpheu*. 2. reed. Lisboa: Ática, 1971. v. I.

LAUSBERG, Heinrich. *Elementos de retórica literária*. Tradução, prefácio, aditamentos e notas R. M. Rosado Fernandes. 2. ed. Lisboa: Fundação Calouste Gulbenkian, 1967.

PESSOA, Fernando. *Páginas íntimas e de auto-interpretação*. Lisboa: Ática, 1966.

SÁ-CARNEIRO, Mário de. *A confissão de Lúcio*. 3. ed. Lisboa: Ática, 1968.

VEGA, Celestino. Significado de la tragedia. In: *El secreto del humor*. Buenos Aires: Editorial Nova, 1967. p. 53-58.

Fernando Pessoa

Encenação e fingimento na poesia de Fernando Pessoa

No ensaio "A fortuna crítica de Pessoa", Eduardo Lourenço (1986, p. 21-34), um dos mais argutos leitores do poeta dos heterônimos, ratifica sua teoria da necessária desmitificação de Fernando Pessoa e relembra os estudos críticos que o focalizaram através dos tempos, em Portugal, buscando obsessivamente compreender o mistério heteronímico. Menciona as obras capitais que consolidaram a fama de Pessoa e culminaram com a sua "institucionalização" e entronização na universidade, na primeira tentativa de objetivação cultural do poeta. Pessoa, visto então como o clássico contemporâneo, torna-se o eixo da cena crítica cultural portuguesa e é traduzido e estudado em muitos outros países.

Em *Fernando, rei da nossa Baviera* (1986, p. 7-20), Eduardo Lourenço aponta as cinco linhas da fortuna crítica pessoana, decorrentes da sucessiva mudança de ótica em relação à sua obra, mas também à própria realidade literária. A primeira seria a da geração da *Presença*, fixada no problema da "sinceridade"; a segunda percebeu a poesia de Pessoa como reflexo ou espelho do real, com a função de transfigurar esse real. A terceira tendência toma a obra pessoana como universo constituído, em que as máscaras da diferença colocam problemas de compreensão. Já a quarta perspectiva, que é a do próprio Eduardo Lourenço, observa que na obra pessoana importa mais a visão paradoxal da ausência que a do ser. Trata-se da poesia apreendida como metaliteratura, em que se apóia uma crítica que se assume e pensa como metacrítica. E a quinta perspectiva vê a obra pessoana como jogo do imaginário – da língua, com seus labirintos e impasses –, cena atrás da qual nada se joga a não ser o próprio jogo.

Com essa visão tão clara do fenômeno Fernando Pessoa, Eduardo Lourenço não poderia mesmo aceitar a mitificação do poeta. O autor de *Labirinto da saudade*, com arguta visão crítica, acredita que o criador dos heterônimos "suspeitaria que o incenso que o dilui é menos o fruto de uma conivência de propósitos e sonhos, que o milagre às avessas de uma devoção aos deuses que ele recusou" (Lourenço, 1986, p. 10). Fernando Pessoa subverteu crenças históricas, demoliu mitos seculares; não poderia, portanto, aceitar ser entronizado nos mesmos altares esvaziados por sua convicção de que é impossível uma síntese entre a realidade das palavras e a do mundo. A sua obra fala constantemente em fingimento, em máscara, em ausência; a sua "verdade" não é uma verdade acabada, definitiva, mas uma verdade (im)possível, paradoxalmente ambígua, em crise ou em conflito consigo mesma. Por isso o seu lugar é o da problematização da linguagem, na relação realidade/ficção ou verdade/ilusão. A verdade de Pessoa tem a natureza do que Guido Almansi chama de *tongue-in-cheek*: trata-se de um procedimento de ruminação de palavras em que é a língua que se pensa (Almansi, 1978). Resultado da produção de alguém que finge, a poesia pessoana acaba por ser a produção cultural de um sujeito identificável apenas à sua própria enunciação; contaminado pela repetição do fingimento, o leitor é forçado a colocar a máscara, a entrar no jogo e a participar conscientemente da mentira. Porque a arte poética pessoana é a da encenação e do fingimento, a da consciência da infinita finitude do homem e de sua prisão no labirinto do tempo, com a certeza de que a verdade lhe é vedada.

Os meus estudos da obra pessoana tiveram evolução semelhante. Começaram com um trabalho sobre Álvaro de Campos, que hoje percebo fragmentado e incompleto, por sua preocupação em ver o texto apenas a serviço da representação. Meu problema foi não ter entendido naquela época que a genialidade do poeta se manifestava exatamente em seu uso constante do artifício. O artigo se restringia à exegese do enunciado poético e à busca de compreensão do irracionalismo filosófico que caracteriza os textos de Álvaro de Campos. A leitura fundamentava-se apenas na preocupação com a mimese, na busca de compreender o dito poético, não levando devidamente em conta o fingimento da enunciação, tão importante na obra de um poeta consciente do caráter de construção da poesia.

A perspectiva em que me apoiei fundamentava-se em considerações teóricas do próprio Álvaro de Campos, um romântico defensor da primazia da emoção sobre a idéia, para quem a forma deveria revestir o conteúdo poético. A ingenuidade de minha leitura foi a de não perceber a encenação e o fingimento com que Campos/Pessoa trata a emoção. É aliás o próprio poeta quem aponta o caráter artificial de seus textos, admitindo a interferência da inteligência na emoção representada. Revela assim a possibilidade de a poesia ser criada a partir do que existe e do que não existe, do que se pensa e do que não se pensa, do que se sente e do que não se sente, pois a sua relação com algo preexistente e essencial é desnecessária: o poeta é fundamentalmente um fingidor e, no caso de Fernando Pessoa, um criador capaz de erigir em poesia a instância fictícia de um eu.[1]

No artigo "A potência do simulacro e a heteronímia de Fernando Pessoa", publicado em 1981, fiz um levantamento da perspectiva de vários estudiosos sobre a questão da heteronímia, para chegar à conclusão de que a unidade Fernando Pessoa/heterônimos atesta a potência do simulacro, nessa poesia que denuncia o desejo de sobrevivência mítica do platonismo, numa ideologia que não mais o suporta e que perdeu o seu segredo.

Relacionando as reflexões teóricas sobre a ironia na literatura com a poesia de Fernando Pessoa, acrescentei posteriormente a esses estudos considerações sobre as construções de um poeta que, no seu fingido fingimento, zomba da própria imagem e, disfarçando-se sob nomes postiços, faz a representação da representação. Considerei os heterônimos como expressão do ser angustiado e dividido, consciente da insegurança e do vazio da existência, adepto do irracionalismo filosófico

[1] Essa postura que revela os expedientes literários da criação (especialmente heteronímica) e desmistifica a linguagem como representação e solução para a angústia existencial, desenvolve-se principalmente no *Livro do desassossego*, embora, como afirma Eduardo Lourenço, essa obra nada altere de essencial para quem leu bem Fernando Pessoa.

dominante no século XX. Produto de um mundo em crise, os heterônimos refletiriam a impossibilidade de sustentação de uma visão absoluta da realidade e, ao mesmo tempo, a habilidade de um artista que transforma em poesia a vacuidade do ser e a sua consciência de simulacro. Na ode de Ricardo Reis, "Seguro assento na coluna firme," vê-se um exemplo da consciência distanciadamente irônica de um poeta que tece a sua poesia como se acreditasse na possibilidade de uma nova sintaxe para ordenar a realidade. Mas que acaba por reconhecer-se plasma dos reflexos do mundo, permitindo a conclusão de que os heterônimos resultam de uma visão do sujeito como simulacro, cujo ponto de referência é o próprio sistema recusado.

Álvaro de Campos, em muitos momentos, busca identificar-se a Walt Whitman e, de fato, ambos se parecem no estilo esfuziante, torrencial, com longos versos plenos de anáforas, exclamações e interjeições, e versos apaixonados e eróticos sobre o mar. A diferença é que, se Whitman prega o amoralismo para uma integração verdadeira entre os homens e busca reabilitar, diante do puritanismo de seu tempo, o desejo humano de sentir e viver a vida de forma pura e saudável, o Campos whitmaniano, encarregado por Fernando Pessoa de seus espalhafatos e declamações, canta a vida por "bebedeira", não passando as suas sensações desenfreadas da esfera da inteligência, tecedeira da moderna e irônica rede com que o poeta finge pretender integrar-se ao outro para camuflar o vazio e a angústia existencial. Parece necessário concordar assim com Antonio Tabucchi, para quem a ironia de Campos é dupla:

> Não só uma mordaz auto-ironia, dirigida aos seus sentimentos de homem (as suas contradições, as suas manias, as suas fraquezas e a consciência delas), mas também uma ironia *objetiva*, porque é a vanguarda sabendo que é, ao mesmo tempo, um actor que representa a vanguarda. (...) Com curiosa e insólita coincidência, Pessoa viveu a vanguarda do início do século XX e simultaneamente deu-nos dela, com Campos, um retrato crítico visto de dentro. (TABUCHI, 1982, p. 49)

Antonio Tabucchi analisa os poemas em que Campos fala em cigarro, tabaco, tabacaria e fumo, relacionando-os com a ironia do heterônimo, "poeta metafísico que odeia a metafísíca" (Tabuchi, 1982, p. 71). Metafísica que poderia ser associada ao fumo/fumaça, representação do fluido fio irônico dos seus poemas.

Na sua edição crítica, Cleonice Berardinelli estabelece o texto de "Depus a máscara e vi-me ao espelho", definindo que o verso antigamente tido como "Assim sem a máscara" deverá ser lido: "Assim sou a máscara". A correção da mestra vem confirmar a perspectiva do poeta de que a normalidade marca-se pela máscara, de que o eu é máscara. Assim termina o poema:

> Depus a mascara, e tornei a pô-la
> Assim é melhor.
> Assim sou a máscara.
>
> E volto à normalidade como a um terminus de linha.
> (Pessoa/Campos, 1990, p. 252)

Sem a máscara "É-se sempre a creança,/O passado que fica,/A creança". O poeta não diz: "Sem a máscara sou a creança", mas "é-se sempre a creança". O normal é a máscara, a artificialidade, o sujeito construído, preenchido com elementos culturais, já que o eu é um efeito de linguagem. Fica mais clara assim a perspectiva do poeta que define como máscara a normalidade do adulto, oposta à autenticidade/inocência/ignorância da criança, que por estar para o in-fans, para aquele que não fala, está também para o silêncio. Confirma-se assim o caráter de artifício e de consciência da representação existente na criação poética do engenheiro heterônimo.

Também Alberto Caeiro pode ser visto como simulacro. O heterônimo diz-se poeta do real objetivo: despreza razão e intelecto, nega o pensar que vê sentidos ocultos onde não existiriam e pretende despojar as coisas de interioridade e significação. Criando por vezes verdadeiros "haicais", em sua busca de aproximação com uma filosofia oriental

(Perrone-Moisés, 1982, p. 134-152), o poeta de "O guardador de rebanhos" parece valorizar o cotidiano mais elementar, fonte da buscada tranqüilidade. A análise dos poemas revela, entretanto, que essa suposta personalidade simples e ingênua parece ser afinal resultado de imagens mentais, de atitudes construídas pela inteligência e pela intencionalidade a partir de trabalho elaborado por um sujeito consciente de que o que se pode fazer é apenas construir imagens verbais lúdica e artisticamente.

A questão do simulacro aparece também em *O marinheiro*, exercício teatral visto geralmente pelos críticos como um drama simbolista, mas que poderia ser analisado como uma tentativa do poeta de traduzir a estrutura ficcional da vida para o plano da poesia/ficção. As veladoras do drama pessoano seriam personagens que somente vivem na medida em que podem brincar, enganar-se e entreter-se com um suposto passado fictício. A elaboração ficcional de um marinheiro-personagem que sonha com uma pátria e faz criação dentro da criação revela ser tudo afinal um exercício com que o poeta se "distrai" da consciência da infinitude de sua finitude, da impossibilidade de atingir o objeto do desejo e de sua condição de prisioneiro no labirinto do tempo.

Fernando Pessoa disse: "Viver não é necessário; o que é necessário é criar". Eduardo Lourenço parece ter razão ao afirmar que é preciso dizer "não" à idolatria de que o mito Pessoa se tornou objeto e perceber que suas máscaras são soluções simuladas de quem soube construir como ficção a sua "verdade". No jogo de um eu-ficção criador de heterônimos, com soluções ilusoriamente destinadas a dar-lhe estatuto de realidade, o autor de *Mensagem* (des)mascara a falta (i)rremediável e a impossibilidade de complementação de um sujeito que se revela afinal como consciência da inexistência, do vazio e do nada, marcando-se como aquele que levou até o fim o longo processo de dissolução do eu inaugurado pelo romantismo. Temos de concordar com Eduardo Lourenço: como mitificar o autor de uma poesia em que o eu é ausência e nada?

Ettore Finazzi-Agrò nomeia Pessoa "simulacro de uma coisa perdida" e mostra que o poeta vai além da mitificação de qualquer evento literário, pois a sua poesia parece querer significar, por um lado,

> a perda de certeza em relação a uma lógica do existente que já não consegue dar conta da realidade contraditória, alienada e alienante, em que o escritor se encontra a agir; (...) por outro lado, a tendência para a palingénese da identidade e do sentido no interior de uma dimensão possível – e contemporaneamente utópica, sempre irredutível a *esta* identidade a *este* sentido. (FINAZZI-AGRÒ, 1982, p. 238)

Nessa perspectiva, é preciso resistir à tendência de ver na heteronímia a forma redentora da angústia do poeta (e nossa), a fim de que se possa perceber o drama de um sujeito consciente do vazio e da falta, mas que soube encená-los de diversas formas.

De percepção, desejo, frustração e perda fala o poema "Leve, breve, suave":

> Leve, breve, suave,
> Um canto de ave
> Sobe no ar com que principia
> O dia.
> Escuto e passou...
> Parece que foi só porque escutei
> Que parou.
>
> Nunca, nunca, em nada,
> Raie a madrugada,
> Ou 'splenda o dia, ou doire no declive,
> Tive
> Prazer a durar
> Mais do que o nada, a perda, antes de eu o ir
> Gozar.
> (PESSOA, 1965, p. 140)

Trata-se de seqüência tão natural para o eu como a diversidade dos tempos, metaforizada nas diferentes fases do dia, a que não corresponde, entretanto, o aprendizado da não expectativa. Volta-se sempre a ser criança: ao desejo, à ingenuidade, à esperança e, conseqüentemente, ao corte, à perda, à frustração. O sofrido contraponto e o círculo vicioso em que o eu se debate organizam-se no poema em uma dramaticidade queixosa. Mas a repetida leitura dos versos e a sua conexão com outros do autor acabam por levar o leitor a suspeitar de fingimento, de encenação. Não estaria o poeta usando o *tongue-in-cheek*? Trabalhando os temas do desejo, da falta e da frustração, tão recorrentes na poesia de todos os tempos, relaciona-os ao simbolismo a partir da musicalidade e de sua capacidade de sugestão. Essa referência a um estilo de época não indicaria que o poeta, em vez de elaborar à sua maneira o tema do desejo, da esperança e da perda, reflete sobre o próprio fazer poético? A questão de o eu não ter prazer a durar nem uma posse verdadeira, relacionada à percepção da sonoridade, podem indicar a consciência de que esses são seus materiais de criação. Nessa perspectiva o sofrimento seria apenas fingimento e encenação: material de construção poética. Tal leitura não seria a única possível, mas apóia-se nos versos:

Isto

Dizem que finjo ou minto
tudo que escrevo. Não.
Eu simplesmente sinto
Com a imaginação.
Não uso o coração.

Tudo o que sonho ou passo,
O que me falha ou finda,
É como que um terraço
Sobre outra coisa ainda.
Essa coisa é que é linda.

Por isso escrevo em meio
Do que não está ao pé,
Livre do meu enleio,
Sério do que não é.
Sentir? Sinta quem lê!
(Pessoa, 1965, p. 165)

O papel do leitor fica assim bem marcado: ele também vai participar da construção do sentido, fazendo uma leitura simples ou dupla do poema.

Em "Pobre velha música" repete-se a questão da emoção ligada à sonoridade, à percepção auditiva:

Pobre velha música!
Não sei por que agrado,
Enche-se de lágrimas
Meu olhar parado.

Recordo outro ouvir-te.
Não sei se te ouvi
Nessa minha infância
Que me lembra em ti.

Com que ânsia tão raiva
Quero aquele outrora!
E eu era feliz? Não sei
Fui-o outrora agora.
(Pessoa, 1965, p. 140-141)

Voltam o tema da infância e o da saudade do que foi bom e já passou. Mas foi bom? Pode o eu garantir que foi feliz antigamente? Não importa, mesmo porque ele nem sabe se realmente ouviu a pobre velha música, no passado. A música tem o seu poder de sugestão e é capaz de criar uma felicidade fictícia vivida no passado, mas só percebida no presente: "Fui-o outrora agora". É como se retomasse o tema da máscara: não há eu por trás da máscara, assim como não há felicidade por trás da música. O que o eu sente não é a felicidade, mas a sua perda. É assim também que ouve o canto leve, breve, suave: apenas para saber que o perdeu.

Mas não haveria, também aqui, outra leitura possível? "Fui-o outrora agora" não se referiria ao prazer de quem elaborou poética e criativamente o passado, a saudade, o tema da música? A felicidade sentida seria uma ficção ou o fingimento estaria na referência irônica a uma felicidade que é material de construção poética?

No poema "Ela canta, pobre ceifeira", a força sugestiva da música e o tema da felicidade como inconsciência retornam: a ceifeira canta sem razão e é feliz porque não tem consciência da impossibilidade de ser feliz. A sua máscara está pregada ao rosto e ela não sabe disso:

Ela canta, pobre ceifeira,
Julgando-se feliz talvez;
Canta, e ceifa, e a sua voz, cheia
De alegre e anônima viuvez,

Ondula como um canto de ave
No ar limpo como um limiar,
E há curvas no enredo suave
Do som que ela tem a cantar.

Ouvi-la alegra e entristece,
Na sua voz há o campo e a lida,
E canta como se tivesse
Mais razões p'ra cantar que a vida.

Ah, canta, canta sem razão!
O que em mim sente 'stá pensando,
Derrama no meu coração
A tua incerta voz ondeando!

Ah, poder ser tu, sendo eu!
Ter a tua alegre inconsciência,
E a consciência disso! Ó céu!
Ó campo! Ó canção! A ciência

Pesa tanto e a vida é tão breve!
Entrai por mim dentro! Tornai
Minha alma a vossa sombra leve!
Depois, levando-me, passai!
(Pessoa, 1965, p. 144)

No seu canto, que parece sem palavras, a ceifeira tem algo da criança que ainda não usa a linguagem. Para a sua incerta voz ondeando, sem significados além da sua curva suave, não há necessidade de escolher entre as infinitas formas do ser, não há obrigação de uma coerência lingüístico-representativa excludente. Por isso ela pode ignorar a realidade e ser feliz, criando essa impossível felicidade que tanto mal faz ao poeta. Será isso o que o poeta diz? Ou dirá ele que o seu canto, como o da ceifeira, nada tem a ver com sentimento, felicidade ou infelicidade? Assim como ela usa os sons, ele os elabora na construção poética: também o seu canto tem curvas no enredo suave, também o seu canto alegra e entristece. A diferença é que o som da ceifeira tem uma alegria inconsciente e o dele tem a consciência de tomar a alegria como ferramenta. Se ele não sente ou não possui essa alegria, pode usá-la para criar. Supera dessa maneira a falta e até a sua condição de frágil humano sujeito à tristeza e à morte. De submetido arbitrariamente a uma cultura, passa a manipular a linguagem que o domina, criando desse modo a sua poesia.

O poema "Feliz dia para quem é" parece inscrever-se na mesma linha:

Feliz dia para quem é
O igual do dia,
E no exterior azul que vê
Simples confia!

O azul do céu faz pena a quem
Não pode ter
Na alma o azul do céu também
Com que viver,

Ah, e se o verde com que estão
Os montes quedos
Pudesse haver no coração
E em seus segredos!

Mas vejo quem devia estar
Igual do dia
Insciente e sem querer passar
Ah, a ironia

De só sentir a terra e o céu
Tão belos ser
Quem de si sente que perdeu
A alma p'ra os ter!
(Pessoa, 1965, p. 138-139)

A primeira e a última estrofe terminam com uma exclamação; se uma fala de felicidade, de confiança, de simplicidade, de tranqüilidade, a outra fala de ironia e, parece, da tristeza de quem percebe a beleza da terra e do céu depois de perder "a alma p'ra os ter". Mereceria essa constatação uma exclamação ou seria melhor terminá-la com reticências? Não seria essa exclamação um sinal de ironia, referindo-se ao prazer do achado poético? O poeta estaria dizendo que o que é "igual do dia", assim como os "montes quedos", não tem consciência do azul do céu ou da beleza do verde ou que esse "igual do dia" não sabe jogar poeticamente, como ele, com essas percepções ou imagens?

No poema seguinte acredito ver essa mesma oscilação, esse equilíbrio irônico revelador da consciência de sua capacidade de lidar artisticamente com a linguagem:

Momento imperceptível,
Que coisa foste, que há
Já em mim qualquer coisa
Que nunca passará?

Sei que, passados anos,
O que isto é lembrarei,
Sem saber já o que era,
Que até já o não sei,

Mas, nada só que fosse,
Fica dele um ficar
Que será suave ainda
Quando eu o não lembrar.
(Pessoa, 1965, p. 168)

Mil suposições podem ser feitas sobre esse momento imperceptível, sobre os seus efeitos, sobre o que dele restará, mesmo quando o seu suave ficar não for mais lembrado. Cada leitor o preencherá à sua maneira. Mas outra forma de ver o poema será percebê-lo como um jogo em que se expressa o prazer lúdico de usar a linguagem, desvinculando o significante de possíveis significados, num alegre exercício de liberdade em que é possível esquecer, por "um momento imperceptível", a pesada carga do homem preso a sistemas, normas e convenções e que tem como única certeza a morte.

Essa forma de ler os poemas não estabeleceria uma "verdade" a partir da qual o criador dos heterônimos pudesse ser mitificado. Porque essa leitura retira dos poemas uma não-verdade mais leve, breve e suave que o canto da ave ou o da ceifeira, mais indefinível que a felicidade de outrora agora, mais imperceptível que a duração do momento em que algo significativo acontece e já não se pode lembrar o que é. Essa "verdade" localiza-se no não-lugar da linguagem, onde é impossível qualquer certeza ou sentimento real, pois a linguagem é máscara vazia, palco onde o artista encena e finge, a fim de criar, juntamente com o leitor, um sentido transitório.

Publicado em *Letras – Revista do Mestrado em Letras da UFSM* (RS). Edição Especial, p. 286-300, jan/jul. 1995.

Referências

ALMANSI, Guido. L'affaire mystérieuse de l'abominable *tongue-in-cheek*. *Poétique*, Paris, n. 36, p. 413-426, nov. 1978.

BERARDINELLI, Cleonice. *Poemas de Álvaro de Campos*. Lisboa: Imprensa Nacional – Casa da Moeda, 1990.

FINAZZI-AGRÒ, Ettore. O simulacro de uma coisa perdida. In: *O alibi infinito*: o projecto e a prática na poesia de Fernando Pessoa. Lisboa: Imprensa Nacional – Casa da Moeda, 19--. p. 238-246.

LOURENÇO, Eduardo. *Fernando, rei da nossa Baviera*. Lisboa: Imprensa Nacional – Casa da Moeda, 1986.

PERRONE-MOISÉS, Leyla. Os "haicais" de Caeiro. In: *Fernando Pessoa*: aquém do eu, além do outro. São Paulo: Martins Fontes, 1982. p. 134-152.

PESSOA, Fernando. *Obra poética*. Rio de Janeiro: Aguilar, 1965.

TABUCCHI, Antonio. Álvaro de Campos, engenheiro metafísico. In: *Pessoana mínima*. Lisboa: Imprensa Nacional – Casa da Moeda, 19--. p. 43-50.

Fernando, rei da nossa Baviera:

um jogo no limite do silêncio

Fernando Pessoa é o grande mito atual das literaturas de língua portuguesa. No centenário de seu nascimento (1988), muitas comemorações procuraram reverenciar o poeta dos heterônimos e exaltar a originalidade com que exprimiu a absoluta solidão e perda de sentido do homem moderno, o que bastaria, por si só, para transformá-lo em mito, referência-chave da cultura contemporânea.

As comemorações focalizaram, de maneiras diversas, a encenação do "drama em gente" com que Fernando Pessoa elaborou o seu radical sentimento de inexistência, levando às últimas conseqüências o longo processo de dissolução do eu inaugurado pelo romantismo e precursoramente trabalhado pelos duplos demoníacos de Hoffmann e de Dostoiévski, os pseudônimos de Kierkegaard, as máscaras de Browning, o "outro" de Rimbaud e as soluções provisórias de Garrett, Eça e Antero.

O lúcido estudo crítico de Eduardo Lourenço – *Fernando, rei da nossa Baviera* (1986) – analisa a mitificação do fenômeno Pessoa e conclui que foi ao acrescentar à consciência da inexistência do eu um elemento sacrificial que o autor de *Mensagem* erigiu-se em mito. Como Luís, rei louco da Baviera, seu irmão gêmeo por dentro, prisioneiro de idênticos fantasmas, amante da morte e herói da impossibilidade de amar, Fernando Pessoa tornou-se ninguém e assim permitiu-nos visitar "a sua barca de melancolia sem reparar, como ele, que a paisagem é uma coleção de imagens sem sentido, sendo a sua viagem perdida de antemão" (Lourenço, 1986, p. 11).

Vítimas apaziguadas da armadilha heteronímica tecida com palavras, é à sombra do mito Pessoa que podemos disfarçar a consciência da infinitude de nossa finitude, de nossa condição de prisioneiros do labirinto do tempo. Por isso, ensina Eduardo Lourenço, é preciso cuidado para resistir à tendência de ver na heteronímia a forma redentora da angústia do poeta (e nossa), é necessário dizer "não" à idolatria de que o mito Pessoa se tornou objeto.

Fernando seria o Camões de um império extinto, o D. Sebastião de um futuro improvável, que se inscreve em Pessoa e faz o inventário do absurdo como se fosse natural e do natural como se fosse absurdo, inventando o sorriso no meio do desastre e o sentido imaginário no interior do sem sentido absoluto e do naufrágio. Desmitificam-se assim as soluções heteronímicas, que nos procuram tornar imaginariamente felizes em Caeiro – "porta pintada para nos fazer crer que tocamos com mãos de vida e não de sombra o autêntico real" (Lourenço, 1986, p. 18) –, indiferentes à felicidade ou à infelicidade em um Reis romano, invulneráveis à angústia e impossivelmente felizes em um Campos futurista: ficções que são, afinal, apenas manifestações da voz anônima, criadas para superar o cotidiano atroz de que o *Livro do desassossego* é o espelho sem ficção.

Na perspectiva lúcida do autor do Pessoa revisitado, essa última obra nada altera de essencial para quem leu bem Fernando Pessoa, mas perturba grandemente a leitura mitológica do "drama em gente": desarticula todas as ficções que o separaram em vão do único amor que o habitou, o da própria morte. A leitura do *Livro do desassossego* revela que o texto de Fernando Pessoa é falsamente plural, pois Caeiro, Campos e Reis não passam de "maneiras diferentes de fingir que é possível descobrir um sentido para a nossa existência". Através deles seria possível "saber quem somos, imaginar que conhecemos o caminho e adivinhamos o destino que vida e história nos fabricam" (Lourenço, 1986, p. 19).

Os heterônimos seriam então apenas sonhos. Não libertam Pessoa da solidão e da tristeza, mas nos ajudam a perceber que, como ele, somos puros mutantes, decolando para viagens sem itinerário.

> Com Caeiro fingimos que somos eternos, com Campos regressamos dos impossíveis sonhos imperiais para a aventura labiríntica do quotidiano moderno, com Reis encolhemos os ombros diante do Destino, compreendemos que o Fado não é uma canção triste mas a Tristeza feita verbo. (Lourenço, 1986, p. 19)

E Eduardo Lourenço completa o útil quadro mítico, cuja desmitificação ele considera urgente e necessária: "Com *Mensagem* sonhamos uma pátria de sonho para redimir a verdadeira" (Lourenço, 1986, p. 19).

O que os heterônimos revelam, afinal, é a compreensão do poeta de que a morte de Deus na modernidade é também a morte do homem, "fim da ilusão humanista que imaginava ainda poder justificar, na perspectiva de uma ausência de sentido transcendente, para o universo e para a História, os mesmos valores, as mesmas ilusões consoladoras, a mesma moral tranqüilizante" (Lourenço, 1986, p. 14).

Foi com a sua poesia-outra – que vive, ao mesmo tempo, da agonia da imagem do poeta como criador soberano de sua poesia e da poesia como pura modelação do sentimento e da emoção espontâneos – que Fernando Pessoa encenou prodigiosamente o seu radical sentimento de inexistência. É com essa poética da indiferença, esse "olhar frio" pousado sobre a vida, esse humor no interior da tragédia, conclui Eduardo Lourenço, que Pessoa se torna Pessoa, "aquele que conduziu por nós a carroça de tudo (da modernidade) pela estrada de nada".

Em "A fortuna crítica de Pessoa", outro ensaio contido em *Fernando, rei da nossa Baviera*, o autor ratifica sua teoria da necessária desmitificação de Pessoa, historiando a montagem da sua máquina textual. Relembra os estudos críticos que buscaram compreender o mistério heteronímico e menciona as obras capitais da fase de maturação da fama de Pessoa, que culminaram com a sua "institucionalização" e entronização na universidade, na primeira tentativa de objetivação cultural do poeta. Visto então como o clássico contemporâneo, Fernando Pessoa torna-se o eixo da cena crítica e cultural de Portugal e é traduzido e estudado em vários países.

Eduardo Lourenço aponta as cinco linhas da fortuna crítica pessoana, decorrentes da mudança sucessiva de ótica em relação à sua obra, mas também à própria realidade literária. A primeira, encarnada pela geração da *Presença* e sua estética de essência romântica, em nome da tríade "eu, espontaneidade, originalidade", teria hesitado em reconhecer o "gênio" poético de Pessoa, fixando-se no problema da "sinceridade" e do artifício. Essa primeira geração crítica não compreendeu, afirma Lourenço, que o gênio de Pessoa contestava precisamente a única poética que considerava válida.

A segunda leitura crítica percebeu a poesia de Pessoa como reflexo ou espelho do real, com a função de transfigurar esse real, concebido antes de mais nada como realidade social. Seria uma leitura de exigência ideológica precisa, em que o poético é deportado para uma instância heterogênea. A terceira etapa tomaria a obra pessoana como universo constituído, em que as máscaras da diferença colocam problemas de compreensão. O acento é então deslocado do significado para o significante e procura-se resolver o enigma visível da heteronímia, em busca de conciliação da diversidade evidente e da unidade profunda.

A quarta perspectiva marca-se por uma mudança de registro, pois compreende que o caso Pessoa inaugura uma literatura outra e pede, por isso, uma crítica outra: trata-se de uma aventura existencial e ontológica, através da qual joga-se não só com o sentido do eu, mas também com o sentido do sentido. Nessa quarta perspectiva, a do próprio Eduardo Lourenço, sai-se do planeta-Pessoa enquanto literatura e percebe-se que a visão paradoxal da ausência importa mais que a do ser; é a visão de uma linguagem que não consegue falar o ser e de um ser que não pode ser plasmado em linguagem. Poesia apreendida como metaliteratura, na qual se apóia uma crítica que se pensa como metacrítica, jogo de espelhos que é também, conscientemente, um jogo no limite do silêncio.

A quinta perspectiva foi imposta pela lógica interna e por alteração na frente crítica: a poesia de Pessoa passa a ser vista como um jogo do "vivido" imaginário, como um "poetodrama", mais do que como drama do imaginário vivido. A preocupação passa a ser o imaginário da língua, os seus labirintos e impasses, cena atrás da qual nada se joga a não ser o próprio jogo. Essa perspectiva lembra que Fernando Pessoa, bem antes de Lacan, sentiu que a linguagem se falava sozinha, não tendo o eu outro conteúdo que o "efeito de palavra", condensado num eu puramente lingüístico.

Foi através dessas perspectivas que a "revelação" de Pessoa se converteu num mito vivo, irradiado tanto a partir da "letra" de sua mensagem, quanto a partir de seu questionamento. A glória universal atingida por Pessoa deve levar-nos entretanto a uma atitude de reserva, adverte Eduardo Lourenço, pois pode conduzir tanto ao prazer equivocado de assimilar a sua voz à litania vazia que celebra uma plenitude fictícia de sentido, quanto à perspectiva que traduz um esquecimento do poeta e de sua obra. E que a mais pura das glórias dos poetas não pode bastar a quem foi, por excelência, poeta da ausência e do esquecimento.

Em "*O livro do desassossego*: texto suicida?", Eduardo Lourenço afirma que Fernando Pessoa suscitou três modelos fundamentais de estruturação textual:

• o primeiro, segundo a clivagem de uma bipolaridade sem síntese possível ou necessária, feita por Mário Sacramento, Casais Monteiro, José Régio, David Mourão Ferreira;

• o segundo, através da clivagem polar hegemônica ou suprema que postula um Pessoa nuclear de que os outros seriam imperfeitos esboços ou reflexos evidentes, papéis que uns atribuem a Caeiro e outros ao próprio autor da *Mensagem*: Agostinho da Silva, Antônio Quadros e Dalila Pereira da Costa;

• o terceiro tenta conciliar a poética unitarista e a poética da multiplicidade sob o signo da diferença, evidenciando a pulsação textual de que essas duas óticas seriam a expressão: José Augusto Seabra, Maria da Glória Padrão e o próprio Eduardo Lourenço. Inscritos numa dessas perspectivas, M. A. Babo, Rosa Tonati, Norma Tasca e Leyla Perrone-Moisés observam mais o estatuto do eu enquanto figura ou efeito do discurso e menos o da sua realidade ou irrealidade em sentido ontológico.

O livro do desassossego confere aos últimos a confirmação literal da perspectiva que elegeram, afirma o autor de *Heterodoxia*, pois uma de suas originalidades incontestáveis é ser, além de uma interpelação gnoseológica e ontológica em torno do eu, uma não menos aguda e virtual interpelação acerca do estatuto da própria enunciação. Se os heterônimos são textos diferentes, constituintes da mitologia heteronímica, *O livro do desassossego* é o texto das diferenças, em que resiste e persiste uma mitologia natural, que não consente a ilusão de uma pluralidade mítica e muito menos de uma mítica unidade.

Os outros ensaios de *Fernando, rei da nossa Baviera* republicam textos significativos da crítica pessoana: "Apoteose ou segunda morte de Fernando Pessoa", "Fernando Pessoa ou o não-amor", "Kierkegaard e Pessoa ou as máscaras do absoluto", "De Junqueiro a Pessoa" e "Kierkegaard e Pessoa ou a comunicação indirecta". Parece interessante lembrar, pelo menos, algumas idéias de "Pessoa, où le moi comme fiction", publicado inicialmente em *Fernando Pessoa, poète pluriel*, catálogo da exposição sobre o poeta realizada no Centro Pompidou, Paris, em 1985, na mesma linha de *Fernando Pessoa, rei da nossa Baviera*. Eduardo Lourenço analisa nesse texto as razões que levam à construção do Pessoa-mito, definindo parâmetros para uma leitura lúcida do mito Pessoa.

O poeta compôs a sua obra a partir do eu como instância fictícia e assim nasceu um dos mitos literários mais perturbadores do nosso século, diz o crítico: aquele do poeta sem nome próprio, criador de outros poetas em nome da única ficção que os torna possíveis: a do eu como ficção. Os heterônimos são uma forma de inventar eus-outros tão fictícios ou tão reais quanto Fernando Pessoa; todos são ninguém, máscaras multiplicadas sobre a face do nada, que assim ele não ocultou nem reduziu, mas fez brilhar para torná-la irrecusável aos que se sentiam tentados a não percebê-la.

A teatralidade surpreendente dessa encenação poética levou muitos comentadores de Pessoa a ver nessa aventura incomum uma festa sem paralelo do texto e de seus espelhamentos infinitos. Essa festa, sem dúvida parte de sua obra, será entretanto vã e triste, afirma Eduardo Lourenço, se não for feita em benefício e em honra da pura ficção textual, já que é a falha, a marca da ausência que constitui o eu do poeta, pois sua consciência é essa falha mesma.

O "eu como ficção" não é, para Pessoa, um achado literário, mas a realidade e o lugar de uma busca, uma das mais radicais do século XX. É, sobretudo, o signo de um sofrimento. Pessoa não foi um *littérateur* ou uma máquina literária. Foi um modesto empregado de escritório, sonhador, megalômano, marcado pelo sentimento de sua própria inexistência, que ensaiou, em um mundo vazio de sentido, artifícios estranhos para se convencer de que tinha todas as vidas que os sonhadores nele podiam se inventar.

Como ficção, cada um dos seus "eus" pode fingir ou dar-se uma consistência ontológica, uma coerência, um sentido, que o sujeito poético correspondente ao eu real não pode provar, porque ele mesmo não é senão não-mundo, ausência no mundo. Para as ficções heteronímicas haverá um mundo, e esse mundo as torna reais. Mas essa aparente autonomia não é senão figura de um único sujeito, o do eu-ficção que procura sua morte (sua vida) nesse baile (mal) mascarado da heteronímia, prova teatral da explosão do eu e não solução do poeta para o sofrimento do eu-ficção.

Fernando Pessoa nunca está onde pretende estar, porque não está em lugar nenhum. Ele é o poeta da nenhuma parte do eu e toda a sua obra é uma imensa armadilha: a universal, da linguagem ou da nossa relação com a linguagem.

É inútil, portanto, conclui Eduardo Lourenço, procurar um homem atrás da multiplicidade de suas máscaras ou um texto atrás de textos dispersos e estilhaçados: procurando o homem encontraremos apenas os textos, procurando o texto não encontraremos senão um dos não-textos capitais do mundo moderno. Essa ausência do homem, duplicada na ausência do texto, assinala com violência extrema o lugar vazio de uma agonia humana, de um combate cultural único. É sobre essa ausência, apenas a fim de nô-la tornar sensível, que se inscreve, supremo equívoco, o nome mítico de Fernando Pessoa.

Texto publicado na *Revista de Letras*, Fortaleza, UFC
n. 14, v. 1/2, jan.-dez. 1989. p. 77-82.

Referência

LOURENÇO, Eduardo. *Fernando, rei da nossa Baviera*. Lisboa: Imprensa Nacional – Casa da Moeda, 1986.

Fernando Pessoa,

um fio de ironia

A obra de Fernando Pessoa (13.6.1888 – 30.11.1935) normalmente fascina vários tipos de leitores. Rica, múltipla e diferenciada, ela oferece soluções variadas para a angústia do homem moderno, que perdeu as referências e a ilusão de centramento. Por isso, consegue grande quantidade de adeptos. Não é difícil encontrar, nos mais diferentes meios, mais ou menos cultos (e não falo apenas do ambiente acadêmico), leitores contumazes de Fernando Pessoa, aficionados de modo especial por um de seus heterônimos – personalidades poéticas distintas, que expressam diferentes idéias e sentimentos, com estilos e técnicas de composição diversos.

Os heterônimos pessoanos começaram com o Chevalier de Pas, quando o poeta tinha apenas seis anos de idade. Os que adquiriram mais consistência e autonomia foram Alberto Caeiro, Ricardo Reis e Álvaro de Campos, devendo-se ainda considerar o semi-heterônimo Bernardo Soares, autor do *Livro do desassossego*. Cada uma dessas vozes pessoanas tem o seu encanto particular e a elas talvez se possa acrescentar o poema *Mensagem*, percebido muitas vezes como a tendência saudosista de Pessoa.

Assim, em torno de Fernando Pessoa, nome agregador, reúnem-se diferentes perspectivas de vida e de elaboração poética. O que conciliaria essa diversidade? Como explicar essas divergências de mentalidade e de estilo, essa perturbadora heteronímia?

Para tentar responder a essas perguntas, vamos buscar apreender, em cada um dos heterônimos do poeta, e também na sua tendência vista como saudosista, os elementos que caracterizam a sua diferença e a sua especial sedução, capaz de fascinar tantos e tão variados tipos de leitor.

A atração de Alberto Caeiro

Alberto Caeiro, com a sua aparente tranqüilidade e forte ligação com a natureza, parece ideal para os que se angustiam com a aceleração da vida, com a moderna ascendência da máquina sobre o homem, com a multiplicação infinita de desejos, com a urgente necessidade de desenvolvimento do intelecto e com a descoberta do poder aparente e, ao mesmo tempo, das limitações do ser humano. Sua simplicidade e serenidade fascinam, oferecendo-se como verdadeiro oásis aos que sofrem com a constante, agônica e cerebral luta pela vida que caracteriza o homem moderno. E o poeta sabe mesmo buscar integração com o seu leitor:

> Saúdo todos os que me lerem,
> Tirando-lhes o chapéu largo
> Quando me vêem à minha porta
> Mal a diligência levanta no cimo do outeiro.
> Saúdo-os e desejo-lhes sol,
> E chuva, quando a chuva é precisa,
> E que as suas casas tenham
> Ao pé duma janela aberta
> Uma cadeira predileta
> Onde se sentem, lendo os meus versos.
> E ao lerem os meus versos pensem
> Que sou qualquer cousa natural –
> Por exemplo, a árvore antiga
> À sombra da qual quando crianças
> Se sentavam com um baque, cansados de brincar,
> E limpavam o suor da testa quente
> Com a manga do bibe riscado.
> (Pessoa/Caeiro, 1965, p. 204)

O poeta salienta o valor apaziguador e relaxante da leitura de seus versos, capazes de sugerir o contato com uma natureza amiga e acolhedora, da qual não se espera mais que o estar ali, sem outras significações. Não sem razão, Caeiro é visto como mestre por todos os outros heterônimos e até pelo Pessoa ortônimo. Ele mesmo se coloca como mestre:

> Sei ter o pasmo essencial
> que tem uma criança se, ao nascer,
> Reparasse que nascera deveras...
> Sinto-me nascido a cada momento
> Para a eterna novidade do Mundo...
> (Pessoa/Caeiro, 1965, p. 204)

Caeiro procura acentuar sempre a importância de saber ver, de perceber o mundo sem intelectualizações que só podem trazer prejuízo e infelicidade:

> O Mundo não se fez para pensarmos nele
> (Pensar é estar doente dos olhos)
> Mas para olharmos para ele e estarmos de acordo...
> (Pessoa/Caeiro, 1965, p. 205)

Quando fala da tempestade e de rezar a Santa Bárbara (Pessoa/Caeiro, 1965, p. 206), Caeiro antecipa a estranheza do leitor e explica que rezaria como se fosse ele mesmo a tia velha de alguém e assim se sentiria ainda mais simples do que julga ser. Isso porque a simplicidade significaria proximidade à natureza, recusa da reflexão e das explicações complicadas:

> O que penso eu do mundo?
> Sei lá o que penso do mundo!
> Se eu adoecesse pensaria nisso.
> (Pessoa/Caeiro, 1965, p. 206)

Ainda no *O guardador de rebanhos*, Caeiro completa:

> O essencial é saber ver,
> Saber ver sem estar a pensar,
> Saber ver quando se vê,
> E nem pensar quando se vê
> Nem ver quando se pensa.
> (Pessoa/Caeiro, 1965, p. 217)

Depois de dizer que leu páginas de um poeta místico e riu como quem tem chorado muito, Caeiro explica que os poetas místicos são filósofos doentes e que os filósofos são homens doidos. Também esse desdém faz parte de uma atitude magistral que, afinal, não combina com sua suposta simplicidade:

> Por mim, escrevo a prosa dos meus versos
> E fico contente,
> Porque sei que compreendo a Natureza por fora;
> E não a compreendo por dentro
> Porque a Natureza não tem dentro;
> Senão não era a Natureza.
> (Pessoa/Caeiro, 1965, p. 219)

É como se o seu poema valesse apenas por si mesmo: não teria dentro, nem significado; não proporia um sentido e seria apenas uma elaboração de significantes, de sons, de elementos lingüísticos, dos quais não seria possível estabelecer uma hermenêutica que lhe teria sido previamente atribuída por seu autor.

A mesma reflexão provoca o poema XXXII de *O guardador de rebanhos*, que relata a escuta de um discurso de pregação política e o comentário do poeta ouvinte:

> Eu no que estava pensando
> Quando o amigo de gente falava

(E isso me comoveu até às lágrimas),
Era em como o murmúrio longínquo dos chocalhos
A esse entardecer
Não parecia os sinos duma capela pequenina
A que fossem à missa as flores e os regatos
E as almas simples como a minha.
(Pessoa/Caeiro, 1965, p. 221)

Caeiro tenta esvaziar o sentido do discurso, comparando-o ao ruído de chocalhos, que só poderia ser religiosamente traduzido por um artifício. O poeta lamenta que o ser humano seja tão viciado em significações, pois até ao ver florescer as flores e receber o sorriso antigo que elas tiveram para o seu primeiro olhar, o homem logo as tocou levemente "para ver se elas falavam..." (Pessoa/Caeiro, 1965, p. 221). E, certamente, lamenta Caeiro, para procurar compreender o significado de sua fala...

Quando expressa "uma vaga saudade/E um vago desejo plácido/ Que aparece e desaparece", Caeiro explica que não se trata de apreender sentidos:

Também às vezes, à flor dos ribeiros,
Formam-se bolhas na água
Que nascem e se desmancham
E não têm sentido nenhum
Salvo serem bolhas de água
Que nascem e se desmancham.
(Pessoa/Caeiro, 1965, p. 223)

A explicação tem a ver sempre com o desejo ou a necessidade do homem de que todas as coisas "sejam" algo além de si mesmas e de sua materialidade pagã:

Para mim, graças a ter olhos só para ver,
Eu vejo ausência de significação em todas as cousas;

Vejo-o e amo-me, porque ser uma cousa é não significar nada.
Ser uma cousa é não ser susceptível de interpretação.
(Pessoa/Caeiro, 1965, p. 233)

O fato de escrever versos não significaria superioridade sobre pedras ou plantas, mas apenas a sua diferença. Esse exercício de linguagem não o obrigaria a ter teorias sobre as coisas (Pessoa/Caeiro, 1965, p. 234).

Por isso, pode dizer que vê a morte com naturalidade:

Quando vier a Primavera,
Se eu já estiver morto,
As flores florirão da mesma maneira
E as árvores não serão menos verdes que na Primavera passada.
A realidade não precisa de mim.

Sinto uma alegria enorme
Ao pensar que a minha morte não tem importância nenhuma.
(Pessoa/Caeiro, 1965, p. 236)

Assim, a sua perspectiva de morte é muito tranqüila:

Um dia deu-me o sono como a qualquer criança.
Fechei os olhos e dormi.
Além disso, fui o único poeta da Natureza.
(Pessoa/Caeiro, 1965, p. 237)

Caeiro sabe seduzir o seu leitor, pois coloca-se delicadamente na posição de mestre e até, na perspectiva de Ermelinda Ferreira, de pai, numa irônica figuração do conflito edipiano, pois o heterônimo teria suplantado o seu criador.

Uma leitura mais demorada de Caeiro revelaria melhor, entretanto, as suas contradições. Seus poemas afirmam constantemente que "pensar é estar doente dos olhos", que seu autor não tem filosofia, mas sentidos, que fala da natureza, mas não porque saiba o que ela é. Apenas a ama e "quem ama nunca sabe o que ama/Nem sabe porque ama, nem o que é amar..." Mas ele se contradiz, como em "O pastor amoroso":

> Amar é pensar,
> E eu quase que me esqueço de sentir só de pensar nela.
> Não sei bem o que quero, mesmo dela, e eu não penso senão nela.
> (...)
> Não peço nada a ninguém, nem a ela, senão pensar.
> (Pessoa/Caeiro, 1965, p. 230)

Também se contradiz quando se coloca no lugar do mestre e usa os seus versos para ensinar, para convencer. Assim recorre a idéias e argumentos e não pode ser simplesmente aquele animal humano que a natureza produziu.

Segundo Nietzsche, "acreditamos saber algo das coisas mesmas, se falamos de árvores, cores, neve e flores, e no entanto não possuímos nada mais do que metáforas das coisas, que de nenhum modo correspondem às entidades de origem" (Nietzsche, 1983, p. 55). Mas Caeiro quer camuflar essa representação. Finge que pode esconder esse fingimento da linguagem. Mas também exibe esse fingimento, porque refere-se repetidamente aos versos que faz: "Tenho escrito bastantes poemas" (Pessoa/Caeiro, 1965, p. 234-235), "Se o que escrevo tem valor, não sou eu que o tenho:/O valor está ali, nos meus versos" (Pessoa/Caeiro, 1965, p. 235). Camufladamente, Caeiro enfatiza também a importância da comunicação:

> Mesmo que os meus versos nunca sejam impressos,
> Eles lá terão a sua beleza, se forem belos.
> Mas eles não podem ser belos e ficar por imprimir,
> Porque as raízes podem estar debaixo da terra
> Mas as flores florescem ao ar livre e à vista.
> (Pessoa/Caeiro, 1965, p. 235-236)

Além da importância conferida ao emissor, há constantes referências a um receptor: "O que ouviu os meus versos disse-me: Que tem isso de novo?" (Pessoa/Caeiro, 1965, p. 243). O poeta deve correr os riscos:

> Esse é o destino dos versos,
> Escrevi-os e devo mostrá-los a todos
> Porque não posso fazer o contrário
> Como a flor não pode esconder a cor,
> Nem o rio esconder que corre,
> Nem a árvore esconder que dá fruto.
> (Pessoa/Caeiro, 1965, p. 227)

Ao colocar Caeiro como o mestre, Pessoa parece conceber o drama heteronímico como uma encenação que todo novo poeta precisa realizar, a fim de afirmar-se diante daqueles que o antecederam (Ferreira, 1995, p. 54). Com toda a sua suposta simplicidade, como diz Ermelinda Ferreira, Caeiro seria assim o mito fundador da poesia heteronímica e, como tal, "tão legendário para o microcosmo pessoano quanto Ulisses o é para a Odisséia de D. Sebastião para o povo português" (Ferreira, 1995, p. 55).

O fascínio de Ricardo Reis

A atração que o heterônimo Ricardo Reis exerce sobre o leitor é diferente. Em vez de simplicidade e ligação com a natureza, ele oferece a lição clássica da contenção e do equilíbrio. Em vez de pregar o sentir, prega o pensar, o raciocinar, o prever e o conter-se. Ricardo Reis renega a sua época e volta aos clássicos em busca da tranqüilidade do racionalismo. Procura identificar-se a Horácio e, com ele, abraça a filosofia de Epicuro. Prega a ataraxia e pretende estar calmo e indiferente diante de todo prazer e de toda dor. Assim, mesmo que os povos se destruam, os dois jogadores de xadrez podem permanecer alheios e continuar a sua disputa particular, que é jogo e indiferença diante da vida ("Ouvi contar que outrora, quando a Pérsia") (Pessoa, 1965, p. 267).

Os versos de Ricardo Reis, contidos, racionais e equilibrados, estão adequados à expressão das sensações e das emoções reprimidas. Sua construção sintática, de inspiração clássica, reflete a racionalização do poeta e o predomínio da elaboração consciente.

Com sua submissão voluntária a um destino indesejado, o que o poeta das *Odes* tem a oferecer – encontrado no modelo clássico e na repressão das sensações e das emoções – é o equilíbrio necessário para conviver com a certeza de que a validade dos bens é ilusória e de que o tempo é o inexorável destruidor de tudo. Sábio que se contenta com o espetáculo do mundo, estóico conciliado por esforço próprio, Ricardo Reis apresenta uma poesia plena de conselhos e soluções. Já que "nada fica de nada. Nada somos", e se somos apenas "contos contando contos, nada" (Pessoa, 1965, p. 289), tenhamos a calma e a sabedoria de "passar silenciosamente / E sem desassossegos grandes" (Pessoa, 1965, p. 256).

Expressando a consciência de que apenas o momento é nosso, o heterônimo aconselha: "Façamos nossa vida *um dia*, / Inscientes, Lídia, voluntariamente / Que há noite antes e após / O pouco que duramos" (Pessoa, 1965, p. 259), pois "não consentem os deuses mais que a vida" (Pessoa, 1965, p. 260):

> Só esta liberdade nos concedem
> Os deuses: submettermo-nos
> Ao seu dominio por vontade nossa.
> Mais vale assim fazermos
> Porque só na illusão da liberdade
> A liberdade existe.
> (Pessoa/Reis, 1994, p. 108)

Já que a morte é tão certa e tão definitiva, o importante é estar sereno e satisfeito e conter sempre o desejo:

Segue o teu destino,
Rega as tuas plantas,
Ama as tuas rosas.
O resto é a sombra
De árvores alheias.
(Pessoa/Reis, 1994, p. 133).

Os deuses estão atentos e castigam os que ousam afrontá-los. Por isso,

Como um regato, mudos passageiros,
Gosemos escondidos.
A sorte inveja, Lydia. Emmudeçamos.
(Pessoa/Reis, 1994, p. 74)

Preferível será evitar qualquer desejo e até o amor, pois este traz expectativa de retribuição:

Não quero, Chloe, teu amor, que opprime
Porque me exige amor. Quero ser livre.
(Pessoa/Reis, 1994, p. 168)

A liberdade maior estará diretamente relacionada à capacidade de contenção:

Quer pouco: terás tudo.
Quer nada: serás livre.
O mesmo amor que tenham
Por nós, quer-nos, opprime-nos.
(Pessoa/Reis, 1994, p. 284)

Assim como Caeiro, Reis tem a sua perspectiva sobre a morte e até uma receita para aliviar ou evitar o sofrimento:

Não tenhas nada nas mãos
Nem uma memória na alma,

Que quando te puzerem
Nas mãos o óbolo ultimo,

Ao abrirem-te as mãos
Nada te cahirá.

Que throno te querem dar
Que Átropos t'o não tire?

Que louros que não fanem
Nos arbítrios de Minos?

Que horas que te não tornem
Da estatura da sombra

Que serás quando fôres
Na noite e ao fim da estrada.

Colhe as flores mas larga-as
Das mãos mal as olhaste.

Senta-te ao sol. Abdica
E sê rei de ti próprio.
(Pessoa/Reis, 1994, p. 90)

Ricardo Reis apresenta uma sabedoria clássica de vida. Seu constante "aconselhar", sua repetida referência a um interlocutor a quem transmitiria as suas lições sugerem, entretanto, que o heterônimo não está convicto de seus próprios ensinamentos. A pretendida identificação aos clássicos Horácio e Epicuro é pura repetição de temas e motivos. Assim, uma leitura atenta de seus versos acaba por revelar que Ricardo Reis é mais uma máscara construída por Fernando Pessoa: uma construção de linguagem, uma teia tecida com palavras.

A poética de Álvaro de Campos

A poética de Ricardo Reis é muito diferente, com certeza, da construída por Álvaro de Campos. O poeta de "Ode triunfal", "Ode marítima" e "Tabacaria" – engenheiro, sensacionista – não parece querer fugir ao seu tempo. Diferentemente de Ricardo Reis e de Alberto Caeiro, e especialmente na sua fase futurista, Álvaro de Campos parece integrado ao mundo moderno e à euforia da máquina e da velocidade. Os seus versos, inicialmente expressos com um decadentismo mórbido e nostálgico à maneira de Mário de Sá-Carneiro, passam numa segunda fase a tentar acompanhar o ritmo frenético de um futurismo que ultrapassa a proposta de Marinetti. Álvaro de Campos não parece cantar apenas a novidade e a surpresa, mas as sensações que essa realidade provoca no artista. A máquina – símbolo da modernidade – é o novo ópio com que o poeta tenta fugir de si mesmo e de sua condição de sofredor perdido no encontro com o nada, para cujos problemas Alberto Caeiro e Ricardo Reis tentaram outras e distintas soluções. O poeta manifesta o desejo de identificar-se com a máquina:

> Ah, poder exprimir-me todo como um motor se exprime!
> Ser completo como uma máquina!
> Poder ir na vida triunfante como um automóvel último-modelo!
> (Pessoa/Campos, 1999, p. 20)

Mas depois, na mesma "Ode triunfal", revela que essa admiração pelas coisas modernas tem algo de perverso, de histérico, de excessivo, de desesperado:

> Atirem-me para dentro das fornalhas!
> Metam-me debaixo dos comboios!

Espanquem-me a bordo dos navios!
Masoquismo através de maquinismos!
Sadismo de não sei quê moderno e eu e barulho!
(Pessoa/Campos, 1999, p. 23-24)

O entusiasmo parece fora de controle e é como se o poeta gritasse:

Amo-vos a todos, a tudo, como uma fera.
Amo-vos carnivoramente,
Pervertidamente e enroscando a minha vista
Em vós, ó coisas grandes, banais, úteis, inúteis,
Ó coisas todas modernas,
Ó minhas contemporâneas, forma atual e próxima
Do sistema imediato do Universo!
Nova Revelação metálica e dinâmica de Deus!
(Pessoa/Campos,1999, p. 22-23)

No meio da histeria há momentos de depressão, representados por versos entre parênteses:

(Na nora do quintal da minha
O burro anda à roda, anda à roda,
E o mistério do mundo é do tamanho disto)
(Pessoa/Campos, 1999, p. 25)

Essa depressão expressa-se com mais força nos poemas que se seguem às “Odes” e registram as percepções do mundo moderno e as sensações que ele provoca. Um bom exemplo são os inícios dos dois poemas “Lisbon revisited”:

Não: não quero nada.
Já disse que não quero nada.

Não me venham com conclusões!
A única conclusão é morrer.
(Pessoa/Campos, 1999, p. 136)

Nada me prende a nada.
Quero cinquenta coisas ao mesmo tempo.
Anseio com uma angústia de fome de carne
O que não sei que seja –
Definidamente pelo indefinido...
(Pessoa/Campos, 1999, p. 147)

Os famosos versos de "Tabacaria" parecem estar na mesma linha:

Não sou nada.
Nunca serei nada.
Não posso querer ser nada.
À parte isso, tenho em mim todos os sonhos do mundo.
(Pessoa/Campos, 1999, p. 150)

Daí o profundo sentimento de solidão:

Estou só, só como ninguém nunca esteve,
Oco dentro de mim, sem depois nem antes.
Parece que passam sem ver-me os instantes,
Mas passam sem que o seu passo seja leve.
(Pessoa/Campos, 1999, p. 362)

Vêm então a desistência, o adiamento, a crítica à preocupação com o aproveitamento do tempo, o lamento pela ausência do mestre – Alberto Caeiro –, tão atento, tão sereno, mas cujos ensinamentos o discípulo não pôde apreender:

A calma que tinhas, deste-ma, e foi-me inquietação.
Libertaste-me, mas o destino humano é ser escravo.

Acordaste-me, mas o sentido de ser humano é dormir.
(PESSOA/CAMPOS, 1999, p. 272)

Uma figura é emblemática na poesia de Álvaro de Campos: Walt Whitman. "Saúdo-te, Walt, saúdo-te, meu irmão em Universo" (PESSOA/CAMPOS, 1990, p. 118). Campos afirma não ser indigno do ídolo e somos levados a cotejar a obra dos dois poetas. Ambos falam de fraternidade e têm versos apaixonados e eróticos sobre o mar, usando um estilo esfuziante, torrencial, com versos plenos de anáforas, exclamações e interjeições. Mas uma comparação mais demorada revela que Whitman prega o amoralismo para uma integração verdadeira entre os homens e busca reabilitar, diante do puritanismo de seu tempo, o desejo humano de sentir e viver a vida de forma pura e saudável. O Campos whitmaniano, encarregado por Fernando Pessoa de seus espalhafatos e declamações, canta a vida por "bebedeira". Suas sensações desenfreadas não passam da esfera da inteligência, tecedeira da moderna e irônica rede com que o poeta finge integrar-se ao outro para camuflar o vazio e a angústia existencial.

Em Álvaro de Campos, a consciência é fonte de sofrimento. Por isso o marçano é feliz:

Feliz o homem marçano,
Que tem a sua tarefa quotidiana normal, tão leve ainda que pesada,
Que tem a sua vida usual,
Para quem o prazer é prazer e o recreio é recreio,
Que dorme sono,
Que come comida,
Que bebe bebida, e por isso tem alegria.
(PESSOA/CAMPOS, 1999, p. 272)

Em "Aniversário" o poeta tem raiva "de não ter trazido o passado roubado na algibeira". Naquele tempo "era feliz e ninguém estava morto", "tinha a grande saúde de não perceber coisa nenhuma" (PESSOA/CAMPOS, 1999, p. 172-174).

A felicidade da infância parece relacionar-se com um tempo de inconsciência:

> Sim, o que fui de suposto a mim-mesmo,
> O que fui de coração e parentesco,
> O que fui de serões de meia-província,
> O que fui de amarem-me e eu ser menino,
> O que fui – ai, meu Deus!, o que só hoje sei que fui...
> A que distância!...
> (Nem o acho...)
> O tempo em que festejavam o dia dos meus anos!
> (Pessoa/Campos,1999, p. 172-173)

Mas essa felicidade da infância faz lembrar também aquele poema do Pessoa ortônimo:

> Com que ânsia tão raiva
> Quero aquele outrora!
> E eu era feliz? Não sei.
> Fui-o outrora agora.
> (Pessoa, 1965, p. 140-141)

A felicidade acaba por ser uma palavra, uma máscara vazia, o substituto de algo que nunca se alcança, pois também no passado não existiu, já que não se tinha consciência dela. O que o eu sente não é a felicidade, mas a consciência de sua impossibilidade.

Pobre Álvaro de Campos!, somos tentados a pensar. Mas não podemos esquecer que os heterônimos exibem constantemente as suas máscaras ficcionais, a sua condição de efeitos de discurso. Na verdade, é tão difícil e tão ameaçadora para nós a evidência dessa falta irremediável – parece ser afinal o que os heterônimos estão dizendo –, é tão terrível esse vazio do sujeito que preferimos entender as soluções aparentes como verdadeiras soluções, ignorando o fingimento que as contradições e as incongruências dos textos heteronímicos tornam evidente.

Mas há poemas que nos impedem de entrar no jogo sem a consciência de estarmos no campo lúdico da linguagem. Vou aqui lembrar talvez o mais importante deles, numa leitura que se tornou possível apenas depois da edição crítica dos poemas de Álvaro de Campos feita por Cleonice Berardinelli:

> Depus a máscara e vi-me ao espelho...
> Era a criança de há quantos anos...
> Não tinha mudado nada...
>
> É essa a vantagem de saber tirar a máscara.
> É-se sempre a criança,
> O passado que fica,
> A criança.
>
> Depus a máscara, e tornei a pô-la.
> Assim é melhor.
> Assim sou a máscara.
>
> E volto à normalidade como a um *terminus* de linha...
> (PESSOA/CAMPOS, 1999, p. 209-210)

O poeta não diz: sem a máscara sou a criança, mas é-se sempre a criança, numa colocação que acentua a importância da máscara. O normal é a máscara, a artificialidade, o sujeito construído, preenchido com elementos culturais, já que o eu é um efeito de linguagem. O normal é o heterônimo...

Essa consideração de que a normalidade está no uso da máscara faz pensar que também os heterônimos seriam máscaras, mais do que soluções. Todas as soluções por eles propostas teriam estatuto de ficções elaboradas por uma consciência infeliz que vive no desconforto de uma época em que a tônica é o fingimento e a representação. Ingênuo seria aquele que adotasse como norma de vida os ensinamentos de Caeiro, Reis ou Campos.

O saudosismo

Álvaro de Campos liga-se ao mundo contemporâneo e, marcando seu descontentamento, volta-se para um passado que teria sido feliz. A saudade que parece marcar suas lembranças da infância e seu relacionamento com o mestre estaria presente também em outras composições de Fernando Pessoa, que participou do movimento da Renascença Portuguesa e da revista *A Águia*, fundada em 1912 e dirigida por Teixeira de Pascoais. A tendência saudosista da revista tinha uma fundamentação histórica: iniciava-se no tempo da primeira guerra mundial; os meios artísticos estavam inundados por manifestos de vanguarda (futurismo e outros); Portugal vivia sucessivas crises políticas, com o crescimento, a partir de 1879, de forte sentimento antimonárquico. Organizavam-se os partidos socialista e republicano, responsáveis por uma intransigente oposição ao regime monárquico; o "Ultimato inglês", resultado de ousado plano expansionista, evidenciou a fragilidade da posse das colônias portuguesas ultramarinas, alvo da cobiça não só da Inglaterra, mas das grandes potências européias, desde os fins do século XIX.

Portugal tentava ampliar seus territórios africanos e dominar uma longa faixa de terra entre Angola (costa atlântica) e Moçambique (costa índica), dividindo assim a África ao meio. Mas essa faixa de terra era cobiçada também pela Inglaterra, que envia a Portugal um ultimato (11.01.1890), exigindo a retirada das tropas portuguesas desses espaços.

O governo português cede às pressões e abandona os territórios, gerando insatisfação popular e revolta contra os ingleses e contra o governo. Ao lado da frustração e de alguns tumultos, há a nostalgia de um governo forte e de um povo valente, capazes de defender os interesses da nação portuguesa e de promover a sua grandeza entre as outras nações.

A grave crise econômica e financeira da Europa era ainda mais acentuada em Portugal. Esses primeiros tempos da república são muito difíceis: a moeda é desvalorizada, bancos vão à falência, não há investimentos. As sucessivas e violentas crises provocam um profundo nacionalismo, gerando duas correntes: do saudosismo e do integralismo. Há uma tendência de volta ao passado, às grandes navegações, à grandiosidade do império, ao sebastianismo, às glórias de *Os lusíadas*. Fernando Pessoa, cujas primeiras publicações coincidem com esse momento de exaltação do nacionalismo (1910 a 1915), também participa do movimento e chega a mencionar, em 1912, a expectativa do surgimento de um supra-Camões.

O grupo saudosista da revista *A Águia* (1910-1932), considerada o órgão da "Renascença Portuguesa", pretendia fazer ressuscitar as glórias da pátria, de que faria parte o "supra-Camões". Fernando Pessoa publica na revista uma série de artigos sobre "A nova poesia portuguesa", onde diz que o futuro glorioso da pátria leva a crer para muito breve o inevitável aparecimento do poeta ou poetas supremos – o Grande Poeta – que deslocará para segundo plano a figura, até então primacial, de Camões. E realmente o poema *Mensagem*, um dos poucos publicados por Pessoa em vida, tem um estreito parentesco com *Os Lusíadas* e é por isso associado ao misticismo nacionalista e ao racionalismo sebastianista, constituindo-se como um exemplo do saudosismo pessoano.

As características épico-líricas do poema integram a nação portuguesa à Europa, de que Portugal seria na verdade a cabeça:

A Europa jaz, posta nos cotovellos:
De Oriente a Occidente jaz, fitando,
E toldam-lhe romanticos cabellos
Olhos negros, lembrando.

O cotovello esquerdo é recuado;
O direito é em angulo disposto.
Aquelle diz Italia onde é pousado;
Este diz Inglaterra onde, afastado,
A mão sustenta, em que se appoia o rosto.

Fita, com olhar sphyngico e fatal,
O Occidente, futuro do passado.

O rosto com que fita é Portugal.
(Pessoa, 1965, p. 71)

Depois de localizar o espaço mítico, exaltam-se os heróis construtores da glória portuguesa, como o conde D. Henrique:

> Todo começo é involuntário.
> Deus é o agente.
> O heroe a si assiste, vario
> E inconsciente.
>
> À espada em tuas mãos achada
> Teu olhar desce.
> "Que farei eu com esta espada?"
>
> Ergueste-a, e fez-se.
> (Pessoa, 1965, p. 71)

Para assinalar a ousadia da obra e o alcance das conquistas, enfatizando embora que o porto ainda está por achar, diz o poeta no "Padrão" (p. 79):

> A alma é divina e a obra é imperfeita.
> Este padrão signala ao vento e aos céus
> Que, da obra ousada, é minha a parte feita:
> O por-fazer é só com Deus.
>
> E ao imenso e possivel oceano
> ensinam estas Quinas, que aqui vês,
> Que o mar com fim será grego ou romano:
> O mar sem fim é portuguez.
> (Pessoa, 1965, p. 79)

O poeta lembra o esforço necessário para fixar esse padrão, essa marca de posse, o que comprova a coragem, a firmeza e a grandeza do povo português:

Ó mar salgado, quanto de teu sal
São lágrimas de Portugal!
Por te cruzarmos, quantas mães choraram,
Quantos filhos em vão resaram!
Quantas noivas ficaram por casar
Para que fosses nosso, ó mar!

Valeu a pena? Tudo vale a pena
Se a alma não é pequena.
Quem quere passar além do Bojador
Tem que passar além da dor.
Deus ao mar o perigo e o abysmo deu,
Mas nelle é que espelhou o céu.
(Pessoa, 1965, p. 82)

Apesar de toda essa força e coragem, as grandes conquistas se foram:

Restam-nos hoje, no silêncio hostil,
O mar universal e a saudade.
(Pessoa, 1965, p. 82)

É preciso portanto "remoçar a chamma do esforço":

E outra vez conquistemos a Distancia –
Do mar ou outra, mas que seja nossa!
(Pessoa, 1965, p. 82)

Portugal já não é o mesmo, daí a saudade, que fica mais clara em "Nevoeiro":

Nem rei nem lei, nem paz nem guerra,
Define com perfil e ser
Este fulgor baço da terra
Que é Portugal a entristecer –

Brilho sem luz e sem arder,
Como o que o fogo-fatuo encerra.

Ninguem sabe que coisa quere.
Ninguem conhece que alma tem,
Nem o que é mal nem o que é bem.
(Que ancia distante perto chora?)
Tudo é incerto e derradeiro.
Tudo é disperso, nada é inteiro,
Ó Portugal, hoje és nevoeiro...

É a hora!
(Pessoa, 1965, p. 89)

Se restam apenas o mar universal e a saudade, se é preciso conquistar uma "Distância", se Portugal hoje é nevoeiro, sem rei nem lei, de que será essa "hora"? Parece que as tendências saudosistas de Pessoa não coincidem mesmo com as de Pascoais – que domina a revista *A Águia* e a Renascença Portuguesa e tem na poesia um pragmático veículo de idéias e de tentativa de recuperação de poderes e glórias perdidos. O saudosismo pessoano parece situar-se, antes, ironicamente no contexto de *A Águia*, pois refere-se muito mais à nostalgia de um tempo em que a língua portuguesa era usada em toda a sua riqueza, como no Renascimento. O lamento pessoano realiza-se liricamente, através de criação subjetiva de símbolos, como em *Mensagem*, cuja forma valoriza a construção poética, o tipo de verso, de rima e de ritmo, bem como a beleza natural da língua portuguesa, um pouco esquecida nesse momento, como revelou um inquérito realizado em 1912 pelo jornal *República*. Esse inquérito, feito às principais figuras da vida literária e cultural portuguesa, concluiu pela existência de grave crise no plano da criação naquele tempo, em Portugal. Haviam então desaparecido grandes autores (Eça, Camilo, Antero, Cesário, Nobre), sem que surgissem substitutos. O panorama era desolador.

A referência a Camões seria menos alusiva ao tempo das glórias por ele cantadas do que ao seu gênio poético, à sua habilidade de tecelão das potencialidades da língua.

Essas considerações parecem ganhar força diante da admiração de Pessoa pelo padre António Vieira, o "maior prosador", o "maior artista", o "imperador da língua portuguesa". No *Livro do desassossego* vários trechos elucidam a relação de Pessoa com Vieira. Eis um exemplo:

> Não chóro por nada que a vida traga ou leve. Ha porém paginas de prosa que me teem feito chorar. Lembro-me, como do que estou vendo, da noute em que, ainda creança, li pela primeira vez numa selecta, o passo celebre de Vieira sobre o Rei Salomão. "Fabricou Salomão um palacio..." E fui lendo, até o fim, tremulo, confuso; depois rompi em lagrimas felizes, como nenhuma felicidade real me fará chorar, como nenhuma tristeza da vida me fará imitar. Aquelle movimento hieratico da nossa clara lingua majestosa, aquelle exprimir das idéas nas palavras inevitaveis, correr de agua porque ha declive, aquelle assombro vocalico em que os sons são cores ideaes – tudo isso me toldou de instincto como uma grande emoção politica. E, disse, chorei; hoje, relembrando, ainda chóro. Não é – não – a saudade da infancia, de que não tenho saudades: é a saudade da emoção d'aquelle momento, a magua de não poder já ler pela primeira vez aquella grande certeza symphonica. (Pessoa/Soares, 1982, p. 16-17)

A grandeza dessa página de Vieira não parece relacionar-se com o palácio construído por Salomão, possível metáfora do Quinto Império, com seus poderes e grandezas materiais e políticas. Estaria muito mais para a naturalidade cristalina com que o sermonista usa a língua portuguesa em sua obra, na clareza majestosa com que ele trabalha a sua potencialidade musical. Um outro trecho do *Livro do desassossego* reafirma essa hipótese:

> Nada me pesaria que invadissem ou tomassem Portugal, desde que não me incommodassem pessoalmente. Mas odeio, com odio verdadeiro,

> com o unico odio que sinto, não quem escreve mal portuguez, não quem não sabe syntaxe, não quem escreve em orthografia simplificada, mas a pagina mal escripta, como pessoa propria, a syntaxe errada, como gente em que se bata.
> (Pessoa/Soares, 1982, p. 17)

Esse trecho parece ratificar a tese de que as referências de Vieira e de Fernando Pessoa ao Quinto Império não têm o mesmo sentido. Para o autor dos *Sermões*, com o Quinto Império Portugal dominará o mundo. Seu poder será maior que o dos quatro impérios que o antecederam: egípcio, assírio-caldaico, persa e romano. Para Fernando Pessoa, a grandeza do Quinto Império será a da língua como valor em si e não como instrumento para estabelecer verdades ou recuperar mitos.

O maior estudioso e crítico de Fernando Pessoa – Eduardo Lourenço – diz que, no *Livro do desassossego*, o semi-heterônimo Bernardo Soares apresenta-se como viajante sem bagagem nem caminho e é assim que ele vem tirar as certezas daqueles que começavam a percorrer com excessiva confiança as veredas imbalizáveis de uma aventura cultural terminada. Essa aventura poderia ser a dos descobrimentos e da colonização, a que o poeta se refere em *Mensagem*, ou a da linguagem, como a aventura heteronímica. Bernardo Soares, impiedosamente, destrói as hermenêuticas que explicariam os diferentes heterônimos. Nenhum deles salva Fernando Pessoa, pois todos seriam "ficções de interlúdio": simulações, produtos de invenção, no espaço intermediário do jogo.

Eduardo Lourenço discute se o *Livro do desassossego* seria supertextualidade ou infratextualidade e conclui que se trata de "texto ao rés-do-escritório, ao rés do chão da vida de quem só habitou mansardas rentes ao infinito" (Lourenço, 1986, p. 89). O sujeito dos textos do *Livro do desassossego* é o Pessoa fascinado pela lógica vertiginosa do discurso paradoxal, em equilíbrio aleatório entre a fulgurância deslumbrante e o puro arbítrio. Em suma, o mundo, a sensação ou percepção dele, a própria existência, emergindo e impondo-se sobre o vazio. Para o crítico, o testemunho do *Livro do desassossego* é de que, sob a heteronímia expressa, resiste e persiste uma heteronímia natural que, embora não nos consinta a ilusão de uma pluralidade mítica, menos nos consente ainda uma mítica unidade.

O *Livro do desassossego* – com sua narratividade truncada, seus espaços de ausência, sua inorganicidade expressiva, seu desassossego semântico e hermenêutico – acaba com as possíveis ilusões de que os heterônimos nos trariam soluções. Porque demonstra que a heteronímia constitui, na realidade, irônica encenação abismal do eu, que se vê como ausência radical de si mesmo e do mundo. Através da mal fingida máscara de Bernardo Soares, é como se Fernando Pessoa retirasse o que poderia aparentar alguma verdade na sua *Mensagem* ou nas suas ficções heteronímicas, revelando o seu fingimento – o contentamento puro de Caeiro, a indiferença ostensiva de Ricardo Reis, a exaltação tumultuosa e precária de Álvaro de Campos.

Essa perspectiva faz vislumbrar o fino fio de ironia com que se tece a obra de Fernando Pessoa, que, aliás, nunca poderemos acusar de nos haver enganado, pois disse na "Autopsicografia":

> O poeta é um fingidor.
> Finge tão completamente
> Que chega a fingir que é dor
> A dor que deveras sente.
>
> E os que lêem o que escreve,
> Na dor lida sentem bem,
> Não as duas que ele teve,
> Mas só a que eles não têm.
> (Pessoa, 1965, p. 164-5)

O poeta trata de saudosismo, mas não no sentido tradicional da palavra. Fala do Quinto Império, aparentemente na linha de Vieira, mas com ligeira e irônica distorção. E apresenta múltiplas soluções heteronímicas para a angústia do homem, ostentando-as, entretanto, como as máscaras em que se transformou a criança. Tudo isso como se exercitasse a lição de Nietzsche, quando reflete sobre a propensão do homem a deixar-se enganar e a ficar como que enfeitiçado de felicidade ao ouvir ficções que se colocam como verdades.

Por isso, embora sabendo que Fernando Pessoa é o mais fingido, o mais mascarado, o mais mentiroso de todos os poetas, permitamo-nos o prazer de ouvi-lo:

> Que coisa distante
> Está perto de mim?
> Que brisa fragrante
> Me vem neste instante
> De ignoto jardim?
>
> Se alguém me dissesse,
> Não quisera crer.
> Mas sinto-o, e é esse
> O ar bom que me tece
> Visões sem as ver.
>
> Não sei se é dormindo
> Ou alheado que estou:
> Sei que estou sentindo
> A boca sorrindo
> Aos sonhos que sou.
> (Pessoa, 1965, p. 173-4)

Lembrando o simbolismo e a carga onírica dos versos de Camilo Pessanha ("Imagens que passais pela retina, por que não vos fixais?"), o poeta nos oferece o consolo da ilusão e a arte/máscara de sua linguagem. Deixemo-nos então embalar pelas ilusões e concluamos com Ricardo Reis:

> Sim, sei bem
> Que nunca serei alguém.
> Sei de sobra

Que nunca terei uma obra.
Sei, enfim,
Que nunca saberei de mim.
Sim, mas agora,
Enquanto dura esta hora,
Este luar, estes ramos,
Esta paz em que estamos,
Deixem-me crer
O que nunca poderei ser.
(Pessoa/Reis, 1965, p. 286)

Publicado em *Extensão*. Belo Horizonte,
PUC Minas, v. 7, n. 24, p. 65-85, 1997.

Referências

DUARTE, Lélia Parreira. Encenação e fingimento na poesia de Fernando Pessoa. *Letras*, Santa Maria, UFSM, n. 10 e 11, p. 286- 300, 1995.

FERREIRA, Ermelinda. Alberto Caeiro, o Pierre Menard de Pessoa. *Letras*, Santa Maria, UFSM, n. 10 e 11, p. 49- 67, 1995.

LOURENÇO, Eduardo. "Orfeu", ou a poesia como realidade. In: *Tempo e poesia*. Porto: Editorial Inova, 1974. p. 46-67.

———. "O livro do desassossego", texto suicida? In: *Fernando, rei da nossa Baviera*. Lisboa: Imprensa Nacional – Casa da Moeda, 1987. p. 81-95.

NIETZSCHE, F. Sobre a verdade e a mentira no sentido extramoral. In: *Obras incompletas*. 3. ed. São Paulo: Abril Cultural, 1983. p. 53-60. Col. Os pensadores.

PESSOA, Fernando. *Livro do desassossego*, por Bernardo Soares. Recolha e transcrição de textos de Maria Aliete Galhoz e Teresa Sobral Cunha. Lisboa: Ática, 1982.

———. *Obra poética*. Rio de Janeiro: Aguilar, 1965.

_______. *Poemas de Álvaro de Campos*. Fixação de texto, introdução e notas de Cleonice Bernardinelli. Rio de Janeiro: Nova Fronteira, 1999.

_______. *Poemas de Ricardo Reis*. Edição de Luiz Fagundes Duarte. Lisboa: Imprensa Nacional - Casa da Moeda, 1994.

Dostoiévski

“Polzunków”, o funâmbulo, ou o engano reduplicado

L'ironie est très effectivement un phénomène dont la valeur se situe dans la transition et à la limite, et qui ne peut se réaliser que dans une situation intermédiaire, hésitante et encore indécise.

Beda Alleman

“Polzunków”, de Dostoiévski, narra a história de Össip Mikháilitch, empregado de Fiedossiéi Nikolaitch e candidato a seu genro que, desiludido em sua pretensão de conseguir um “pai”, decide obter fortuna com a venda de papéis comprometedores para o patrão. Fiedossiéi, entretanto, usa artifícios emocionais e faz com que Össip devolva todo o dinheiro obtido com o suborno e em seguida o despede. Despojado de tudo e sem outra possibilidade de ganhar a vida, Össip Mikháilitch transforma-se em Polzunków, o bufão, que diverte as pessoas narrando a própria desdita.[1]

O conto inicia-se com a descrição do contador de histórias por um observador anônimo, que condensa as funções de receptor intradiegético e de segundo narrador, já que a narrativa se constrói em três níveis:

a) a história de Össip Mikháilitch;

b) a narração, por Polzunków, da história de Össip Mikháilitch;

c) o relato de um ouvinte que descreve Polzunków e mostra como ele conta e como é recebida a sua história.

[1] No contexto cultural russo, é importante o uso do prenome seguido do sobrenome. Usado isoladamente, o nome Polzunków já indica, portanto, aquele que recebe pouca deferência.

Esses três níveis indicam a sua complexidade e mostram como a narrativa equilibra-se ironicamente entre a afirmação e a negação, entre a seriedade e o riso, reduplicando carnavalescamente os jogos de enganos do texto.

A luta pelo poder

Össip Mikháilitch é um empregado pobre, praticamente sem família ou amparo, que procura enriquecer. Sua avó, único parente e proteção, está cega, surda, muda e caduca, totalmente "embarricada", "biruta" ou "gagá".[2] Seu patrão não atua como colaborador ou colega, mas como chefe exigente e rigoroso.

As personagens do conto separam-se em dois tipos: as que detêm o poder representado pelo dinheiro e as que lutam para obtê-lo. Mesmo a avó, caracterizada como incapaz de se comunicar, ouve falar de felicidade e liga-a à idéia de dinheiro e de casamento do neto com a filha do patrão.

Össip Mikháilitch tenta fugir ao trabalho e adquirir posição de detentor do poder econômico. Por duas vezes se lhe frustram planos de ser reconhecido como filho (herdeiro): do fidalgo reformado, que morre sem fazer testamento, e de Fiedossiéi, o futuro sogro, cuja filha pretere Össip Mikháilitch em favor do oficial de cavalaria, de vida oposta à sua: fácil e sem compromissos de trabalho.

Papéis escritos auxiliam Össip, que parece vencer a barreira e realizar o seu desejo: atingir o poder no presente e garanti-lo para o futuro. O suborno realizado com a troca de papéis rende-lhe boa soma e ainda a promessa de integração definitiva na classe dos poderosos através da aliança com a filha do patrão.

Convicto de ter alcançado seus objetivos, Össip entrega-se à brincadeira própria do novo grupo social a que julga ter-se integrado. Falta-

---

[2] As expressões usadas para caracterizar a avó da personagem variam conforme as traduções disponíveis do conto.

lhe, porém, a malícia necessária para lembrar que os papéis são sempre significantes do poder,[3] e, ao entregar a carta do primeiro de abril ele define a própria derrota: seu trabalho passa a ser duplamente explorado e, envolvido emocionalmente pela encenação preparada por Fiedossiéi, ele acaba por devolver ao ex-futuro-sogro todo o valor da venda dos papéis comprometedores, para "salvar-lhe (devolver-lhe) a casa" e ser então "estornado"[4] de uma classe em que penetrou indevidamente.

Enredado nas malhas tecidas por si próprio, Össip Mikháilitch é o enganador enganado de uma sociedade em que dominadores e dominados estão predefinidos. Ele ocupa o espaço do baixo (o profano, o do trabalho, o do explorado) e tenta, através de vários artifícios, transferir-se para o alto (o espaço do sagrado, do lazer, da exploração), mas é repetidas vezes derrotado.

Össip pretende enganar, fazer vítimas: sabe não ser filho do "fidalgo reformado", quer entretanto ser seu herdeiro; não ama Maria Fiedossiévna, mas a fortuna de seu pai e usa artifícios excusos para conseguir seus objetivos, quando os demais falham. A situação se inverte, porém, e ele se torna a vítima enganada. O futuro bufão pensa enganar pela própria idade ("o velhote não tinha consultado os livros da paróquia e não sabia que eu já passava dos trinta anos", p. 517)[5] e é enganado pela idade da noiva, que não tem vinte anos, mas quarenta e cinco. Pretende fazer uma brincadeira com a carta do primeiro de abril, mas esta se transforma num "ninho de fênix".[6]

---

[3] Esses significantes lembram o conto "A carta roubada", de Edgar Allan Poe, analisado por Lacan, em que a carta comprometedora confere poder a quem tem a sua guarda (Lacan, 1978, p. 17-67).

[4] O estorninho (pássaro) que Fiedossiéi envia a Össip logo após o aviso de exoneração parece significar realmente estorno ou "retificação de erro cometido pelo lançamento indevido de uma parcela em crédito ou débito" (Ferreira, 19--. p. 587). Esse jogo de palavras não existe no texto original.

[5] As citações textuais são extraídas da tradução de Natália Nunes (1963).

[6] A lenda da fênix diz que a ave antecipa o seu fim: faz um ninho com madeiras e resinas aromáticas e o expõe ao sol para que se incendeie. Nessas chamas a fênix se consome para renascer depois (Cirlot, 1969, p. 214).

Destruído pela palavra escrita, ele não desiste de seu intento e vai buscar a realização de seu desejo através da palavra falada, como fênix renascida das cinzas.

Diferença e simetria

Quando Polzunkóv se torna narrador, repete-se o jogo de poder existente no plano de sua história, verificável dessa vez entre a personagem e seus ouvintes. Os destinatários da narrativa pagarão por ela: conseqüentemente, consideram-se donos da palavra do narrador e lhe dão ordens impacientes:

> Vamos lá à história! (p. 513)
> Vamos à história que nos vai custar dinheiro outra vez... (p. 513)
> Conte tudo! Tem de contar tudo ponto por ponto! Continue! (p. 519)

Os ouvintes desejam manter a situação de superioridade e procuram mostrar mais esperteza que o narrador: quando Polzunkóv localiza temporalmente a narrativa, antecipam ser aquela data a véspera do primeiro de abril; afirmam ser desnecessária a informação de que a história é ridícula, por ser a personagem o próprio narrador (inequivocamente risível); depois da referência à troca de papéis, um ouvinte afirma: "Era capaz de apostar que cheiravam a unto!" (p. 514), insinuando serem tal cheiro e atitude comuns em Polzunkóv, um trapaceiro fascinado pelo brilho do dinheiro.

Além disso, criticam o estilo do narrador, que poderia ser mais rápido, completo ou explícito. Querem ser superiores e para isso precisam "carnavalizar o herói", rir dele, torná-lo próximo, familiar e humanizado. O tom dialogado, ambíguo e impregnado de polêmica da narrativa, traço característico da menipéia (Bakhtin, 1981), indica a continuação da luta pelo poder que se estabelece, agora, entre ouvintes e narrador.

Polzunkóv, aparentemente submisso, combina a auto-humilhação com a ambição do poder: começa a "sua ridícula história" num momento de tumulto, conseguindo sobrepor a sua voz à dos demais. É o dono da palavra e "consente" em concedê-la aos ouvintes; valoriza sua história e quer controlar a imaginação do auditório; devolve veladamente a acusação de desonestidade e manifesta aborrecimento com as interrupções. Entretanto, como o herói de *Memórias do subsolo*, não apresenta uma opinião firme sobre si mesmo e antecipa a polêmica com o outro, de cujo reconhecimento necessita.[7] Ora se faz passar por honrado, honesto e ludibriado, ora fala de seu sentimento de culpa pelo crime cometido. A sua confissão usa a palavra evasiva,[8] pois o erro de que diz arrepender-se é o de ter escrito a carta de primeiro de abril. Ele diz uma coisa e sugere outra, procurando controlar a reação dos ouvintes: quer que o vejam não como o criminoso ou o "mártir ridículo" de que fala, mas como vítima de má-fé e exploração alheias. Seu objetivo é conseguir um resultado positivo e se sobrepor aos ouvintes, pregando-lhes a peça que Óssip Mikháilitch não conseguiu impingir a Fiedossiéi Nikolaitch.

Empenhados em conservar sua posição de superioridade relativamente ao bufão, próximos a ele e envolvidos por seu discurso, os ouvintes não têm condição de perceber a ambivalência da figura e das palavras de Polzunkóv, continuando o mesmo jogo de poder verificado na história de Ossip.

O principal índice desse jogo é o riso – os ouvintes riem de Polzunkóv e este ri-se deles. O riso pode denotar superioridade[9] e a competição entre elementos de diferentes classes sociais no conto está indicada por esse riso, que expressa sentimento de superioridade camuflador da desconfiança em si próprio e do medo de cair em posição de inferioridade.

---

[7] Bakhtin (1981, p. 199-208) analisa o discurso do "homem do subsolo", de Dostoiévski, apontando sua ambigüidade e dialogismo.

[8] A evasiva da consciência e do discurso é, segundo Bakhtin (1981, p. 204-208), o possível "outro" sentido da palavra e conta com a apreciação contrária do ouvinte. O sujeito condena-se a si mesmo apenas para provocar o elogio e o reconhecimento do outro.

[9] Para Martins (1932), sentimento repentino de triunfo que nasce da visão de qualquer superioridade em nós, por comparação com a inferioridade de outrem ou com a nossa inferioridade anterior.

Quando Polzunkóv parece contagiar-se com as gargalhadas do auditório, seu riso esconde ironicamente a competição e o jogo de poder instalado entre narrador e ouvintes.

O drama de Össip é percebido como *divertissement* pelo auditório de Polzunkóv, pois a sociedade vê com maligna alegria a derrota de alguém que quis passar da posição de dominado à de dominador. No momento de seu triunfo iminente, o simplório é ludibriado. Celebra-se então o carnaval, em que a verdade do ritual é a brincadeira.

Fênix destruída por seus próprios artifícios, Össip renasce como Polzunkóv e torna-se instância paradoxal: não pertence mais à sua classe e integra-se, embora temporariamente, em outra. Oscila por isso entre a vida e o sonho, transformando-se no palhaço, o bobo-trágico da literatura carnavalizada.

O palhaço, no circo, apresenta-se no entreato e marca a ambigüidade e a desordem da troca de cenários e de vestimentas. Também Polzunkóv conta histórias nos intervalos de lazer: localiza-se então no plano mais elevado, fala mais alto que todos e domina a palavra, para ser novamente destronado ao fim do "carnaval". Mas é também o "ser do limiar", como indica seu próprio nome, que significa o "rastejeiro" (Schnaiderman, 1982, p. 125), aquele que fica na superfície, oscilando entre o sério e o cômico, entre ser vítima e fazer vítimas com a ironia.[10]

A diferença entre Össip e Polzunkóv indica-se pela mudança de nome e pela variação de função: Össip é um joguete na primeira narrativa, Polzunkóv tem consciência da representação, na segunda. Enquanto Össip é derrotado e chora, Polzunkóv vence e ri. Aquele é paciente, este é agente. Össip é o enganado, Polzunkóv é o enganador, o que parodia[11] a própria história.

---

[10] D. C. Muecke (1969, p. 14-39) fala do elemento de inocência básica para que a ironia faça suas vítimas.

[11] Samuel Johnson define a paródia como "sorte d'écrit dans lequel les termes ou les pensées d'un auteur sont, à la suite d'un léger changement, détournés et adaptés à quelque nouvelle intention" (apud Hutcheon, 1978, p. 473).

Para vencer nesse jogo de enganos, Polzunkóv narrador assume diferentes tons narrativos.[12] Um deles é o tom retórico, através do qual ironiza o próprio estilo, às vezes romântico, subjetivo, reticente:

> Em N..., capital do distrito, adensavam-se já as sombras e a lua dispunha-se a surgir lentamente na abóbada celeste, etc..., quando, de repente, eis que... na hora derradeira do crepúsculo vespertino, eu saio devagarinho e discretamente de meu humilde tugúrio, depois de me ter despedido da minha avó, que estava já completamente "gagá". Os senhores perdoem-me que eu use esta expressão moderna. (p. 513)

Outras vezes ele é realista: critica o grotesco da própria figura, o seu estilo rebuscado, além da romântica ingenuidade de Össip, a qual o impede de ver objetivamente a encenação da família de Fiedossiéi, a qual o comove até as lágrimas.

Um elemento ligado à sacralidade e utilizado ironicamente é a referência a Maria Egipcíaca,[13] que traz a idéia de pecado e de penitência, num contexto em que o sagrado – o dinheiro – varia conforme o interesse de cada um.

Outros elementos sagrados são parodiados,[14] como a pátria e os deuses: "Mas o poeta disse: 'Até a fumaça da pátria me é agradável e querida.' A nossa pátria é a nossa mãe, nossa mãe, meus senhores, nossa mãe carnal; nós somos as suas crias e mamamos nela!..." (p. 514)

---

[12] A ironia pode assumir vários tons: ingênuo, retórico, sagrado, científico e familiar (Paiva, 1961, p. 30-57).

[13] Essa referência a Maria Egipcíaca constitui um elemento estranho e aparentemente deslocado no texto de Dostoiévski, e não figura nas traduções publicadas pelas editoras Aguilar, Bruguera e José Olympio, mencionadas na bibliografia.

[14] Segundo Tynianov (1968, p. 139), "la stilizzazione comicamente motivata o sottolineata diventa parodia". Linda Hutcheon (1978, p. 468) comenta que "la parodie implique plûtot une distance critique entre le texte d'arrière plan que est parodié et le nouveau texte enchâssant, une distance ordinairement signalée par l'ironie".

"'Oxalá os meus deuses familiares' – recordo-me tão bem de ele me ter dito isto, o maroto! – 'te protejam e te guardem...' Meteu o braço dele no meu e levou-me à presença das pessoas de sua família". (p. 516)

Em um dos jogos de enganos, Fiedossiéi responde à interpelação de Össip com um poema em doze cantos do qual se diz: "Uma pessoa, só de ouvi-lo, sentia a boca doce e até lambia os beiços". Comenta-se aí a função encantatória da literatura: "Só lhes digo que tinha um talento, um destes talentos que fazia inveja a muitos: a sua inspiração era verdadeiramente fenomenal" (p. 516). A personagem conta então como se alienou de tudo, embalada pelo poema:

> Bem, senhores, bem podem imaginar o que eu pensaria. Sigo o fio de suas cantigas, deixo-me de graças e ponho-me a suspirar e a gemer: 'Ah, oh!' Digo-lhe que me dói o coração de tanto amor, verto lágrimas e abro o peito às confidências. (p. 516-517)

Repetindo o artifício, Polzunków também embala os ouvintes com sua narrativa: ao mesmo tempo engana-os e ri-se deles. O bufão usa o artifício do mestre e também cita um poema: "Não obstante era eu bem liberal,/como tantos que outrora conheci!" (p. 514).

Há uma variação paródica de perspectiva e a referência é ambígua: trata-se do contexto em que todos procuram enganar uns aos outros, dando o nome de liberalidade ao suborno e à chantagem.

Também a *romanza* do hussardo que se apoiava num sabre, cantada ao piano pela noiva de Össip, tem função encantatória: após a canção, Össip aceita o pedido de Fiedossiéi: "Ah, vamos esquecer tudo, tudo e vem aos meus braços!" (p. 518). A música faria parte da atuação dos "deuses familiares" e fica a sugestão de que alguém (Össip) apoiava-se no "sabre-perigo" e se arriscava a ser destruído.

Há ainda a menção aos jogos de primeiro de abril, o de prendas e da cabra-cega, substitutos dos jogos sociais em que as personagens se envolvem e com os quais se enganam mutuamente.

O poema e a *romanza* embalam e adormecem a capacidade crítica pela musicalidade. Os jogos também têm essa função. Em ambos os casos parece possível falar de variação de código com a mesma função de exemplificar paradigmaticamente o tema do conto.[15]

O mais interessante encaixe narrativo de tipo paradigmático é o da carta da fênix, que Fiedossiéi diz ter recebido no dia primeiro de abril. Chevalier e Gheerbrant lembram a lenda que faz da fênix o símbolo do que tem existência própria apenas a partir de seu nome, pois significa: "Ce qui échappe aux intelligences et aux pensées" (Chevalier & Gheerbrant, 1974, p. 385), o que remete a Össip: se ele ficou preso à letra, ao nome, não pôde perceber o sentido irônico das palavras de Fiedossiéi, seria como a fênix que fazia o ninho (escrevia a carta), onde se queimaria, antecipando o fim que lhe planejavam.

Toda a encenação no conto também poderia ser vista como um complexo jogo de enganos, com a presentificação diegética de produtor e receptor da representação. O primeiro produtor seria o dono da casa, que chama a atenção do narrador 2 para as histórias de Polzunkóv. Esse narrador 2 resulta, portanto, da transformação de um observador-receptor em produtor-transmissor de um narrador que aprende a lição da ironia enganadora.

A decodificação irônica

Entre os ouvintes de Polzunkóv encontra-se o narrador 2, cuja posição especial de distanciamento e neutralidade confere-lhe o estatuto de "terceiro elemento"[16] e torna-o capaz de perceber a posição de funâm-

[15] Lucien Dällenbach (1977) estuda o problema dos encaixes narrativos, que classifica em *mise en abyme* de enunciado, de enunciação e de código, enfatizando a sua potencialidade comunicativa, cuja função é a de colocar em evidência a construção mútua do escritor e da escrita (ou do ficcionista e da ficção, como em "Polzunkóv").

[16] Para Rainer Warning (1982, p. 123-132), os sinais de ironia obedecem a um código particular: endereçam-se a uma terceira pessoa real ou supostamente presente ao ato da palavra irônica.

bulo do narrador 1, que se equilibra entre uma significação unívoca, séria e literal de seu discurso e a franca brincadeira.[17]

O narrador 2 percebe que Polzunkóv faz-se de palhaço para ganhar a vida, mas não quer ser visto como palhaço. Faz rir, mas sofre quando riem dele. Tem consciência de seu valor, mas reconhece ao mesmo tempo a própria insignificância. Arrogantemente preocupa-se consigo mesmo, mas se humilha constantemente. Vê-se como mártir, mas se reconhece ridículo, já que defende o seu desvalorizado "castelo individual".

Assim, o texto do narrador 1 é construído a partir da relação entre os discursos de Össip Mikháilitch e de Fiedossiéi Nikolaitch, e o texto do narrador 2 resulta da contraposição dos textos de Polzunkóv e de seus ouvintes.

Todo o conto constrói-se intertextualmente, a partir do distanciamento crítico do narrador 2, que registra o envolvimento entre o narrador 1 e seus ouvintes e, embora fascinado pelo contador de histórias, indica a ironia que permeia os discursos.

As expressões "estou convencido", "eu tê-lo-ia jurado", "nunca me havia passado pela cabeça", "na minha maneira de ver", "minha impressão era", "foi o que me ocorreu" sugerem que a intenção do emissor seria diferente da mensagem transmitida.

Esse receptor-narrador 2 toma consciência da impressão que a história de Polzunkóv lhe causa e superpõe sua voz à daquele, fazendo o leitor perceber a irônica construção de um texto que se confessa ficção.

Össip não percebeu que o discurso de Fiedossiéi significava o contrário do que ele dizia, por isso foi enganado. Os ouvintes do bufão parecem incapazes de perceber que este, aparentemente ridicularizado, ridiculariza-os e ri-se deles. Somente o ouvinte não envolvido pode perceber os sinais de ironia e a ambigüidade do "mártir ridículo", apesar de suas dúvidas e hesitações em relação à figura de Polzunkóv. Essa é,

---

[17] Beda Alleman (1978, p. 385-412) compara o narrador irônico ao funâmbulo, prisioneiro das condições de seu próprio jogo.

aliás, uma das características da recepção do discurso irônico, segundo Rainer Warning.[18]

A elaborada construção da figura de Polzunkóv, bem como o complexo jogo de enganos – inversões, reduplicações e encaixes[19] – com que se constrói a narrativa parecem reafirmar a literariedade do texto de Dostoiévski. A presentificação diegética do produtor-receptor alerta para o jogo de representação do discurso, que se equilibra, como o funâmbulo Polzunkóv, entre a afirmação e a negação, entre a seriedade e o riso, em suas diferentes vozes relativizadas e reduplicadas na luta pelo poder.

Publicado em *Ensaios de Semiótica.* Cadernos de Lingüística e Teoria da Literatura. Fale/UFMG, n. 10, dez. 1983.

Referências

ALLEMAN, Beda. De l'ironie en tant que principe littéraire. *Poétique*, Paris, n. 36, p. 385-412, 1978.

BAKHTIN, Mikhail. *Problemas da poética de Dostoiévski.* Trad. Paulo Bezerra. Rio de Janeiro: Forense Universitária, 1981.

CHEVALIER, Jean & GHEERBRANT, Alain. Phénix. In: *Dictionnaire des symboles*: mythes, rêves, coutumes, gestes, formes, figures, couleurs, nombres. Paris: Seghers, 1974. v. III, p. 385-387.

CIRLOT, Juan-Eduardo. Fênix. In: *Diccionario de símbolos.* Barcelona: Labor, 1969. p. 214.

DÄLLENBACH, Lucien. *Le récit spéculaire*: essai sur la mise en abyme. Paris: Seuil, 1977.

---

[18] "Jamais la réception du discours ironique ne se fait sans hésitations, sans aboutir à des incertitudes insurmontables. De sorte que le lecteur d'un tel discours, c'est le lecteur un peu pervers qui trouve son plaisir dans cette frustration même" (Warning, 1982, p. 129).

[19] O conto pode ser visto como um mosaico de citações, cruzamento de três dimensões do espaço textual: do sujeito da escrita, do destinatário e dos textos anteriores. Lembra assim Júlia Kristeva, para quem "todo texto é absorção e transformação de um outro texto". A autora comenta ainda ter sido Bakhtin, o estudioso de Dostoiévski, um dos primeiros a introduzir essa descoberta da intertextualidade na obra literária (Kristeva, 1974, p. 64).

DOSTOIÉVSKI, F. M. Polzunkóv. Trad. Natália Nunes. In: *Obra completa*. Rio de Janeiro: Aguilar, 1963.

———. Polzunkóv. Trad. Julio T. Acerete e T. Suero Roca. In: *Relatos*. 2. ed. Barcelona: Bruquera, 1976.

———. Polzunkóv. In: Noites brancas. Trad. Olivia Drähenbühl. In: *Obras completas e ilustradas de F. M. Dostoiévski*. Rio de Janeiro: José Olympio, 1960.

FERREIRA, Aurélio Buarque de Holanda. *Novo Dicionário da Língua Portuguesa*. Rio de Janeiro: Nova Fronteira, 19--.

HUTCHEON, Linda. Ironie et parodie: stratégie et structure. *Poétique*, Paris, n. 36, p. 468-477, nov. 1978.

KRISTEVA, Júlia. A palavra, o diálogo e o romance. In: *Introdução à semanálise*. Trad. Lúcia Helena França Ferraz. São Paulo: Perspectiva, 1974. p. 61-90.

LACAN, J. Seminário sobre 'A carta roubada'. In: *Escritos*. Trad. Inês Oseki-Depré. São Paulo: Perspectiva, 1978. p. 17-67.

MARTINS, Abílio. Porque nos rimos? *Brotéria*, v. XIV, fasc. 19, 1932.

MUECKE, D. C. The elements of irony. In: *The compass of irony*. London: Methuen, 1969. p. 14-39.

PAIVA, Maria Helena de Novais. *Contribuição para uma estilística da ironia*. Lisboa: Publicação do Centro de Estudos Filológicos, 1961.

SCHNAIDERMAN, Bóris. *Dostoiévski prosa poesia*. São Paulo: Perspectiva, 1982.

TYNIANOV, Jurij. *Avanguardia e tradizione*. Introduzione di Viktor Sklovskij. Bari: Dedalo Libri, 1968.

WARNING, Rainer. Le discours ironique et son lecteur: l'exemple de Flaubert. In: DÄLLENBACH, Lucien. *Le récit spéculaire*: essai sur la mise en abyme. Paris: Seuil, 1977. p. 123-132.

Guimarães Rosa

A ironia na obra de Guimarães Rosa, ou a capacidade encantatória de um divino embusteiro

Conta um diálogo de Platão que o rapsodo Íon era capaz de recitar Homero como ninguém. E que Sócrates, com a sua maiêutica, demonstrou-lhe que ele não tinha na verdade uma arte, havendo duas hipóteses para o seu sucesso: ou ele atuava por efeito de inspiração divina, ou era um embusteiro. Guimarães Rosa parece ser uma nova encarnação de Íon, pois também ele tem essa capacidade de envolver e (co)mover através de narrativas que viriam de deuses ou seriam resultado de embustes, capazes de fazer os receptores saírem de sua realidade para um mundo de ficção.

Em ambos os casos a verdade estaria fora da jurisdição do comum dos mortais, ultrapassaria de alguma forma o seu entendimento. Por isso, o enunciador não precisa submeter-se às leis que governam os cidadãos comuns: tanto o que tem inspiração divina quanto o embusteiro caracterizam-se por usar palavras e metáforas que sabidamente constroem disfarces e representação. Como o ironista, não dizem o que dizem, pois tentam fazer passar por verdade o que é do campo da ficção e não pode ser comprovado por meios normais, escapando por isso às determinações da sociedade: ou por pairar acima delas, por efeito de divinos poderes, ou por fugir delas, a partir do poder de enganar.

Tanto as estórias de Íon como as de Guimarães Rosa, muitas vezes, dão a entender que não dizem o que dizem. Seus textos não se apresentam como originais, mas como reproduções de estórias já contadas ou reelaborações de enredos e sentidos, podendo ser vistos como traduções ou como exercícios de metalinguagem que contam o contar. De certa forma, é como se dissessem que nada do que for dito poderá libertar o ser humano de sua contingência, de sua relatividade, de sua condenação à morte. Mas através das narrativas, tanto o contador de divinos poderes quanto o embusteiro e tanto Íon quanto Guimarães Rosa (assim como certamente outros bons contadores de estórias) podem, com refinada ironia, ilusória e momentaneamente libertar o homem de suas limitações e da certeza de seu destino final. Isso porque esses contadores são especialistas na arte de representar, de encenar, de fingir – de usar diferentes tipos de ironia. Por isso sua palavra é encantatória: tem uma música que embriaga, liberando um poder sensibilizador capaz de abstrair o homem do cotidiano e colocá-lo num intervalo que não é o espaço da luta pela vida, embora não seja o da alienação. Que não é o da promessa, o da salvação ou o da glória, mas o da arte. Por isso, a "Menina de lá" não pode permanecer: o seu mundo não é deste reino... E o pragmatismo com que começam a ver suas supostas premonições suscita constrangimentos que buscam trazer para a margem comum o que é próprio da terceira margem, do intervalo, da estória, da arte.

Tanto o rapsodo grego quanto Guimarães Rosa seriam ironistas enganadores de divinos poderes, por sua capacidade de fazer os leitores flutuarem fora da realidade, com estórias que privilegiam a questão do intervalo, como a "terceira margem do rio", em que o pai fica no espaço móvel da canoa, entre as duas margens do real. Ou com relatos que ficam no intervalo entre vários enredos ("Pirlimpsiquice") ou num espaço entre vários sentidos ("Famigerado"). E também porque constroem personagens em trânsito, loucos, crianças, deficientes e velhos, desajustados habitantes de um mundo imediatista e pragmático que, por isso, parecem capazes de fazer mergulhar o ser humano em sua problemática, para observar que as alegrias são fugazes e os desejos sempre insatisfeitos, marcados pela ameaça inexorável da morte. Morte que se faz presente desde a mais tenra idade, manifesta em perdas geralmente desapercebidas pelos outros, como a do menino de "As margens da alegria": abalado pelo desaparecimento da "ríspida grandeza tonitroante do peru" (Rosa, 1994, p. 390), tem reforçada a sensação de perda pela percepção da insensibilidade do semelhante, quando vê que o peru substituto bica ferozmente a cabeça ensangüentada remanescente do antecessor. O leitor acompanha o sofrimento do menino que perde, "num lufo, num átimo", a eternidade ou a certeza, com o sentimento de que lhe roubaram as mais belas coisas, "ministrando-lhe um miligrama de morte", ao destruir aquela beleza que "satisfazia os olhos, era de se tanger trombeta" (p. 390). Mas ao mesmo tempo é alertado para a solução que a arte propõe através da sugestão de que é possível perceber a beleza e substituir significantes; vê, então, aliviado, que o menino se consola da perda do objeto de encantamento ao maravilhar-se logo em seguida com o vagalume, "lindo – tão pequenino, no ar, um instante só, alto, distante, indo-se" (p. 392). E é assim que pode ter, com a personagem do conto, "outra vez em quando, a Alegria" – com maiúscula, o que parece ligar-se à sensibilidade anteriormente demonstrada pelo menino, que atentava para a beleza própria da palavra: antes mesmo de conhecer o encanto do peru, repetia-se ele, "em íntimo, o nome de cada coisa. A poeira, alvissareira. (...) A arnica, em candelabros pálidos. A aparição angélica dos papagaios. As pitangas e o seu pingar" (p. 390). Trata-se de significantes soltos, desligados de significados prévios, que por isso podem escapar das determinações da sociedade ou das contingências da vida, que o ser humano não pode dominar.

Nesse sentido, a ironia em Guimarães Rosa não é socrática – aquela que se apresenta como ignorância simulada, com o objetivo de fazer ressaltar a ignorância real daquele com quem se discute. Não será também a ironia retórica usada na sátira com o objetivo de moralização dos costumes, em que sinais equivalentes a cotoveladas e piscadelas indicam que se diz o contrário do que se diz. Trata-se de uma ironia que valoriza o trabalho com a linguagem em si ou com sua significância, sua potencialidade, seu caráter de fingimento, de representação, de máscara consciente e exibida. Trata-se de uma ironia que se identifica mais com o humor, com o mesmo princípio de não dizer o que diz, mas que privilegia, em sua construção, a brincadeira, o jogo, o significante.

Muito mais que com o dito – a estória, a narrativa ou o seu significado –, preocupa-se o criador de Diadorim com o dizer, a elaboração desse dizer. Interessam-lhe mais que tudo os jogos de linguagem – o seu desamarramento dos sentidos estabelecidos, das certezas dos ditos –, mais a comunicação entre emissor e receptor que a mensagem, isto é, mais os pólos extremos ou o indecidível da comunicação – o *tongue-in-cheek* de que fala Almansi (1978) – que a mensagem comunicada. Mesmo porque as estórias mostram que as grandezas só se alcançam através das minúcias e, nesse sentido, talvez pudéssemos ver no título do livro *Grande sertão: veredas* uma piscadela irônica: trata-se do grande sertão indomável que só se pode conhecer relativa e parceladamente através das veredas, na sua acepção dicionarizada de caminho estreito, senda, atalho. Rosa preferia mesmo falar de nonadas, tutaméias – ninharias, insignificâncias –, nadas com que gostava de brincar: "O nada é uma faca sem lâmina, da qual se tirou o cabo...". Ou "o nada é um balão, sem pele...". Trata-se do "nada" presente na adivinha da menina do sertão, parecida com a "Menina de lá": "O que é, o que é: é melhor do que Deus, pior do que o diabo, que a gente morta come, e se a gente viva comer morre?". Resposta: "É nada" (Rosa, 1994, p. 521).

Entende-se assim por que Rosa tanto valorizava o trabalho de seus tradutores, a quem aconselhava que fossem criativos, explorando, como ele mesmo fazia, as potencialidades da linguagem. Os seus livros seriam "antiintelectuais", por defenderem "o altíssimo primado da intuição, da revelação, da inspiração, sobre o bruxolear presunçoso da inteligência reflexiva, da razão" (Rosa, 1980, p. 58).

Mas a ironia de Guimarães Rosa não se limita a esse tipo fluido, que Jankélévitch chama de ironia *humoresque*. Embora não haja em sua obra uma ironia moralizadora, como a da sátira, que faz rir para castigar os costumes, com o objetivo de trazer os desviados a um bom caminho, prévia e ideologicamente traçado, suas estórias reproduzem, algumas vezes, os jogos de enganos da sociedade que, em sua luta pelo poder, usa a ironia antifrástica, aquela que diz o contrário do que parece dizer.

Encontramos em suas narrativas personagens enganáveis por sua boa-fé, fragilidade e ingenuidade. E também outras, como Riobaldo que, ironicamente enganado por sua fidelidade aos preconceitos, não consegue perceber sinais de que sua leitura está equivocada: de que

Diadorim não é homem, como parece, mas a mulher que ele poderia desejar sem ofender as próprias convicções.

Há ainda as personagens poderosas e prepotentes, também sujeitas a serem enganadas por si mesmas ou por outras que, tranqüilas na crença em seus próprios poderes, podem ser iludidas por aquelas a quem dominavam ou enganavam. Um exemplo estaria em "Esses Lopes", em que os Lopes são enganados pela Flausina, que eles subjugam e exploram mas que depois os destrói, arriscando-se ela, posteriormente, a ser também enganada pelo homem que ama e que talvez deseje apenas a fortuna que ela conseguiu amealhar. Nesse conto, o leitor fica num equilíbrio difícil entre a empatia e o afastamento da personagem, que sofre a dominação dos poderosos Lopes e os vence a todos, devagar, com paciência e aparente e fingida fragilidade. Mas cujos sonhos de amor podem também ser ironicamente irrealizáveis, pela sugerida possibilidade de desencontro irônico entre ela e seu amado, ficando assim inócuo o seu pacto com o diabo, que tinha por objetivo uma felicidade que a personagem arrisca-se a não alcançar.

Além desse jogo intradiegético, Rosa usa outra ironia para brincar com o leitor. Cria às vezes um narrador que engana esse leitor, fazendo-o supor e esperar grandes desgraças, como em "Os irmãos Dagobé", de *Primeiras estórias*, em que a voz enunciadora espalha o medo falando de "enorme desgraça", de morte e de velório, dos irmãos "absolutamente facínoras", do receio dos que preferiam ficar perto do defunto, no quarto pequeno daquela casa grande, porque "temiam mais ou menos os três vivos" (1994, p. 405). Esse narrador mostra os Dagobés como "demos, gente que não prestava" (p. 404), especialmente o falecido, não sem razão chamado de "Damastor" (p. 406) – nome que lembra o monstruoso penedo de Camões – e que é relacionado com déspota, "o grande pior", "ferrabrás e mestre" e cujo "inventário de maldades" "botara na obrigação da ruim fama os mais moços" (p. 405), para quem era "sordidamente avaro" (p. 406). Na cena "tudo tinha um ar de espantoso" (p. 405), fazendo prever maiores desgraças, especialmente depois que o Liojorge, "um lagalhé pacífico e honesto", enviara o Damastor Dagobé "para o sem-fim dos mortos"

(p. 405). Para esse narrador, toda a solicitude e toda a gentileza dos irmãos deviam-se apenas ao respeito para com a situação de velório, era um "falso fiar", porque "aquilo era quando as onças. Mais logo". O "certo solerte contentamento" dos irmãos sobreviventes só podia ser devido à "tenção feita", pois "saboreavam já o sangrar" (p. 406), enquanto permaneciam juntos, "no miúdo confabulejo", esperando "o assombrável!" (p. 406). A aceitação do oferecimento do assassino para ajudar a carregar o caixão aumenta o espanto e a percepção de que os Dagobés o olhavam com ódio, enquanto o povo tinha "fome de perguntidade" e previa: "Baixado o caixão à cova, à queima-bucha o matavam; no expirar de um credo" (p. 408).

Sugerindo que o povo é que se equivocava, o narrador fala da suposição de que o irmão mais mal-encarado teria levado a mão ao cinturão da arma: "Não, a gente é que assim previa, a falsa noção do gesto", para depois relaxar a tensão com o desfecho pacífico e inesperado: o "saudoso Irmão é que era um diabo de danado..." (p. 408). Rosa ironiza assim a sua personagem, brincando com o clima de tragédia em que envolve o conto, construído em torno de uma leitura equivocada, passiva e repetidora de significados, que continua a ver fingimento, prepotência e má intenção em sinais sinceros de cordialidade e agradecimento.

Outro tipo de ironia – comumente chamada ironia romântica ou metaliterária – está presente em muitos textos de Guimarães Rosa, como no citado "Pirlimpsiquice", "A estória do homem do Pinguelo", "Recado do morro", "São Marcos" e "Famigerado". Trata-se de ironia que exibe o caráter de fingimento – de representação construída ou de brincadeira, de jogo, de arte – da narrativa e se constrói com artifícios da ironia romântica: espelhamentos, reduplicações e encaixes que se multiplicam e se superpõem, de forma a tornar evidente o caráter artificial de metaliteratura do texto: trata-se de algo que não reproduz a realidade, mas a inventa, como em "Pirlimpsiquice".

Estória simples que se engrandece com o gênio rosiano, "Pirlimpsiquice" aproveita o recurso do teatrinho beneficente, que os padres de um colégio usam para reforçar valores ideais nos estudantes, pois só os mais aplicados participam da representação. Os valores mais reforçados acabam sendo, entretanto, os da ironia e do humor, vistos como os únicos capazes de sustentar a representação e salvar a arte, quando tudo parecia perdido, já que coexistem no conto diversos autores, estórias, personagens, receptores e "personagens personificantes", multiplicando-se máscaras e incongruências. O resultado é um produto fragmentado, que recusa a tradição e exibe a ironia romântica com que se constrói, com seus jogos do ser e do parecer, sua preocupação em afirmar a ilusão das coisas e, antes de tudo, a ilusão da própria arte, representação que se confessa representação.

É significativo que somente o maluquinho Zé Boné possa salvar a encenação de que se ocupa o conto, quando o drama que seria representado cruza-se com as várias estórias inventadas para preservá-lo. É por ficar no intervalo e não se prender aos significados, ao sentido das histórias, que Zé Boné consegue misturá-las e construir outra estória de sucesso. É por ser ele "o preenchido beócio", o "que regulava de papalvo" (p. 415), o "estafermo", o basbaque incapaz de "emendar palavra e meia palavra" (p. 417), que "nem na história do drama botava sentido" (p. 416), o incapaz de guardar segredos (e o que é o segredo senão um sentido estabelecido?) que pode criar algo novo e assim salvar o espetáculo do fracasso, de sua metafórica morte.

Rosa desvela assim os bastidores da criação, para desmascarar uma arte que pretende apenas referendar valores. Deixando transparecer na estória do teatrinho de colegiais a sua inquietação estética, o gênio rosiano mostra-a como um exercício lúdico que deve produzir algo inédito, que enfatize a capacidade de criar, de tecer enunciados, de simular, de ludibriar. Se a perspectiva do narrador confirma a concepção hegeliana de arte, cujo objetivo deve ser referendar os valores sociais, o sujeito de sua enunciação semeia no texto as marcas de uma ironia iconoclasta e desconstrutora. Subvertendo a desejada ordem do espetáculo teatral, contrapõe a todo o seu planejamento inicial e à seriedade dos ensaios os imprevistos provocados pela mesma ação educadora. Complica e desconstrói, assim, uma concepção que valoriza o fingimento camuflado e apresenta uma outra proposta de encenação, em que o fingimento é exibido e multiplicado.

Desconstruindo modelos e afirmando como única verdade a representação, a voz enunciadora revela seu objetivo de exibir o nada residual e ser estória – literatura, arte, exercício crítico que é, em primeiro lugar, jogo e brincadeira e que propõe, através do lúdico e da criatividade, uma outra cena e uma comunicação mais eficaz, recusando a História e seus jogos de poder. Mostra assim que a peça – afinal encenada – subverte todas as histórias previamente preparadas, servidoras do desejo de poder de diferentes grupos sociais. Tem por isso vida própria, não se comprometendo com nenhum valor, mas construindo-se como arte independente, que denuncia e critica todas as outras versões, servidoras de ideologias ou contra-ideologias.

É assim que Guimarães Rosa se aproxima do Íon de Platão, porque revela a sua percepção de que o homem é um ser de desejos insatisfeitos. Usando ironias no plano da diegese – e desse modo complicando a comunicação entre as personagens ou o entendimento entre narradores e leitores intradiegéticos – ou tecendo ironicamente a sua enunciação – especialmente através da ironia *humoresque* e da ironia romântica, com a valorização da palavra, o distanciamento de vozes narrativas e a exibição do caráter de representação de seu texto –, Guimarães Rosa, esse bruxo da linguagem, ironicamente, indiretamente, comunica-se conosco. E com um toque de ironia romântica lembra-nos que o ser humano deseja o absoluto e tem ânsia de felicidade total, mas está preso à própria contingência. Problemas que o contador de estórias, como o Íon de Platão, pode entretanto resolver através de sua arte de embusteiro, porque, embora não possa prometer para sempre a libertação da morte, pode livrar o leitor de seu jugo, por um instante, com estórias que se entretecem com ilusão e arte.

Publicado em *O eixo e a roda*. Belo Horizonte,
FALE/UFMG, v. 7, p. 109-117, 2001.

Referências

ALMANSI, G. L'affaire mystérieuse de l'abominable *tongue-in-cheek*. *Poétique*, Paris, n. 36, p. 413-426, nov. 1978.

FERRAZ, Maria de Lourdes. *A ironia romântica*. Lisboa: Imprensa Nacional – Casa da Moeda, 1987.

JANKÉLÉVITCH, Vladimir. *L'ironie*. Paris: Flammarion, 1964.

ROSA, João Guimarães. *Ficção completa*. Rio de Janeiro: Nova Aguilar, 1994. 2 v.

Não já e ainda não:
a leveza do humor em Guimarães Rosa

A presença de uma terceira margem e a leveza do humor foram inovações que marcaram, desde o início, a obra de Guimarães Rosa. Tendo como principais características a exploração das potencialidades do discurso e o desenvolvimento da consciência da ficcionalidade e ambigüidade do texto literário, as narrativas rosianas elaboram constantemente o fingimento, envolvendo o leitor na instabilidade do "não já e ainda não"[1] e proporcionando-lhe um prazer sutil que não impede, antes impulsiona, a reflexão e a percepção da complexidade do mundo e do homem.

A obra de Guimarães Rosa vem mostrar a impossibilidade de formulação de conceitos definitivos,[2] expressando a convicção de que é permanente e irresolvível a tensão entre pólos opostos – seja entre o mundo dos dominadores e o dos dominados, seja entre o mundo do sertão e o da cidade, seja entre a simplicidade do sertanejo e a esperteza daquele mais culturalmente desenvolvido (ou vice-versa), seja entre

---

[1] A expressão é de Jankélévitch, teórico do humor que trabalha o conceito de *ironie humoresque* e as idéias correlatas de leveza e *effleurer*, contrapostas ao *pathos* e ao centramento da ironia (Jankélévitch, 1964).

[2] Em ensaio sobre a obra de Guimarães Rosa, Eduardo Coutinho mostra que o sertanejo de Rosa transcende os limites do sertão, revelando-se, além de um tipo humano, um ser múltiplo e contraditório, com inúmeras facetas. Mostra ainda que o próprio sertão deixa de ser apenas uma região geográfica, para revelar-se uma região humana e um verdadeiro microcosmo, do qual Rosa elimina qualquer conotação cristalizada pelo uso, explorando em seu lugar as potencialidades da linguagem. A oscilação de sentido ou a alternância entre pólos opostos aparece naturalmente nesse mundo ficcional (Coutinho In: Rosa, 1994, p. 11-24).

real e imaginário, bem e mal, Deus e o diabo, *mythos* e *logos*, loucura e razão. O ser humano, incompletamente dividido entre esses pólos, equilibra-se instavelmente, tornando assim possível a criação da terceira margem, do "não já e ainda não", com a sugestão do entrelugar e o recurso do humor.

Tanto no *Grande sertão: veredas* quanto em inúmeros contos de Rosa, diferentes formas de oscilação sugerem a existência dessa terceira margem, com aceitação da impossibilidade de uma visão clara, racionalista e propiciadora de certezas, aliada à consciência da incapacidade da linguagem de dar conta do mundo e dos acontecimentos.

Uma dessas formas configura-se através da divergência de vozes em narrativas feitas na primeira pessoa a partir de um ponto de vista comprometido ideologicamente e sujeito a enganos. Perspectiva que Rosa torna complexa ao mostrar minúcias e diferenças que invalidam julgamentos: os enganadores um dia podem ser enganados, os esquemas se repetem, mas podem mudar. Às vezes, suas narrativas em primeira pessoa apresentam narradores e personagens que acabam se revelando enganados, real ou potencialmente, por não perceberem aspectos dos próprios fatos relatados ou deles decorrentes. Parece ser possível ver nesses casos o aceno benevolente do autor implícito que, fazendo contraponto de sua distanciada terceira margem, parece dizer, como a "Menina de lá": "Deixa, deixa...".

Em "Esses Lopes", "Pirlimpsiquice", "Os irmãos Dagobé", "Uai eu?" e no relato de Riobaldo, de *Grande sertão: veredas*, vozes divergentes lutam pelo poder. Diferentemente, em outras estórias, como "Sorôco, sua mãe, sua filha", um narrador distanciado mostra-se envolvido pelo encantamento dos fatos que relata, entrando no clima de leveza que leva a aceitar a loucura ou a terceira margem, com sua falta de certezas e sua ilogicidade.

Flausina, a narradora de "Esses Lopes", de *Tutaméia* (Rosa, 1994, v. 2, p. 563-565), conta suas artimanhas para alcançar o poder. Com armas ocultas envoltas em fingida docilidade, narra como inverteu, silenciosa e ironicamente, sua situação de "órfã de dinheiro", sem "pais que punissem por ela", destruindo por seus próprios artifícios, sucessivamente, todos os poderosos Lopes que lhe exploravam o corpo e a juventude e cujo poder instituído subverte com estratégias não por acaso marcadas por termos tradicionalmente relacionados ao mal, como "malinas lábias" e "sopro do demo", indicando dessa forma o pacto com o diabo que lhe permitiu transitar para o lugar da dominação. Mas esse lugar exige atenção constante e o simples fato de confessar-se apaixonada indica a possibilidade de a mulher voltar à outra margem – ao lugar de dominada e explorada.

Sua narrativa sincera e esperançosa tem a pretensão de fidelidade e completude, mas as diferenças que a própria narradora aponta, sem nelas atentar, funcionam como piscadelas irônicas de uma outra voz que coloca em dúvida a confiabilidade de suas esperanças. Se Flausina pôde ser vitoriosa enquanto tinha distanciamento e podia planejar suas estratégias de luta, arrisca-se ao lugar de perdedora ao se envolver com um homem jovem que poderia pretender exclusivamente a grande riqueza que ela então possuía. Ao passar para a outra margem – a do poder –, essa narradora-personagem pode ser vencida com as próprias armas que tão bem soube manejar, o que faz vislumbrar uma terceira margem de onde se podem ver as duas primeiras que se opõem.

Também "Pirlimpsiquice", de *Primeiras estórias* (Rosa, 1994, v. 2, p. 415-421), apresenta um narrador-personagem interessado no poder, numa perspectiva divergente da do autor implícito. Esse narrador pretende provar o seu estatuto de melhor que os colegas numa encenação em que fora injustamente relegado ao papel de ponto, enquanto atuava diretamente o idiota do Zé Boné, "basbaque incapaz de emendar palavra e meia palavra", que "nem na história do drama botava sentido". Por colaboração do destino, em virtude da ausência forçada do colega que faria o papel principal, o narrador ascende ao desejado papel de protagonista, o do chefe "Doutor Famoso".

Entronizado nesse papel principal, o feliz narrador conta porém os problemas a custo resolvidos: para o primeiro a glória da solução é sua, embora a vitória tenha consistido apenas em resumir as palavras que seriam ditas por Ataualpa na introdução: "Viva a Virgem e viva a Pátria!" (p. 420). O segundo consiste no emperramento do pano do palco, que se recusa a baixar para que fosse iniciada a peça propriamente dita. E o próprio narrador conta que, dessa vez, quem salva a representação é o doidinho Zé Boné, de quem tanto se ria nos recreios, quando na reprodução das fitas de cinema figurava "a um tempo de mocinho, moça, bandidos e xerife" (p. 416). Assumindo o seu estatuto de habitante da terceira margem, de tecelão que costura partes de várias estórias, instado pelos gritos do público, Zé Boné consegue interromper a paralisadora vaia e começa a representar: "Zé Boné representava – de rijo e bem, certo, a fio, atilado – para toda a admiração. Ele desempenhava um importante papel, o qual a gente não sabia qual. Mas, não se podia romper em riso. Em verdade. Ele recitava com muita existência" (p. 420).

Zé Boné encena a história apresentada pelo Dr. Perdigão, o enredo inventado pelos atores – para que os outros não soubessem a "verdadeira" história antes da hora –, bem como a história inventada pelo Gamboa e os outros não escolhidos para a representação. Assim, enquanto o narrador preocupa-se com uma representação realista e fiel, definindo uma margem segura de terra firme e assumindo a responsabilidade de romper o encantamento que se instala no palco, para o que chega a simular um acidente, Zé Boné desempenha o verdadeiro papel do artista, multiplicando histórias, máscaras e incongruências.

É o próprio narrador quem mostra, embora sem consciência disso, que é por ficar no intervalo e não se prender aos significados, ao sentido das histórias, a um discurso oficial (dos padres) ou a um texto convencional (o do narrador), que Zé Boné consegue misturar as muitas versões da peça e tecer uma outra história, num exercício de liberdade que produz a verdadeira arte. Arte fragmentada que mostra os jogos do ser e do parecer e afirma a ilusão das coisas, inclusive da própria arte, que se confessa fingimento, representação que exibe o seu caráter de representação – não já e ainda não.

Em "Os irmãos Dagobé", de *Primeiras estórias* (Rosa, 1994, v. 2, p. 405-408), o narrador em primeira pessoa assemelha-se ao de "Pirlimpsiquice", embora não seja um interessado no poder que procura diminuir os outros para exaltar-se. Esse narrador é ingênuo e tem uma visão parcial dos fatos. Sua perspectiva preconceituosa se revela afinal enganada, com o que o autor implícito convida o leitor a uma diversão conjunta à custa dessa personagem, que não percebe a mudança de comportamento dos Dagobés no velório do irmão e explica o seu erro de entendimento pela tensão presente no ambiente.

Outro bom exemplo de narrador em primeira pessoa, enganado por sua perspectiva parcial dos fatos, é o de "Uai, eu?", de *Tutaméia* (1994, v. 2, p. 701-703). Fascinado pelo Dr. Mimoso, Jimirulino torna-se vítima de sua leitura deficiente, que o leva à subserviência, ao assassinato e à prisão. Jimirulino, jagunço ingênuo e bem-intencionado, é levado a uma violência justiceira que separaria, na sua percepção, o bem e o mal. Também nesse caso o leitor pode perceber a piscadela irônica do autor implícito que, de uma terceira margem, convida-o a atentar para as incongruências do relato desse narrador, que assim revela a sua ingenuidade e o engano a que o leva o seu desejo de ficar nas boas graças do poder.

Riobaldo, de *Grande sertão: veredas*, revela-se inseguro na percepção dos fatos que narra, no estabelecimento de conceitos e em sua formulação lingüística. Consciente de sua incapacidade, desconfia de si mesmo e intui a existência de terceiras e desconhecidas margens. Apesar desse cuidado, acaba por verificar ter sido vítima de um longo engano por culpa de preconceitos que o impediram de interpretar corretamente sinais percebidos, correndo o risco da terceira margem para poder fazer a descoberta maravilhosa que tanta felicidade lhe prometia.

A terceira margem, lugar da insegurança, da instabilidade, da imprevisibilidade e do não pragmatismo, é também o da fruição e do gozo. Para atingi-la é preciso coragem para desligar-se de todas as certezas e convicções, de todo o amparo que podem fornecer as leis da cultura, para lançar-se numa aventura sem ponto de apoio nem volta. Essa coragem tem o pai do personagem-narrador do conto "A terceira margem do rio", de *Primeiras estórias* (Rosa, 1994), e falta ao filho-narrador, que delega a outros a responsabilidade de fazê-lo entrar na terceira margem: "No artigo da morte, peguem em mim, e me depositem também numa canoinha de nada, nessa água, que não pára, de longas beiras" (p. 413). Embora tenha mantido a fidelidade ao pai, abdicado de uma vida normal e ficado sozinho para amparar aquele que abandonou tudo e vaga sobre a instabilidade das águas, esse filho não teve coragem de substituir o pai na canoa, isto é, de enfrentar o entrelugar, a ausência de garantia.

Existe porém um narrador rosiano em primeira pessoa de que talvez se possa dizer ter alcançado a terceira margem: o doutor que conta a estória em "Famigerado", de *Primeiras estórias* (1994, v. 2, p. 393-396). Certamente por seu estatuto de escritor, artista no uso da palavra, pôde ser criativo e jogar com a significação, deixando-a instavelmente colocada no espaço da dúvida e do humor. Tendo percebido seu engano inicial, já que seu susto vertiginoso era infundado, conclui que ninguém fizera intriga, "invencionice de atribuir-me a palavra de ofensa àquele homem" (p. 395). O narrador adivinha que, diante daquele valentão avessado, "estranhão, perverso brusco, podendo desfechar em algo, de repente, por um és-não-és (...), o feroz de estórias de léguas, com dezenas de carregadas mortes, homem perigosíssimo" (p. 394), só o fingimento e a diplomacia – a terceira margem – podem valer-lhe. Coloca-se por isso no lugar da instabilidade e da ambigüidade, embora finja certeza para o temido interlocutor, afirmando mesmo que, "como o sr. me vê, com vantagens, hum, o que eu queria uma hora destas era ser famigerado – bem famigerado, o mais que pudesse!..." (p. 395). A principal garantia oferecida pelo narrador é essa de querer ser também "muito famigerado", o que afinal não garante a significação da palavra, que oscila entre os pólos de positividade e negatividade.

Não por acaso esse narrador se configura como médico e escritor, simulando um alter ego de Guimarães Rosa, que assim ultrapassa o próprio empenho de fazer irônicas denúncias da prepotência, da exploração e das relações desumanas que muitas vezes caracterizam a vida no sertão. Deixando o campo da ironia e da preocupação com a significação, ele se permite entrar na terceira margem da criatividade, da audácia que enfrenta o inesperado e o desconhecido, estabelecendo uma comunicação mais direta com o leitor, a quem vai alertar constantemente para a necessidade de atenção na leitura do mundo, de um desarmamento e de um despir-se de preconceitos, para não correr o risco de equívocos. E também para que possa usufruir da terceira margem, onde a arte pode oferecer soluções mais soltas, mais inesperadas e mais criativas, ligadas à significância e ao humor.

Além de fazer as perguntas proibidas pela ideologia, desnudando suas estratégias de dominação, o criador de Diadorim apresenta em sua literatura um questionamento muito mais amplo e eficaz, que expande suas referências em direção ao ser humano e seu estar no mundo. Suas reflexões alcançam então o âmbito da filosofia, desenvolvendo-se com esmero no plano do discurso e da construção narrativa, através de recursos lingüísticos e de metalinguagem, com os quais o autor alerta para as armadilhas ideológicas, balançando-se instavelmente numa terceira margem e exercendo com maestria a arte do humor, cujo conceito talvez valha a pena lembrar aqui rapidamente.

Embora parente próximo da ironia retórica, o humor se distancia dela na medida em que não pretende sugerir correções nem apresentar novos sentidos. Se a retórica da ironia trabalha com inversões e sentidos opostos, trazendo respostas prontas com perspectivas claras, o humor prefere a infração que ordena o caos pelo absurdo, regendo-se pela poesia. Segundo o humor, as possibilidades não são duplas, como pretende a ironia, mas múltiplas e variáveis conforme as circunstâncias. Para o humor, as soluções nunca se esgotam, existindo sempre a possibilidade do júbilo de uma nova descoberta. É assim que essa estratégia discursiva luta contra a estupidez e a força dos poderosos ou da natureza, habilitando o ser humano a conviver com sua fragilidade, sua impotência e seu destino, e tornando-o ao mesmo tempo mais capaz de perceber as manobras ideológicas.

Um bom exemplo de humor na obra de Rosa estaria no Menino de "As margens da alegria", de *Primeiras estórias* (Rosa, 1994, v. 2, p. 389-392). Depois do encantamento com aquela beleza imperial que lhe dava as costas "para receber sua admiração", que "tinha qualquer coisa de calor, poder e flor, num transbordamento" e que o fez rir "com todo o coração" (p. 390), de repente a personagem tem uma experiência de morte e compreende que acabara para sempre aquela beleza, a "ríspida grandeza tonitruante" do peru, sua "colorida empáfia", que "satisfazia os olhos, era de se tanger trombeta" (p. 390). "Tudo perdia a eternidade e a certeza; num lufo, num átimo, da gente as coisas mais belas se roubavam. Como podiam? Por que tão de repente?" (p. 391). Mas logo depois Rosa mostra a renovação da força da vida pela possibilidade de substituição dos significantes: depois da experiência de perda do belíssimo peru, o Menino tem o júbilo de uma nova descoberta: "Sim, o vagalume, sim, era lindo! – tão pequenino, no ar, um instante só, alto, distante, indo-se. Era, outra vez em quando, a Alegria" (p. 392). Racionalmente inexplicável, essa substituição poética não tem o pragmatismo da ironia retórica, mas é uma afirmação do homem e de suas potencialidades, de sua capacidade de vencer a dor, a fragilidade, a impotência e a morte através da terceira margem e da poesia.

Curiosamente, não se trata de ter nem de poder: não há nesse Menino qualquer movimento no sentido de reter a nova beleza vislumbrada. Pelo contrário, ele se contenta em ver de longe e, prudentemente, administra o seu entusiasmo, o que fica mais claro quando, no último conto de *Primeiras estórias* – "Os cimos" (Rosa, 1994, v. 2, p. 509-515) –, ele reaparece depois de um intervalo em suas grandes preocupações com a doença da mãe, mas discorda quando percebe que, para consolá-lo, pretendiam capturar o tucano, seu novo objeto de encantamento.

Poesia, incongruência, irracionalidade: atributos desse humor que sabe impossível a fixação do sentido. Se a ironia define de forma indireta um sentido, prendendo-se a uma visão predefinida, a determinadas normas sociais e ao senso comum, o humor aponta para a ausência de convenções, precedências e privilégios. Caracteriza-se assim como um exercício de libertação e de sábia inocência, mostrando-se como um intervalo na submissão do ser humano que, por um momento, soberana e olimpicamente, expressa de leve a sua rebeldia diante das limitações e alcança, através da linguagem, a liberdade da terceira margem.

O humor desestabiliza a tranqüilidade do hábito e ensina a conviver com o inesperado: é isso o que faz Rosa, o mago da linguagem que, brincando e fazendo humor, mostra que a solução é esquecer a insegurança e a solidão inexorável, assumindo o fingimento de ser eterno e livre, com o poder de realizar todos os desejos.

O leitor dos textos rosianos, inicialmente perdido nessa obra em que deixam de existir as referências e certezas tradicionais e as conexões de sentidos, é assim convocado a aceitar inumeráveis pontos de vista e a ver-se refletido, sem apelação, em personagens cujo estatuto é o de seres incompletos, que só existem plenamente enquanto busca e desejo. E somente quando aceita o desafio de contentar-se com a incompletude do texto, que reflete a sua própria incompletude e seu eterno vir-a-ser – o seu "não já e ainda não" – e passa a participar ativamente de sua produção, esse leitor pode usufruir do prazer e do gozo[3] da literatura. Isso de certa forma explica a dificuldade inicial do texto rosiano, que só pode ser apreciado pelo leitor que aceita o risco da terceira margem e se deixa embalar por essa arte da leveza típica da narrativa de Guimarães Rosa.

Em "Sarapalha", de *Sagarana* (Rosa, 1994, v. 1, p. 281-295), a beleza do lugar convive com a tragédia da sezão – a "tremedeira que não desamontava". O conto acaba por mostrar que uma leitura simples de acontecimentos e discursos não poderia ser feita nem mesmo por animais:

> O cachorro está desatinado. Pára. Vai, volta, olha, desolha... Não entende. Mas sabe que está acontecendo alguma coisa. Latindo, choramingando, chorando, quase uivando. Porque tem ordens de ser sempre fiel, e não sabe mais, não se recorda mais qual dos dois homens será o seu dono verdadeiro. (p. 294)

Na terceira margem da instabilidade e da incerteza oscilam as leituras que vêem primo Argemiro como um companheiro fiel dos infortúnios de primo Ribeiro, as leituras que o percebem como um outro apaixonado pela mulher ausente, bem como as que vêem que o ciúme de Ribeiro tem como base o fato de não ser mais o objeto de interesse de Argemiro, que ficaria em sua companhia apenas na expectativa da volta da mulher desejada. Não seria por isso que o marido abandonado nunca falava da mulher ausente ao primo?

---

[3] Usam-se aqui os conceitos de prazer e gozo na acepção de Barthes (1973).

Rosa subverte assim quaisquer certezas. É que quanto mais "verdades" fundamentam os discursos, mais dúvidas também neles aparecem.

Essa dúvida insolúvel tem muitas vezes como fundamento a instabilidade semântica: o "Famigerado", por exemplo, constrói-se em torno da ambigüidade e da reflexão sobre a necessidade que o homem tem de inventar "verdades" para receber o respeito de seus semelhantes. Voltados sempre para si mesmos, nas certezas estabelecidas ou nas que busca afirmar, como faz o narrador do conto rosiano, todos buscam evitar conseqüências nocivas das ilusões transformadas em verdades e aparentemente fixadas através de significados. O que faz o autor, através desse esperto narrador, é recuperar para o leitor, de certa forma, a reflexão de que "as verdades são ilusões, das quais se esqueceu que o são, metáforas que se tornaram gastas e sem força sensível, moedas que perderam sua efígie e agora só entram em consideração como metal, não mais como moedas", como diz Nietzsche (1983, p. 56). Fazendo lembrar o filósofo alemão, Rosa mostra que o intelecto e sua arte do engano é o principal meio de conservação (e o instrumento de defesa) de indivíduos fragilizados diante da prepotência e da ignorância de personagens como o Famigerado: "o medo me miava", porque "com um pingo no i, ele me dissolvia" (p. 393). Mostrando-se ironicamente por trás de seu narrador-personagem – avisado pelo suposto facínora de que não convinha engambelar, como faria o padre –, o autor leva-o a usar a arte maior de camuflar o próprio fingimento, fazendo-o jogar com a ambigüidade do vocábulo.

A estrutura comunicativa da ironia e o humor do esperto narrador de "Famigerado" ficam evidentes nessa jóia de narrativa rosiana: se o interlocutor direto do narrador-personagem é enganado pelo desejo expresso de ser "bem famigerado, o mais que pudesse!..." (p. 395) e se as testemunhas de seu dito não parecem ter condições de perceber o jogo com que esse narrador-personagem se defende da suposta ameaça, as reflexões que a voz narrativa dirige ao receptor extradiegético afirmam estar contando com o seu bom entendimento, ao jogar com a dupla e alternativa possibilidade de significação da palavra.

Esse trabalho minucioso de Rosa com a necessidade constante de leitura atenta, já que o sentido nunca se fixa, faz lembrar também as reflexões de Almansi sobre o "abominável *tongue-in-cheek*" (Almansi, 1978), a terrível língua na bochecha que ultrapassa a antífrase e impede o receptor de ter certeza quanto à intenção do dito. Segundo o teórico, esse será o fundamento da literatura, que começa quando a palavra deixa de ser garantia de um fato histórico ou de um acontecimento interior e prospera graças à malignidade e ao mal-entendido. Assim, não é a linguagem que diferencia os homens dos animais, mas a capacidade dos primeiros de servir-se da linguagem para falar mentiras: por isso o Jiló de "Sarapalha" fica perdido quando os seus dois possíveis donos se separam.

Outro teórico que reflete sobre a linguagem e que Guimarães Rosa faz lembrar é Jacques Alain-Miller. Em um de seus trabalhos, Miller (1984) fala sobre o piropo, a mensagem erótica observada na Venezuela e que apenas lateralmente designa a relação sexual a que se refere. O que move o piropo é uma esperança previamente frustrada e isso o define como uma improvisada e poética criação de linguagem. O piropeador busca reter um instante diante de si a mulher desejada, e de modo especial deseja captar o seu olhar,[4] na verdade o tempo justo para que ela admita que ele existe. Haverá assim um intervalo entre o falar e o querer dizer, interessando apenas a comunicação instantânea que referenda a existência e lembra a instabilidade e as incertezas da vida, remetendo conseqüentemente ao texto de gozo de que fala Barthes (1973).

Segundo o teórico francês, o texto de gozo é aquele que faz convergir sensação e inteligência, numa arte que desvincula significantes de significados estabelecidos. O texto de gozo estabelece, antes, o reinado da dúvida e da incerteza, preferindo o diferente, a ambigüidade e a criatividade. Os participantes do gozo serão, desse modo, o emissor e o receptor capazes de encontrar na palavra o que está além da sua "epiderme". Serão aqueles que deixarem de lado o pragmatismo e o peso da significação para entrar num outro tipo de comunicação, que flutua acima de sentidos e interesses.

O texto do gozo difere do texto do prazer: se não se pode falar propriamente de prazer na leitura de "Sarapalha", pode-se falar de um gozo proporcionado pelo texto, a partir daquela ciranda de possíveis inter-

---

[4] E poder-se-ia perguntar: não será isso o que deseja um escritor?

pretações, instalada num espaço móvel que não é o da tragédia ou o da comédia. Se é dramática a situação dos dois primos, presos a um lugar inóspito e doentio de que todos já fugiram, poderia ser vista como trágica a revelação final de terem sido inócuos todos os esforços de primo Ribeiro para ocultar sua idéia fixa e sua tristeza maior, a de ter sido abandonado pela mulher amada. O reconhecimento e a catástrofe típicos do conflito trágico[5] aparecem quando o primo se descobre como uma vítima trágica, isto é, quando percebe a sua ignorância quanto aos verdadeiros motivos da presença do primo Argemiro. A mesma questão poderia ser vista como cômica, dada a situação dos dois moribundos que disputam um obscuro objeto de desejo e atribuem sentidos insustentáveis aos acontecimentos.

Essa oscilação entre tragédia e comicidade pode ser resolvida com o humor, que ensinará a não rir indevidamente e a desmascarar as falsas tragédias, como a do primo Ribeiro, cuja nobreza tem algo de ridículo, cuja grandeza tem algo de pequenez e cujo amor tem muito de ciúme e egoísmo. Guimarães Rosa aparece aí como humorista, aquele que convida a perceber a alteridade, a ver um outro aspecto da mesma coisa, por estar ao mesmo tempo tão próximo e tão distante de suas personagens. Suas estórias permitem ver as coisas de vários lados, apresentando entretanto a consciência de que é impossível a visão simultânea, direta e total de todos os aspectos, já que a linguagem é incapaz de transmitir a totalidade: há sempre algo elidido, subentendido ou apenas insinuado.[6]

Será certamente por isso que as crianças têm um estatuto privilegiado na ficção rosiana. Sua credulidade e ao mesmo tempo sua capacidade de enganar, sua disponibilidade para adaptar-se, para viver integralmente o instante, bem como sua habilidade para jogar com a linguagem para fingir e representar[7] são muito utilizadas por Rosa na

---

[5] Ver "Los vínculos de tragedia, comicidad, ironía e humor" (Vega, 1967, p. 51-53).

[6] Bastante adequada a essa reflexão parece ser a afirmação de Vega de que "el humorista no queda en nada, pues humorismo es una tensión, una dialéctica, un ir y venir" (Vega, 1967, p. 75).

[7] Almansi comenta a capacidade das crianças de enganar com um choro fingido, na mais tenra infância, quando fala na ilha de Pleurilie (Almansi, 1978).

sua criação. Segundo Maria Theresa Abelha Alves, esses seres de exceção são "exilados de uma lógica racionalista, ou por estarem fora da idade da razão ou por se encontrarem mentalmente insanos" (ALVES, 2000, p. 489-493), o que os torna plenamente aptos a criar através da linguagem. Desenvolvendo a fantasia e a capacidade de mentir e enganar – quais novos Íons de inspiração divina ou espertos embusteiros de diabólicos poderes, representações do poeta e do artista, as crianças servem de modelo a seu criador.

O grande exemplo é Brejeirinha, de "Partida do audaz navegante" (ROSA, *Primeiras estórias*, 1994, v. 2, p. 469-474), meninazinha que sabe lidar com as palavras para conciliar mundos opostos ou diferentes, (des)tecendo estórias que podem refazer-se infinitamente e acentuando assim a liberdade da criação. Brejeirinha tem uma lógica imbatível, uma liberdade irrefreável e um sentido especial do prazer que a linguagem pode proporcionar.

A liberdade de Brejeirinha é a mesma de seu criador, pois ambos não têm compromisso com normas estéticas, gramaticais, éticas ou de narratologia. Como Brejeirinha, o narrador parece degustar a linguagem: "Traçadas as pernocas, coisicas diminutas, narizinho que-carícia, andorinhava, pestanas til-til, infimúculas inquietações, casaquinho coleóptero, dançandoando" são expressões que mais parecem da personagem que do narrador/autor, que assim termina a sua história: "Pronto. O trovão, terrível, este em céus e terra, invencível. Carregou. Brejeirinha e o trovão se engasgam. Ela iria cair num abismo 'intacto'– o vão do trovão?" (ROSA, 1994, p. 474)

O tom parece o mesmo de Brejeirinha, que assim fecha a sua narrativa:

> – Agora, eu sei. O Aldaz Navegante não foi sozinho; pronto! Mas ele embarcou com a moça que ele amavam-se, entraram no navio, estricto. E pronto. O mar foi indo com eles, estético. Eles iam sem sozinhos, no navio, que ficando cada vez mais bonito, mais bonito, o navio... pronto: e virou vagalumes...
>
> Agora eu sei, mais: que o ovo se parece, mesmo, é com um espeto! (ROSA, 1994, p. 474)

Tanto a artistazinha quanto o artista/poeta seu criador superpõem-se a regras e preceitos, e degustam com prazer e gozo essa liberdade, exercitando o humor e habitando com leveza a terceira margem, o lugar do não já e do ainda não.

É com o encantamento da linguagem que o leitor participa desse mundo de ficção em que o estranho e o ambivalente quebram binarismos e verdades, oscilando gostosa e perigosamente entre real e imaginário, entre loucura e razão, entre morte e vida. Para que se perceba assim a existência de uma terceira margem, em que o discurso não amarra sentidos preestabelecidos, desligando-se de interesses relativos a poder e dominação.

Um denominador comum pode ser encontrado nessas narrativas rosianas: o de que se dão mal os que querem fixar sentidos, "entender tudo demais", como diriam alguns narradores ou personagens de Rosa. Por isso têm as expectativas frustradas ou seus desejos ameaçados de frustração a Flausina, de "Esses Lopes", os parentes da "Menina de lá", o narrador de "A terceira margem do rio", o narrador-personagem de "Uai, eu?" que, pragmaticamente, desejam uma identidade situada no lado do poder e marcada pela estabilidade e permanência. Assim também a obsessiva busca da certeza leva Riobaldo a fugir do espaço escorregadio onde o "diabo existe *e* não existe", para perder, em conseqüência, as oportunidades de realização amorosa oferecidas pelo destino.

Motivos opostos são vistos nessas narrativas como solução. É por exemplo a aceitação do incompreensível e do imponderável que traz paz a Sorôco e aos que o seguem, entrando com ele naquela terceira margem. É também a capacidade de refazer e recomeçar, bem como a de tomar como material poético algo prosaico e desprezível, que revela a arte maior de Brejeirinha e o encanto especial de seu "aldaz" navegante. É ainda a observação de que o significado não se prende ao significante que permite ao doutor do "Famigerado" resolver aquela situação difícil. É, enfim, a capacidade de transitar livremente entre as várias histórias que permite a Zé Boné salvar o espetáculo no colégio, enquanto o narrador-personagem tenta convencer o leitor de seu poder e genialidade, ao contar a sua idéia do salto final que fecha o espetáculo, fixando novamente atores e assistência na realidade.

Habitantes libertos da terceira margem, Zé Boné, Sorôco e seus amigos, Brejeirinha, a Menina de lá, o narrador de Famigerado, o Menino de "As margens da alegria" e "Os cimos", assim como o seu próprio criador, parecem demonstrar que somente aceitando a incerteza ou jogando com ela, somente convivendo com a instabilidade diluidora de qualquer fixidez e unicidade, somente desvinculando-se, com a leveza do humor, dos jogos de poder, é que se pode ter as minúsculas frestas de luz com que vencer as sombras, para conviver assim com o entrelugar rosiano – a terceira margem e o humor –, que permite a libertação momentânea do peso da vida e da ameaça da morte, levando a uma reflexão frutífera, mas também a uma convivência prazerosa com o não já e o ainda não.

Texto publicado em Duarte, L. P.; Alves, M. T. A. *Outras margens* – estudos da obra de Guimarães Rosa. Belo Horizonte: Autêntica/PUC Minas, 2001. p. 99-116.

Referências

ALMANSI, Guido. L'affaire mystérieuse de l'abominable *tongue-in-cheek*. *Poétique*. Paris, n. 36, p. 413-426, nov. 1978.

ALVES, Maria Theresa Abelha. *Primeiras estórias*: a alteridade 'inventada no feliz'. In: DUARTE, Lélia Parreira et al. (Orgs.) *Veredas de Rosa*. Belo Horizonte: PUC Minas, 2000. p. 489-493.

BARTHES, Roland. *Le plaisir du texte*. Paris: Seuil, 1973.

COUTINHO, Eduardo. Guimarães Rosa: um alquimista da palavra. In: ROSA, João Guimarães. *Ficção completa*. Rio de Janeiro: Nova Aguilar, 1994. p. 11-24.

JANKÉLÉVITCH, Vladimir. *L'ironie*. Paris: Flammarion, 1964.

MILLER, Jacques Alain. El piropo: psicoanalisis y lenguaje. In: *Recorrido de Lacan*. Caracas: Manantial, 1984. p. 25-40.

NIETZSCHE, F. Sobre a verdade e a mentira em sentido extramoral. In: *Obras incompletas*. Trad. Rubens Rodrigues Torres Filho. São Paulo: Abril Cultural, 1983. Col. Os pensadores. p. 53-60.

ROSA, João Guimarães Rosa. Sarapalha. In: *Sagarana*. Rio de Janeiro: Nova Aguilar, 1994. v. 1, p. 281-295.

———. Esses Lopes In: *Tutaméia*. Rio de Janeiro: Nova Aguilar, 1994. v. 2, p. 563-565;

———. Famgerado. In: *Primeiras estórias*. v. 2. Rio de Janeiro: Nova Aguilar, 1994. p. 393-396;.

———. A terceira margem do rio. In: *Primeiras estórias*. v. 2. Rio de Janeiro: Nova Aguilar, 1994. p. 409-413.

———. A menina de lá. In: *Primeiras estórias*. v. 2. Rio de Janeiro: Nova Aguilar, 1994. p. 401-404.

———. Pirlimpsiquice. In: *Primeiras estórias*. v. 2. Rio de Janeiro: Nova Aguilar, 1994. p. 415-421.

Os irmãos Dagobé. In: *Primeiras estórias*. v. 2. Rio de Janeiro: Nova Aguilar, 1994. p. 405-408.

Partida do audaz navegante. In: *Primeiras estórias*. v. 2. Rio de Janeiro: Nova Aguilar, 1994. p. 469-474.

———. *Grande sertão: veredas*. Rio de Janeiro: Nova Aguilar, 1994. v. 2, p. 9-385.

VEGA, Celestino F. de la. *El secreto del humor*. Buenos Aires: Editorial Inova, 1967.

Brejeirinha e outros doidinhos/artistas de Guimarães Rosa

João Guimarães Rosa, certamente o maior escritor brasileiro do século XX, nasceu em Cordisburgo, Minas Gerais, em 1908. Em 1930 formou-se em Medicina, profissão que exerceu, no interior do Estado e na Força Pública, até ingressar na diplomacia, em 1934.

Recebeu muitos prêmios por suas obras literárias: o primeiro foi aos 28 anos, com o livro de poesias *Magma*, nunca publicado durante a sua vida. Em 1937 com *Sagarana*, publicado em 1946. *Grande sertão: veredas*, de 1956, recebeu logo três premiações. Em 1961 foi-lhe atribuído o prêmio Machado de Assis, da Academia Brasileira de Letras, pelo conjunto de sua obra. Nesse mesmo ano saíram *Sagarana* em Portugal e *Corpo de baile* na França.

Em 1962 Guimarães Rosa publicou *Primeiras estórias* e em 1963 foi eleito para a Academia Brasileira de Letras. Receoso de que seu coração não suportasse a emoção da posse, adiou-a por quatro anos, até 1967, ano da publicação de *Tutaméia*. E realmente, três dias após ter tomado posse na Academia, faleceu de ataque cardíaco.

Em 1969 foram publicados dois livros póstumos de Rosa: *Estas estórias* e *Ave, palavra*. *Magma* só seria publicado em 1997.

Além da grande quantidade de edições e de traduções, a obra de Rosa foi também levada ao teatro, ao cinema e à televisão. Exemplos são os filmes: *A hora e a vez de Augusto Matraga*, *Duelo*, *Noites do sertão*, *Cabaré mineiro*, *A terceira margem do rio*, e a série televisiva *Diadorim – a história do Grande sertão: veredas*.

Guimarães Rosa, um dos maiores ourives da palavra na literatura brasileira, foi também um dos mais perspicazes investigadores da alma humana e, talvez, o autor brasileiro mais divulgado nos meios acadêmicos nacionais e estrangeiros. A sua enorme fortuna crítica foi revista e ampliada em três seminários internacionais realizados na Pontifícia Universidade Católica de Minas Gerais, a PUC Minas: o primeiro em 1998, com 260 comunicações de pesquisas e participantes de dez diferentes países; o segundo em 2001, com 400 pesquisas apresentadas e participantes vindos de 13 países; o terceiro com 446 comunicações, de participantes vindos de 15 países.

Revendo essa fortuna crítica, os três seminários fizeram lembrar que, quando a obra de Guimarães Rosa começou a ser publicada (*Sagarana* foi o primeiro livro), houve dois tipos de crítica: uma, encantada com as inovações de estrutura narrativa e de linguagem; outra, que recusava as inovações, como antes acontecera com os modernistas portugueses e brasileiros. Rosa foi acusado de excessivo formalismo e de falta de engajamento social, pois era época do regionalismo, no Brasil, e do neo-realismo, em Portugal. A moda era denunciar a exploração de trabalhadores da terra, numa representação que dividia o mundo entre exploradores e explorados, dominadores e dominados.

A crítica literária, mesmo a mais negativa, começou a perceber que a ruptura proposta por Rosa não era marcada por mera obsessão formal ou por despreocupação com o social. Era, ao contrário, uma proposta estético-política de caráter mais amplo, de quem acreditava que "só renovando a língua se pode renovar o mundo". A intenção de Rosa parecia ser a de revitalizar a linguagem, fazê-la dobrar-se sobre si mesma e acrescentar-lhe poesia, o que seria uma forma de levar o leitor à reflexão.

Por isso Rosa violava ou ignorava as normas, abandonando as formas cristalizadas e dedicando-se à busca do inexplorado. Um exemplo é o seu mergulho no sertão, de que tão pouco se falara até essa época. Outro exemplo seria a sua forma de lidar com os problemas sociais: Rosa nunca pregava uma justiça que invertesse a posição de dominadores e dominados, embora suas estórias apresentem muitas vezes personagens em luta pelo poder, como o conto "Esses Lopes", em que Flausina vinga-se dos poderosos fazendeiros que a dominaram e exploraram, destruindo-os sucessivamente. O final do conto, entretanto, coloca em dúvida a validade dos artifícios da personagem, pois o amor livre e desinteressado desejado por ela talvez não fosse possível, agora que ela se tornara um rico objeto de desejo e podia interessar ao homem amado apenas pela riqueza que passara a possuir com a destruição "desses Lopes".

Em "Como ataca a sucuri", a questão do poder aparece na guerra surda e cheia de artimanhas entre o ignorante sertanejo Pajão e o doutor da cidade, configurando-se ambos como enganadores, enquanto o autor alia-se ao leitor para observar que os extremos não podem ser separados com nitidez. Desamarradas as certezas, descoberta a existência de uma terceira margem, percebida a validade de outras perspectivas e valores, a relatividade das questões fica a descoberto nessa obra que trabalha constantemente a areia movediça que constitui a vida do ser humano. Os artifícios de construção dos textos rosianos revelam, ainda, os perigos subjacentes à comunicação e à própria linguagem, sempre passível de elaboração retórica.

A literatura de Rosa não adota, assim, o figurino do senso comum; outra prova disso é a valorização que faz o autor de figuras populares, ignorantes e doidinhos que falam coisas inusitadas com uma linguagem inusitada, como se representassem, na obra, o seu criador.

O objetivo deste artigo é justamente analisar alguns contos em que aparecem figuras como o doidinho e o artista, mostrando como o autor valoriza essas instâncias paradoxais, cujo estranhamento e criatividade representariam o lado esquecido e abandonado de uma sociedade que sempre busca reprimir, negar ou esconder o diferente.

Mas por que o doidinho e, principalmente, por que o doidinho/artista? O que teriam em comum essas categorias? Em que sentido se usam aqui as palavras "doidinho" e "artista"?

Doidinho, doido, alienado ou demente é aquele que não tem o uso da razão. Pensa e age de modo diverso dos outros e, por isso, é visto como diferente pela "gente normal", que o chama de maluco, doido ou "doidinho" e geralmente o discrimina e procura afastá-lo da convivência com os "normais".

Doidinho será então, principalmente no sertão e nas pequenas cidades do interior, aquele que tem comportamento estranho, veste-se de forma estranha, come coisas estranhas e, geralmente, fala de forma estranha, exatamente porque vê o mundo de outra forma. O doidinho não está integrado ao grupo social, não parece ter os mesmos desejos ou os mesmos valores que os outros e por isso não segue as mesmas regras nem usa a mesma linguagem. Trata-se de figura estranha, embora não exatamente inverossímil.

O doidinho é o tipo de personagem que antigamente não ocupava lugar central na literatura. A estranheza de "João Porém, o criador de perus", do conto do mesmo nome, começa no seu nome, explicado pelo narrador: "O pai teimava que ele não fosse João, nem não. A mãe, sim. Daí o engano e nome, no assento de batismo" (Rosa, 1967, p. 74).

Malsinado pelo nome e pela natureza, que o fizera vesgo, algo gago, semi-surdo, inepto exato, dado às aranhas dos dias, João Porém era visto como doidinho pelos outros, que dele se riam sempre, embora inutilmente procurassem enganá-lo, pensando em tomar-lhe sua criação de perus.

O narrador/autor, diferentemente, vê João Porém com carinho, elogiando sua ponderação e paciência: "Se bem pensou, melhor adiou". Exalta-o também por saber ouvir apenas com "a metade surda de seus ouvidos", quando necessário. Louva-lhe a capacidade de trabalho, a dedicação e o saber, especialmente a sua arte para criar perus, reconhecidamente aves de difícil sobrevivência. Mostra assim que ele é visto como doidinho, mas é um especialista em algo não muito comum.

Outra personagem sem heroísmos nem grandezas é Mechéu, do mesmo conto. Semi-imbecil, moscamurro e raivancudo, pronto a enfuriar-se "às mínimas e niglingas" (Rosa, 1967, p. 88).

Da pretensão e ignorância de Mechéu riem-se os "moços de fora", necessitados de alguma forma de recreio, naquele tempo chuvoso. Embora semi-imbecil, Mechéu sabia explorar o trabalho do Gango e culpar os outros e até os objetos por todos os problemas, deliciando-se quando as zombarias lhes eram dirigidas. Preocupado em ser sempre ele mesmo, pretenso infalível noivo de toda e qualquer derradeira sacudida moça vista, com quem marcava "coió" o casamento para um "domingo fatal", Mechéu era decididamente uma figura estranha e risível, um doidinho irresponsável e desprezível. O narrador/autor valoriza entretanto a sua figura, cuja profundidade insuspeitada surge no momento da morte do Gango, com a qual a personagem perde as certezas e a saúde, "decerto [porque] não agüentava o que lhe vinha para pensar, nem vencia achar o que precisava" (p. 91).

Com João Porém e Mechéu, Guimarães Rosa reflete sobre a complexidade do ser humano e a multiplicidade de visões que dele se pode ter, não havendo sobre cada um apenas o ponto de vista do senso comum, geralmente preconceituoso e mal informado.

Michel Foucault estudou a loucura e mostrou que, desde a Idade Média, tenta-se tirar os loucos do convívio social. Naquele tempo eles eram colocados em navios e abandonados no mar, um elemento instável como eles, para que não perturbassem os sãos, que ficavam em terra firme, lugar da razão e da estabilidade.

Hoje, os que tratam da saúde mental tentam levar os doidinhos para o seio da família, pois são muitas vezes segregados da sociedade, encerrados em manicômios e deixados reclusos em hospitais e asilos psiquiátricos.

Com Guimarães Rosa é diferente. Os doidinhos são acolhidos em sua obra como personagens centrais, em torno dos quais a trama é construída. Ele dá voz a esses doidinhos, mostrando que razão e desrazão se equilibram na obra literária, porque ambas fazem parte da vida e, portanto, devem servir para construir a arte.

Rosa contrapõe-se, nesse sentido, ao filósofo Platão que, na Grécia antiga, pregava a necessidade de se afastar o poeta da cidade, lugar dos cidadãos, dos homens normais. O poeta seria equivalente ao louco, também uma figura estranha, insubmissa, perturbadora da ordem, por ter uma visão diferente do mundo e por falar uma linguagem diferente; por poeta entenda-se, portanto, artista da palavra ou simplesmente artista. Doidinho equivale muitas vezes a artista, pois este se caracteriza pela mesma liberdade de que desfruta o doidinho.

Rosa não expulsa os doidinhos/artistas de sua obra/cidade, como procurarei mostrar ao focalizar três personagens suas: Nhinhinha, de

"A menina de lá, o Zé Boné, de "Pirlimpsiquice", e a Brejeirinha, de "Partida do audaz navegante".

A menina de lá não é uma criança normal: não brinca como as outras, não é irrequieta, curiosa ou perguntadeira, como costumam ser as crianças. Conta o narrador que ela, perpétua e imperturbada, "nascera já muito para miúda, cabeçudota e com olhos enormes" (Rosa, 2001, p. 67). Mas nem por ter grandes olhos parecia olhar para as coisas. Muito quieta, Nhinhinha não queria bruxas de pano ou qualquer outro brinquedo. O próprio pai dizia com certo espanto que "ninguém entende muito o que ela fala" (p. 67). Nem era pela estranheza das palavras, embora ela falasse às vezes coisas estranhas: "Ele xurugou?". Além disso, a menina pouco falava e o mais estranho era o "enfeitado de sentido" do que ela dizia.

A diferença de Nhinhinha fica ainda mais marcada quando a menina começa a manifestar estranhos desejos, magicamente satisfeitos, sem qualquer explicação. Os parentes, com o senso comum e o pragmatismo que procura sempre tirar proveito de quaisquer poderes, logo ficam cheios de esperanças com as vontades mágicas da menina. Mas ela não lhes atende os desejos, pelo menos não diretamente como gostariam.

Segundo o narrador, ficava a dúvida se a menina era um tanto tolinha (uma forma de chamá-la de doidinha); na verdade, o significado do que ela dizia era muitas vezes enigmático:

> Estórias absurdas, vagas, tudo muito curto: da abelha que se voou para uma nuvem; de uma porção de meninas e meninos sentados a uma mesa de doces, comprida, comprida, por tempo que nem se acabava; ou da precisão de se fazer lista das coisas todas que no dia por dia a gente vem perdendo. Só a pura vida. (p. 68)

A comunicação com a meninazinha era difícil. Se lhe perguntavam: "Nhinhinha, o que é que você está fazendo?", ela respondia, "alongada, sorrida, moduladamente: – Eu... to-u... fa-a-zendo". Se insistiam, ela dizia: "Deixa... Deixa...". Assim costumava dirigir-se à mãe: "Menina grande... Menina grande...". Se ouvia o pai pedindo à mãe que coasse um café forte, comentava, sorrindo: "Menino pidão... Menino pidão...". Isto é, tratava os pais com uma espécie de tolerância, como se ela é que fosse maior e adulta, e ninguém tinha real poder sobre ela. Não se conheciam suas preferências, embora se visse que apreciava o casacão da noite, cheiinho de "estrelinhas pia-pia".

Nhinhinha tinha às vezes frases poéticas, como: "Tatu não vê a lua...", "o ar estava com cheiro de lembrança"; "a gente não vê quando o vento se acaba..."; "altura de urubu não ir", "jabuticaba de vem-me-ver", "o passarinho desapareceu de cantar", "tou fazendo saudade" (p. 69). Essas frases acentuavam a diferença da menina que, depois de um tempo, começa a mostrar as suas artes, que o narrador chama de "milagres", "prodígios", e os pais vêem como "maravilha repentina".

Com seu gesto comum de olhar para "o nada diante das pessoas", um dia a menina diz: "Eu queria o sapo vir aqui", e logo chega a bela rã, verdíssima, aos pulinhos, aos pés de Nhinhinha. Em outro dia, na mesma quietude: "Eu queria uma pamoinha de goiabada..." e logo chega uma dona com os pãezinhos de goiabada enrolada em palha. Era como se a meninazinha tivesse poderes: era só expressar desejos, que as coisas aconteciam. Mas o que ela queria era sempre muito pouco, "e sempre as coisas levianas e descuidosas", como diz o narrador (p. 70).

Aconteceu então que a mãe adoeceu, sem remédios que a curassem, e não houve como fazer Nhinhinha manifestar o desejo de sua cura. Segredava apenas: "Deixa... Deixa...". Até que chegou-se à mãe e abraçou-a e beijou-a, quentinha. E a mãe, com estarrecida fé, sarou-se então, num minuto.

Desejosos de milagres, e vendo nessa cura um milagre, sem pensar que, inconscientemente, a mãe podia ter criado uma doença para sentir mais de perto os poderes da filha, os pais decidem guardar segredo sobre os poderes extraordinários da menina. Tinham medo de perder a filha para curiosos, gente interesseira, ou para os padres e o bispo da cidade. Mas quando chega a seca, experimentam pedir à Nhinhinha que manifeste desejo de chuva. "Mas não pode, ué...", é a sua resposta e, quando insistem, ela vem com o clássico: "Deixa... Deixa...". Daí a dois dias, porém, a menina fala em ver o arco-íris e logo chega a chuva. Com ela, vem à menina uma inusitada alegria, logo represada por grande repreensão de Tiantônia.

E logo o leitor fica sabendo da rápida doença e morte de Nhinhinha, e que a repreensão da tia se devera ao desejo manifestado pela menina de ser enterrada em caixãozinho cor-de-rosa, com enfeites verdes brilhantes. Que a mãe logo imagina chegará, sem que se encomende, por artes de "sua filhinha em glória, Santa Nhinhinha" (p. 72), doidinha e artista, mágica, tão diferente e extraordinária e de tão curta vida.

Brejeirinha, do conto "Partida do audaz navegante", seria uma menina comum, em comparação com a menina de lá. Irrequieta, curiosa, perguntadeira, atirada e às vezes medrosa, Brejeirinha difere das irmãs, que lhe contestam as pequenas loucuras. Por exemplo, ela denomina uma pequena ilha de Ilhazinha dos jacarés. Quando a irmã questiona: "Você já viu jacaré lá?", ela explica: "Não. Mas você também nunca viu o jacaré-não-estar-lá. Você vê a ilha, só. Então, o jacaré pode estar ou não estar..." (Rosa, 2001, p. 171). Brejeirinha degusta prazerosamente palavras estranhas que normalmente não fariam parte de seu vocabulário e cujo sentido ela não consegue alcançar: valetudinário, falcatruas, extrínseco, audaz, estético, estricto, explícito, demagogo...

Brejeirinha é miúda, tem um "narizinho-que-carícia", "pestanas til-til", um andar de "pés para dentro, feito um periquitinho, impávido". É muito mais ousada que as irmãs, muito mais sensível também. É ela quem percebe o arrufo dos namorados e os aproxima com a sua estória. E é doidinha porque vê e fala do mundo de maneira diferente. Quando a irmã a chama de "analfabetinha aldaz", por sua estória do "aldaz navegante", ela se zanga e mostra não ter entendido, pois a sua linguagem é diferente: "Falsa a beatinha é tu!" (p. 169). Brejeirinha preocupa-se mais com a sonoridade da linguagem que com seu sentido, pronuncia de forma diferente algumas palavras, como o seu "aldaz", julga que ler o que está escrito numa caixa de fósforos é o mesmo que ler grandes romances...

As outras crianças são bem enquadradas na cultura e querem sempre usar a razão: procuram ficar dentro da realidade, ver na ilha só o que todos podem ver, seguir regras estabelecidas até para inventar histórias, enfeitar o audaz navegante apenas com coisas práticas, como uma moeda, um grampo, um chiclé. Brejeirinha, ao contrário, valoriza elementos que ninguém se lembra de valorizar, como uma trampa seca de vaca, que ela transforma no audaz navegante e que enfeita, por fim, com um cuspinho. Sem pragmatismos nem modelos, mas com liberdade e criatividade, a menina configura-se então como diferente, extravagante; afinal, como doidinha/artista.

Brejeirinha concilia com as palavras mundos opostos: "Você vem conosco ou sem-nosco?"; (des)tece e refaz constantemente a sua estória, chegando a inventar novas personagens no final, o que era proibido até pelas normas narrativas das próprias crianças. Com liberdade irrefreável transforma os mais prosaicos objetos – como aquela trampa seca de vaca ("alta rodela de esterco cogumeleiro", chamada por ela de "o bovino") – em obra de arte, transformando-a num audaz navegante enfeitado com um cuspinho. E, especialmente, tem um sentido agudo do prazer que a linguagem pode proporcionar, escolhendo as palavras pela sonoridade, como mostra a pergunta feita ao menino: "Zito, tubarão é desvairado, ou é explícito ou demagogo?". Brejeirinha não tem compromisso com o sentido: suas palavras são antes ligadas ao *nonsense* – é doidinha e artista. Por isso pode fechar a sua estória: "Agora eu sei, mais: que o ovo se parece, mesmo, é com um espeto!".

À meninazinha, que desrespeita regras, tem segredos e encontra semelhanças em elementos extremamente díspares, é poetista e faz muitas artes, o conto contrapõe a perspectiva de Mamãe, que representa o poder e a lei.

Se as perspectivas de Brejeirinha e de Mamãe divergem, existe no conto a voz de um narrador-testemunha que joga com as duas em contraponto – trata-se daquela voz que narra a história e acompanha as personagens em seu ficcional passeio, naquele dia chuvoso em que "parecia não acontecer coisa nenhuma". Existe ainda uma outra voz, externa, organizadora como a de Mamãe, mas que autoriza Brejeirinha a inventar e ficcionalizar, poetizando, com o "dom de apreender as tenuidades", as mesmas "infimúculas inquietações" e a sensibilidade de perceber o arrufo dos namorados, para inventar histórias que fazem rir e quebram o clima de tensão e desavença, ao elaborar o tema da partida, da separação e da morte. Brejeirinha parece assim representar intradiegeticamente o autor, que também poderia dizer, como ela: "Antes falar bobagens, que calar besteiras...", também ele preocupado com os temas do amor e da morte, também ele arteiro e inventivo, doidinho e artista, capaz de brincar com a linguagem, talvez porque também cheio de medos. Vejam-se "fúfio fino borrifo", a "briguinha grande e feia" dos namoradinhos, os "orgulhos e olhares" com que Mamãe cuida das meninas, a descrição de Brejeirinha "com seu casaquinho coleóptero", suas pernocas traçadas, suas "coisicas diminutas": "narizinho-que-carícia, pestanas til-til". Veja-se também a descrição das margaridinhas que, "entremunhadas, todas se rodeiam de pálpebras", do riachinho "sob baile de um atoalhado de espumas, no belo despropositar-se, o bulir de bolhas", do "trovão que arrasta os seus trastes", e a conversa dos namorados: "ti a mim, me a ti, e tanto".

Como Brejeirinha, o autor é sensível para perceber a beleza e os seus perigos, o tênue limite que separa a estiagem e a chuva, a integração amorosa e o desentendimento, a organização e o caos. Por isso, com uma presença silenciosa e atenta que se parece com a da Mamãe, e com um trabalho minucioso e artístico de elaboração textual, brincando doidinho como Brejeirinha, ele faz um exercício de libertação próprio daquele que é doidinho e artista e assim pode enfrentar e vencer, por um instante, o medo e a própria morte.

Outro doidinho/artista de Rosa é Zé Boné, de "Pirlimpsiquice". Zé Boné está num colégio interno, mas não é um estudante comum: não brinca no recreio, mas faz suas encenações múltiplas, de forma isolada, ele mesmo representando todos os papéis. O narrador o chama de "preenchido beócio, papalvo, basbaque, estafermo", contando que ele não "botava sentido nas coisas" e por isso não podia decorar as falas do teatrinho que iam representar. Na perspectiva desse narrador-personagem, que pretende registrar o pensamento do senso comum, Zé Boné seria um doidinho, irresponsável, de quem não se poderia esperar contribuição para um trabalho conjunto, racionalmente organizado.

Na estória se opõem os partidos em luta, o dos alunos aplicados e o dos maus alunos, isto é, o dos escolhidos para a representação e o dos excluídos da festa, que por isso inventam uma outra história para o teatro. Zé Boné está numa situação especial: escolhido para a representação, por ser bom aluno, é recusado pelos outros escolhidos, que o vêem como incapaz de fazer uma representação organizada. Zé Boné fica por isso isolado, como uma instância paradoxal, que oscila e circula entre os vários grupos.

Segundo o personagem-narrador, escolhido para ser o "ponto", "bem se ria" do Zé Boné, porque ele "regulava de papalvo. Sem fazer conta de companhia ou conversas, varava os recreios reproduzindo fitas de cinema: corria e pulava, à celerada, cá e lá, fingia galopes, tiros disparava, assaltava a mala-posta, intimando e pondo mãos ao alto, e beijava afinal". Zé Boné conseguia assim, a um só tempo, figurar de "mocinho, moça, bandidos e xerife".

Quando os "atores/alunos escolhidos" inventam uma história a ser divulgada em lugar da "verdadeira", resolvem que alguém ficaria sempre tomando conta de Zé Boné, porque nele não se podia confiar, era tão aéreo e desligado... Não prestava atenção aos episódios que inventavam, a não ser para mal encartar alguma "facécia ou peripécia" nas suas fitas de cinema, pois "enquanto recreios houvesse, continuava ele descrevivendo-as, com aquela valentia e o ágil não-se-cansar, espantantes" (p. 88).

Os outros atores, seguindo o que dizia o Dr. Perdigão, pretendiam entrar seriamente nos papéis representados. Chegavam mesmo a tomar da peça exemplo para a vida: os que não eram "Filhos de Maria" pretendiam entrar logo para a associação, e o que fazia papel de padre "comungava a diário, via-se mesmo só ideal, já padre e santo". Enquanto isso, Zé Boné continuava com suas loucas representações no recreio.

Segundo a estória, havia então, afinal, várias representações em preparação: a peça do Dr. Perdigão, a que fora inventada pelos não escolhidos, a que fora criada pelos escolhidos, para que a "história verdadeira" não fosse divulgada antes da festa, e ainda a que era costurada e remendada, diariamente, pelo Zé Boné.

No dia marcado para o teatro, acontecem os imprevistos: o Ataualpa, que fazia o papel principal, teve de viajar porque o pai estava à morte, no Rio de Janeiro; o narrador-personagem, que fazia o ponto e obviamente sabia todos os papéis de cor, teve de passar ao papel do Ataualpa. Somente ao iniciar-se a peça, entretanto, esse narrador se lembra de que o Ataualpa dizia, antes do início, uns versos à Virgem e à Pátria, motivo por que fica paralisado, esperando socorro para resolver o problema. Começa então a vaia, "que ninguém imaginava. O que era um mar – patuléia, todos em mios, zurros, urros, assovios: pateada" (p. 94). Tenta-se fechar a cortina para esconder o vexame, mas o mecanismo emprerra. De onde vem a salvação para o teatrinho, que acaba sendo um grande sucesso? Do Zé Boné, que começa a representar, não a peça "oficial", mas a versão espúria, feita pelos alunos não escolhidos para a representação. Conta o narrador:

> Zé Boné pulou para diante, Zé Boné pulou de lado. Mas não era de faroeste, nem em estouvamento de estrepolias. Zé Boné começou a representar!
>
> A vaia parou, total.
>
> Zé Boné representava – de rijo e bem, certo, a fio, atilado para toda a admiração. Ele desempenhava um importante papel, o qual a gente não sabia qual. Mas, não se podia romper em riso. Em verdade. Ele recitava com muita existência. (p. 95)

Depois desse início, todos os atores representam, sem ordem preestabelecida, mas com "muita existência", as três estórias ensaiadas, de modo que aquele teatrinho se torna algo inesquecível, como diz o narrador:

> Entendi. Cada um de nós de esquecera de seu mesmo, e estávamos transvivendo, sobrecrentes, disto: que era o verdadeiro viver? E era bom demais, bonito – o milmaravilhoso – a gente voava, num amor, nas palavras: no que se ouvia dos outros e no nosso próprio falar. (p. 96)

Aparece, assim, através do doidinho/artista Zé Boné, a arte maior de um escritor excepcional, também ele doidinho/artista criador de palavras como "adormorrer", "sussurruído", "fechabrir", "cabismeditado", "descrevivendo-as", "moscamurro" e "raivacundo", contidas em "Pirlimpsiquice" e "Mechéu". Expressões e provérbios consagrados modificam-se, como nos exemplos: "Nu da cintura para os queixos", "sua voz fora de foco", "não sabiam de nada coisíssima", "foi de incerta feita", "com cara de nenhum amigo", "de orelha com a pulga atrás", "o minuto parou", "às vezes penso, às vezes não", o "indesfecho" da história.

Tudo isso indica a sensibilidade desse autor consciente de que o ser humano é complexo e contraditório, não podendo por isso ser observado de um único ângulo. Indica também que Rosa valoriza a participação do leitor como elemento indispensável de seu próprio processo de criação. E mostra a perspectiva desse autor, para quem a linguagem é poderoso instrumento de ação, artifício cuja renovação constante tem o sentido ético de acompanhar a evolução do mundo. Distanciando-se do que é visto como "normal", Rosa ensina o seu leitor a aceitar melhor a loucura ou a terceira margem, onde minúsculas frestas de luz permitem vencer as sombras e proporcionar momentânea libertação do peso da vida e da ameaça da morte. Através da incongruência, da irracionalidade e da criatividade de seus doidinhos/artistas, Guimarães Rosa ensina assim uma convivência prazerosa com o não já e o ainda não, o intervalo e o entre-lugar, a terceira margem e o humor, a loucura e a arte.

Publicado, com o título "Brejeirinha y otros loquitos-artistas de Guimarães Rosa", em *Cuadernos de Literatura*, Lima (Peru), v. 1, n. 2, p. 37-48, 2003.

Referências

ROSA, João Guimarães. João Porém, o criador de perus. In: *Tutaméia*: terceiras estórias. Rio de Janeiro: José Olympio, 1967. p. 74-76.

ROSA, João Guimarães. Mechéu. In: *Tutaméia*: terceiras estórias. Rio de Janeiro: José Olympio, 1967. p. 88-91.

———. A menina de lá. In: *Primeiras estórias*. Rio de Janeiro: Nova Fronteira, 2001, p. 67-72.

———. Partida do audaz navegante. In: *Primeiras estórias*. Rio de Janeiro: Nova Fronteira, 2001, p. 166-175.

———. Pirlimpsiquice. In: *Primeiras estórias*. Rio de Janeiro: Nova Fronteira, 2001, p.86-96.

Assunto de silêncios ou poesia em "Cara-de-bronze"

Guimarães Rosa chamou de poema o seu "Cara-de-bronze", de *Corpo de baile*, em *Urubuquaquá no Pinhém*, talvez porque esse conto se aproxime mais da poesia do que da narrativa, mais de uma linguagem descontínua que não apresenta uma verdade e em que existe, como diz Blanchot,[1] um acordo entre o esconder e o desviar. Para analisar sua construção poética, interessam as incongruências e a multiplicação de estórias e hipóteses de estórias, narradores e narratários, em versões enigmáticas que convivem pacificamente.

Benedito Nunes afirma que "Cara-de-bronze" tem dois focos concêntricos: "O da narrativa da Demanda, da procura, e o da narrativa da narrativa, que mantém oculta a verdadeira estória, que o leitor não pode conhecer" (Nunes, 1969, p. 185). Se o texto fala de uma busca semelhante à de *A demanda do Santo Graal*, desde o seu nome,[2] e rasura os limites entre gêneros (narrativa, poesia, cinema, teatro etc.), como afirmam Cleusa Rios Pinheiro Passos (2002, p. 78-98) e Rosana Silva do Espírito Santo (2003, p. 699-706), talvez se possa concordar com Clara Rowland, para quem o conto se organiza em torno da figura do círculo, indo do Sertão – o exterior –, até o quarto do Cara-de-bronze, núcleo

---

[1] Para Blanchot, "a linguagem é o acordo do movimento de esconder e desviar, ela vela por ele, preserva-o, perde-se e confirma-se nele", e a poesia é a palavra essencial desse desvio (Blanchot, 2001, p. 59).

[2] Refiro-me à "procura" implícita nesse nome e estudada por Nunes, 1969, p. 181-195.

intransponível em que a poesia tem lugar. Também se poderia dizer que essa novela, como a poesia, lida com a questão da onipotência, com o desejo de tudo saber e tudo dominar, com esse "assunto dos silêncios" de que fala o cozinheiro-de-boiada Massacongo. No final, o leitor tem de se conformar, assim como os vaqueiros e outros curiosos da narrativa, com as questões irresolvidas e a figura incômoda de Cara-de-bronze, que parece uma esfinge ou a própria ambigüidade que questiona, como diz Blanchot (2001, p. 49).

Isso se prende, naturalmente, aos temas da narrativa – o da viagem e o do amor –, ambos inconclusos e construídos mais em torno da espera e do mistério que do esclarecimento, constituindo assim uma questão insolúvel, um tecido de "nadas etéreos" que recuperam a potencialidade criadora do verbo, característica do texto poético.

Nesse sentido, que noiva misteriosa é essa de que tanto fala o texto? Supostamente trazida pelo Grivo de sua viagem, teria o vaqueiro com ela se casado? Ou seria ela uma figura fantasmática, a outra, a Muito Branca, que reúne as figuras míticas da Terra Mãe, da Terra Primordial e da Árvore da Vida? Mesmo quando Iàs-Flôres fala sobre ela, não parece falar da Noiva real, mas da imaginária, feita de sonhos e de desejos: "Vocês viajem êsse rio Urucúia, pra baixo, pra riba, e não é capaz de se encontrar outra mulher tão bonita se penteando..." (p. 95).[3] Pois continua a dúvida, expressa pelo vaqueiro Pedro Franciano: "Ué, então êle trouxe a Mãe-d'Água?!..." (p. 96).

Qual o significado dessa noiva na estória? Se muitas vozes falam dela, se ela se configura como objeto de desejo, nada de concreto se pode apurar a seu respeito, de modo que pode ser também a inexistente, a desejada que indica a falta do amor ou ainda a que existe apenas na criação poética, na narrativa, feita de palavras.

Também os dois mundos de que fala "Cara-de-bronze" parecem esgarçar-se num tecido poético: inicialmente os Gerais do trovão e do vento, na amplidão do sertão, com seu grameal, seu agreste, suas veredas e

---

[3] Todas as citações se referem à edição de 1969, da Livraria José Olympio Editora, e serão indicadas apenas pelo número das páginas.

seus buritizais, em que o homem é um cavaleiro pequenino, como que indefeso, "curvado sempre sobre o arção e o curto da crina do cavalo", sem nome. À realidade desse mundo desmedido e inóspito, em evidente contraste, integra-se a fazenda de gado do Urubuquaquá, com seu mato-grosso, as pastagens, a vacaria e o gadame, um mundo que "desmede os recantos" e onde a riqueza é "dada e feita". Inúmeras boiadas, vaqueiros e a solidez da casa assentada, com madeiras de lei, "num pendor de bacia" (p. 73), configuram o indiscutível poder de seu dono.

Mas essa casa forte, aparentemente integrada na realidade concreta, adquire aspecto fantasmático, como que passando para um mundo virtual – o da potencialidade das palavras –, quando se nomeia Cara-de-bronze o seu dono e, num intervalo do trabalho pesado, em que "o gado era feroz", "nesse dia em feio assim, com carregume, malino e chuvisco, rabisco de raios", os vaqueiros formam grupos e discutem "o azonzo de alguma coisa", anunciada nas primeiras coplas do violeiro:

> Buriti – minha palmeira?
> Já chegou um viajor...
> Não encontra o céu sereno...
> Já chegou um viajor...
> (...)
> Buriti, minha palmeira,
> é de todo viajor...
> Dono dela é o céu sereno,
> dono de mim é o meu amor... (p. 74)

A voz do violeiro, desvinculada do mundo pragmático do trabalho, poderia ser a voz intemporal da poesia: significativamente chama-se ele "João Fulano", é "conominado Quantidades" e está "sempre cantando modas novas, que carece de tirar do juízo" (p. 77). Com ele surgem os temas da viagem e do amor, integrados num outro mundo que não é o do poder. Sem se concretizarem em acontecimentos, permanecem no campo da sugestão, da potencialidade criadora de palavras que se contradizem, desestabilizando o relato com incertezas e dúvidas.

O que se acentua é a curiosidade dos vaqueiros, dos que trabalham na fazenda, dos que vêm comprar gado e se tornam narratários, representando assim intradiegeticamente os leitores da novela e insuflando também a sua curiosidade. Constantemente falam de sua atenção "no que dentro da Casa estaria acontecendo" (p. 76) ou fazem perguntas sobre o Velho, sobre o Grivo e sua suposta noiva, sem conseguir informações satisfatórias, como se também no plano dos acontecimentos houvesse a mesma instabilidade do chão em que pisam: "Travavam-se no barro, de enlôo, calcurriando nas poças ou se desequilibrando no tauá de tijuco, que labêia e derreita feito ralo excremento de morcêgo em laje de lapa" (p. 75). Essa instabilidade caracteriza até mesmo os bois, em seu movimento ondulante, pois, "de vezvez destornavam-se, regiro-giro, se amontoando, resvalões, pinotes pesados, relando corpos e com chispas de chifres" (p. 75). E caracteriza também o próprio Cara-de-bronze, figura enigmática feita de palavras, meio gente, meio terra (meio bronze?), com a sua "cabeça encalombada de bossas – como se dela fossem brotar idades e montanhas" (Rosa, 1969, p. 98). "Seria lepra? Lepra, mal-de-lázaro, devia de ser, encontrar-se um rico fazendeiro nesse estado não era raridade" (p. 97).

Ninguém sabe de onde veio o Velho. Quando chegou, "parecia fugido de tôdas as partes" (p. 84), diz o vaqueiro Tadeu, que completa: "Sei que não sei, de nunca" (p. 84), pois tudo o que sabe é por ouvir de outros: "Êle era para espantos. Endividado de ambição, endoidecido de querer ir arriba (...) Tinha de ser dono. Vocês sabem, sabem, sabem: êle era assim" (p. 84-85).

O poder do Cara-de-bronze é inquestionável: resguardado no seu "quarto de achacado", dá ordens, mas permanece invisível. E quando Moimechêgo quer saber "como é o homem, então, em tudo por tudo" (p. 86), parece surgir a suspeita de que quisesse esconder-se, o que se poderia relacionar com as viagens e buscas encomendadas ao Grivo e até com a história contada pelo vaqueiro Tadeu do moço que, alvejado pelo pai, atira nele e o vê cair, fugindo em seguida, para saber apenas quarenta anos depois que o pai caíra de bêbado... (p. 126).

O retrato do Cara-de-bronze, feito alternadamente e em tom de ladainha pelos vaqueiros, constrói-se como em mosaico, com fragmentos muitas vezes contraditórios. "Teimosão calado"(p. 89), gosta de contradizer, "mas acredita em mentiras, mesmo sabendo que mentira é"; não gosta de nada, "mas gosta de tudo. É um homem que só sabe mandar. Mas a gente não sabe quando foi que êle mandou" (p. 89). Assim, ninguém pode ter um retrato consistente do fazendeiro, nem mesmo saber se Cara-de-bronze é bom ou ruim, numa dúvida reforçada pelo vaqueiro Tadeu: "Quem é que é bom? Quem é que é ruim?" (p. 90). E o vaqueiro Mainarte conclui: "Pois êle é, é: bom no sol e ruim na lua... é o que eu acho..."(p. 90).

A partir desse retrato difuso, o Cara-de-bronze se transforma numa construção de linguagem, uma figura literária, remetendo à idéia de Maurice Blanchot de que a literatura é, não diz. Por isso é difícil compreender até mesmo o seu nome, que lembra o famigerado com suas dúvidas: "Fasmisgerado... faz-me gerado... falmisgeraldo... familhas-gerado...?" (Rosa, 2001, p. 59). O Cara-de-bronze seria o "Velho", Sigisbé, Sejisbel Saturnim (com muitas variações na voz dos vaqueiros: Xezisbéo Saturnim, Jizisbéu, Zijisbéu Saturnim, Jizisbéu Saturnim) e ainda Sezisbério e Segisberto Saturnino Jéia Velho, Filho. A instabilidade do nome é reafirmada quando ele mesmo lhe retira o "Filho". Nunca quis ser pai e, ao retirar o "Filho" do nome, como que aceita e recusa o pai, bambeando as amarras que lhe dariam ascendência e significação, talvez porque, como diz o cantador, o nome evocasse sofrimento: "Meu nome com o meu penar..." (p. 79).

A indefinição de nomes dados ao Cara-de-bronze renova-se no relato da chegada do Grivo, pois não se sabe ao certo o que foi ele fazer nessa viagem de dois anos, nem o que teria trazido para o patrão que, segundo alguns, estaria para morrer, vendendo terras, fazendo testamentos e mudando nomes de propriedades, crismando, por exemplo, a Vereda-do-Sapal de Buriti de Inácia Vaz, nome que poderia ser o de sua mãe. Novamente a sucessão de nomes nesse relato em que o cozinheiro-de-boiada Massacongo parece saber o que aconteceu, mas confessa apenas reproduzir o que ouviu, sem garantia de verdade: "O Peralta contou à Iàs Flôres, Iàs Flôres contou a Maria Fé, Maria Fé contou à Colomira, aí Colomira me disse. Daí é que eu sei... Vou indo!" (p. 81).

Nenhuma certeza, portanto, apenas a consciência da linguagem, sem suporte concreto na realidade.

Em alguns momentos, a narrativa parece desdobrar-se em peça teatral ou proposta de filme, pois as cenas se sucedem, com marcação de espaços, falas e intermitências de um cantador que exalta os temas da viagem e do amor. A disposição do texto na página indica, em outros momentos, a possibilidade de um poema. Já a indagação constante sugere enigmas e mistérios de uma novela policial ou de uma adivinha, como as de um prefácio de *Tutaméia*.

No enunciado se encaixam várias pequenas estórias e a enunciação apresenta uma estrutura em abismo: narrada inicialmente em terceira pessoa, com diálogos encenados teatralmente, trovas de um "Cantador", descrições do cenário e do "Cara-de-bronze" em mosaico/ladainha, mais ou menos a meio do texto surge uma voz em primeira pessoa, que se refere à dificultosa construção dessa estória, a ser seguida "olhando mais longe. Mais longe do que o fim; mais perto" (p. 96). O paradoxo acentua a ironia com que toda a afirmativa é colocada em dúvida, como acentua esse narrador, que relaciona narrativa e morte (p. 96), sugerindo que sua narração esconde segredos, pois não houve testemunha do que o Grivo contou ao Cara-de-bronze, grande senhor cercado por mistérios: "Oé, o Cara-de-bronze tinha uma gota-d'água dentro de seu coração. Achou o que tinha. Pensou. Quis. Mas isto são coisas deduzidas, ou adivinhadas, que êle não cedeu confidência a ninguém" (p. 99).

A novela parece assim entretecer-se com a promessa de um esclarecimento que nunca chega, como se "Cara-de-bronze" fosse apenas uma elaboração de esperas: a do velho fazendeiro que aguarda o Grivo que foi buscar a poesia e tem um interminável relato a fazer; [4] a dos vaqueiros/trabalhadores e a dos que vieram de fora e também aguardam o relato do viajante, em sua busca de compreender o enigma do Cara-de-bronze e ainda daquela suposta noiva, que parece imaginária.

---

[4] O que, mais uma vez, remete à questão da poesia que, se não tem finalidade, não terá também um fim, um fechamento ou uma conclusão.

Quando o narrador confessa, quase a meio da novela, as dificuldades de sua tarefa, também fala de sua expectativa quanto à recepção de seu texto:

> Eu sei que esta narração é muito, muito ruim para se contar e se ouvir, dificultosa; difícil: como burro no arenoso. Alguns dela não vão gostar, quereriam chegar depressa a um final. Mas – também a gente vive sempre sòmente é espreitando e querendo que chegue o têrmo da morte? (p. 96)

O narrador diz que essa "estória não é a do Grivo, da viagem do Grivo, tremendamente longe, viagem tão tardada. Nem do que o Grivo viu, lá por lá (...) é estória da môça que o Grivo foi buscar, a mando de Segisberto Jéia" (p. 98). Essa estória, portanto, não está contida no relato de vários fios, sempre desautorizados porque tecidos no mesmo tom de dúvida das trovas do Cantador, que falam de amor e desejo apenas como potencialidade das palavras e abstração, como se o impulso amoroso fosse fadado ao fracasso.

Talvez por isso se possa discutir a afirmação de Benedito Nunes: "O Grivo aprendeu a verdade que emana das coisas" (Nunes, 1969, p. 195). Terá ele aprendido a verdade que emana das coisas ou aprendido, na sua viagem, a ver e a reconhecer que as palavras, separadas das coisas/significantes, deslizam sobre elas sem se fixar?

Retomando o tema da espera, esta também constitui o compasso da nossa leitura, sempre em busca de um final prometido que nunca chega e que nos intriga até a não-revelação que fecha a estrutura teatral da novela:

> *Voz e riso de um* (do escuro): ... de mim, eu é que sei...
> *Outro* (gritando, acolá): Que foi, Cipas?
> O vaqueiro Muçapira:
> – Estou escutando a sêde do gado. (Rosa, 1969, p. 127)[5]

[5] Negrito no texto original.

Se a pergunta vem do escuro, a resposta nada esclarece, confirmando a impossibilidade de dizer e a incompletude dessa literatura cujo objetivo parece ser apenas o de fazer contato, num jogo inconcluso que foge ao senso comum, reconhecendo entretanto o outro como outro e, sem soluções possíveis, mas num devir constante, afirma ambiguamente a morte e a vida.

O que fica de todos os boatos, suposições e meias palavras do texto parece centralizar-se na figura do Cara-de-bronze e em sua mudança: se sempre fora homem-senhor, indagador, que geria suas posses e ampliava seu poder, passou a querer noticiazinhas sem proveito: "Agora êle indagava engraçadas bobéias, como estivesse caducável". Queria "o que não se vê de propósito e fica dos lados do rumo. Tudo o que acontece miudim, momenteiro. Ou o que vive por si, vai, estrada vaga..." (p. 100).

A cena é tomada por um Cara-de-bronze velho, doente, paralisado, desconforme e deformado, "olhando no espelho da velhice", e que parece pretender desfazer-se com pressa das riquezas (o que explica a urgência dos negócios e a entrega das boiadas), para entregar-se à degustação do "que no comum não se vê: essas coisas de que ninguém não faz conta..." (p. 105). Envia por isso seus emissários, colocando-os à prova, com a recomendação: "Tirar a cabeça, nem que seja por uns momentos: tirar a cabeça, para fora do dôido rojão das coisas proveitosas" (p. 105). Escolhido como o mais capaz de entrar nesse intervalo do pragmatismo e do poder, o Grivo é mandado em viagem, "no ignoro. Nos outonos. Para chorar noites e beber auroras" (p. 110). E perceber que todos os valores são culturais: "Então, perde tôdas as vergonhas que teve..." (p. 112), e entende que o importante é o reconhecimento do outro.

Grivo descobre que "tôda árvore, tôda planta, demuda de nome quase que em cada palmo de légua, por aí..." (p. 108). Se os nomes variavam, podia inventar caridades gentis, quando alguém pedia notícia de um desaparecido (p. 119). Ou então despedir-se de forma primitiva de amigos novos, como conta o narrador: "Salvou com amigas palavras um outro vaqueiro – um vaqueiro em couros longos; e êsse-um, que ia lidando, se despediu: – Daí, já de longe, abriu num avançado de abôio, sem fim nenhum, em que entravam gemidos e rezações com exato de um bicho animal..." (p. 120).

Num conto de Tolstoi estudado por Blanchot, o personagem Brekhunov, rico e bem-sucedido comerciante, perdido na neve com seu criado Nikita, tenta reanimá-lo até que percebe, com uma alegria particular, a própria debilidade, o que o leva ao movimento incompreensível de deitar-se sobre o criado já morto, visto certamente como o seu outro. Não seria também o reconhecimento do outro que teria levado Grivo e seu novo amigo a se entenderem como bichos animais? Não seria esse mesmo reconhecimento que levaria Cara-de-bronze a enviar o Grivo em viagem, entendendo-se os dois através de expressões poéticas desprovidas de pragmático sentido? Não seria assim, brincando com a aproximação da morte, que ambos podiam encontrar a literatura?

Nessa perspectiva, "Cara-de-bronze" explicita que a arte literária falseia, não por mentir, mas por falar, em seu registro constante do "estar a morrer", do que não sabe e do que não pode ser dito. A única certeza que essa novela traz – a verdade secreta do escritor –, é de que a literatura lança mão da história, da geografia, da filosofia, da mitologia e de tantas outras ciências, sem conseguir fazer de um eu caótico, descontínuo e contraditório, um ser uno e coerente. Isso porque, como diz Blanchot, a literatura começa quando se torna uma questão, o seu ideal é o de falar para nada dizer.

Se a escrita é um eterno esforço pelo irrealizável, inglória tentativa de vencer o tempo, e se o real do homem é o seu desamparo, como testemunham vários textos de Guimarães Rosa, com eles também se pode aprender a conviver com a insegurança, a fugacidade do tempo e a instabilidade entre vida e morte que caracterizam o ser humano. Pois esse será, certamente, o papel da literatura, especialmente o da poesia.

Referências

BLANCHOT, Maurice. O lado de fora, a noite. In: *O espaço literário*. Rio de Janeiro: Rocco, 1987. p. 163-171.

BLANCHOT, Maurice. A questão mais profunda. In: *A conversa infinita*: a palavra plural. Trad. Aurélio Guerra Neto. São Paulo: Escuta, 2001. p. 41-61.

NUNES, Benedito. A viagem do Grivo. In: *O dorso do tigre*. São Paulo: Perspectiva, 1969. p. 181-195.

PASSOS, Cleusa Rios Pinheiro. Os roteiros de *Corpo de baile*: travessias do sertão e do devaneio. In: *Scripta*. Revista do Programa de Pós-graduação em Letras e do Cespuc. Belo Horizonte, PUC Minas, n. 10, p. 78-98. 2002.

ROSA, João Guimarães. Cara-de-bronze. In: *No Urubùquaquá, no Pinhém*. 4. ed. Rio de Janeiro: Livraria José Olympio Editora, 1969. p. 73-130.

———. Famigerado. In: *Primeiras estórias*. Rio de Janeiro: Nova Fronteira, p. 56-61, 2001.

ROWLAND, Clara. A cor do bronze: narração, recriação e poesia em "Cara-de-bronze". In: DUARTE, Lélia Parreira (Org.). *Veredas de Rosa II*. Belo Horizonte: PUC Minas, 2003.p. 117-122.

ESPÍRITO SANTO, Rosana Silva do. Cara-de-bronze: mosaico nos Gerais. In: DUARTE, Lélia Parreira (Org.). *Veredas de Rosa II*. Belo Horizonte: PUC Minas, 2003. p. 699-706.

Esboço de uma bibliografia sobre ironia e humor

ABOUT, Pierre-José. Signification de l'humeur. *Revue de Métaphysique et de Morale*. Paris, v. 80, n. 3, p. 35-362, juil./sept. 1975.

ABRAMS, M.H. Irony. In: ABRAMS, M.H. *A glossary of literary terms*. 3. ed. New York: Holt Rinehart and Winston, 1971. p. 80-84.

ABREU, Maria Fernanda de. *Cervantes no romantismo português*: cavaleiros andantes, manuscritos encontrados e gargalhadas moralíssimas. Lisboa: Editorial Stampa, 1994.

———. Manuscrito encontrado (o motivo do). In: BUESCU, Helena Carvalhão (Coord.) *Dicionário do romantismo português*. Lisboa: Caminho, 1997. p. 301-303.

———. Paródia. In: BUESCU, Helena Carvalhão (Coord.) *Dicionário do romantismo português*. Lisboa: Caminho, 1997. p. 405-408.

———. Riso e humorismo na literatura romântica. In: BUESCU, Helena Carvalhão (Coord.) *Dicionário do romantismo português*. Lisboa: Caminho, 1997. p. 480-483.

———. Sátira. In: BUESCU, Helena Carvalhão (Coord.) *Dicionário do romantismo português*. Lisboa: Caminho, 1997. p. 525-528.

ADORNO, Theodor W. *Teoria estética*. Trad. Artur Morão. Lisboa: Edições 70, 1982.

———. Aldous Huxley e a utopia. In: ADORNO, Theodor W. *Prismas:* crítica, cultura e sociedade. Trad. Augustin Wernet e Jorge Mattos Brito de Almeida. São Paulo: Ática, 1998. p. 91-115.

———. Anotações sobre Kafka. In: ADORNO, Theodor W. *Prismas:* crítica, cultura e sociedade. Trad. Augustin Wernet e Jorge Mattos Brito de Almeida. São Paulo: Ática, 1998. p. 239-270.

ALBERTI, Verena. *O riso e o risível:* na história do pensamento. Rio de Janeiro: Jorge Zahar, 1999.

ALLEMANN, Beda. De l'ironie en tant que principe littéraire. *Poétique*, Paris, n. 36, p. 385-412, nov. 1978.

———. *Ironia e poesia*. Trad. Giorgio Voghera. Milano: U. Mursia, 1971.

ALMANSI, Guido. *Amica ironia*. Italy: Garzanti, 1984.

———. L'affaire mystérieuse de l'abominable *tongue-in-cheek*. *Poétique*, Paris, n. 36, p. 413-426, nov. 1978.

ALMANSI, Guido. *La estética de lo obsceno*. Madrid: Akal, 1977.

ANGELLOZ, J.-F. *Le romantisme allemand*. 12 ed. Paris: Presses Universitaires de France, 1980.

ANTUNES, Manuel. O que é humor? In: ANDRADE, Maria Ivone de Ornellas de (Org.). *Legómena:* textos de teoria e crítica literária. Lisboa: Imprensa Nacional, 1987. p. 98-115.

ARAGON. O humor surrealista. In: FORTINI, Franco. *O movimento surrealista*. Lisboa: Presença, 1965. p. 204-6.

ARÊAS, Vilma. *Iniciação à comédia*. Rio de Janeiro: Jorge Zahar, 1990.

ARNOULD, Dominique. Nature et fonction du rire, dans la literature grecque, d'Homère à Aristote. In: BERTRAND, Dominique (Org.). *Humour et société*. Saint-Denis: PUV, 1996. (Humoresques, 7.) p. 45-51.

AUBOUIN, E. Humour et transfert. *Revue d'Esthétique*, France, t.3, f. 3/4, p. 369-387, 1950.

BAADER, Horst (Ed.). *Onze études sur l'esprit de la satire*. Tubingen, Gunter Narr Verlag. Paris: Jean-Michel Place, 1978.

BACHELARD, Gaston. As superposições temporais. In: BACHELARD, Gaston. *A dialética da duração*. Trad. Marcelo Coelho. São Paulo: Ática, 1988. p. 85-103.

BAKHTIN, Mikhail. *A cultura popular na Idade Média e no Renascimento*: o contexto de François Rabelais. Trad. Yara Frateschi Vieira. São Paulo: Hucitec, 1987.

———. Discours poétique, discours romanesque. In: BAKHTIN, Mikhail. *Esthétique et théorie du roman*. Paris: Gallimard, 1978. p. 83-234.

———. *Marxismo e filosofia da linguagem*. Trad. Michel Lhud e Yara Frateschi Vieira. São Paulo: Hucitec, 1979.

———. *Problemas da poética de Dostoiévski*. Trad. Paulo Bezerra. Rio de Janeiro: Forense Universitária, 1981.

———. *Questões de literatura e de estética*: a teoria do romance. Trad. Aurora F. Bernardini et al. São Paulo: Hucitec, 1988.

BANGE, P. L'ironie: essai d'analyse pragmatique. In: BANGE, P. *L' ironie*. Lyon: Presses Universitaires de Lyon, 1978. p. 61-84.

BARBE, Katharina. *Irony in context*. Amsterdam: John Benjamins, 1995.

BAREISS, Karl-Heinz. *Comoedia*: Die entwicklung der komödiendiskussion von Aristoteles bis Ben Jonson. Frankfurt: Lang, 1982.

BARIAUD, Françoise et al. (Org.). *L'humour d'expression française*. Paris: Z'éditions, 1988. (Humoresques, t. 1)

BARIAUD, Françoise et al. (Org.). *L'humour d'expression française*. Paris: Z'éditions, 1992. (Humoresques, t. 2)

BARIAUD, Françoise. Le développement de l'humour dans l'enfance et l'adolescence. In: BARIAUD, Françoise et al. (Org.). *L'humour d'expression française*. Paris: Z'éditions, 1992. (Humoresques, t. 2) p. 18-24.

BARILLI, Renato. *Retórica*. Trad. Graça Marinho Dias. Lisboa: Presença, 1985.

BARROS, Diana Luz Pessoa de & FIORIN, José Luiz (Orgs.). *Dialogismo, polifonia, intertextualidade*. São Paulo: Edusp, 1999.

BARTHES, Roland. *Fragments d'un discours amoureux*. Paris: Seuil, 1984.

———. O efeito do real. In: WATT, Ian. *Literatura e realidade:* o que é realismo. Trad. Teresa Coelho. Lisboa: Dom Quixote, 1984. p. 87-98.

———. A morte do autor. In: BARTHES, Roland. *O rumor da língua*. Trad. Mário Laranjeira. Lisboa: Ed. 70, 1987. p. 49-53.

———. *O prazer do texto*. Trad. Margarida Barahona. Lisboa: Ed. 70, 1974.

BAUDELAIRE, Charles. *Escritos sobre arte*. Org. e trad. Plínio Augusto Coêlho. São Paulo: Imaginário, 1991.

BAUDIN, Henri. Le cynisme ludique, attitude aristocratique. In: BERTRAND, Dominique (Org.). *Humour et société*. Saint-Denis: PUV, 1996. (Humoresques, 7) p. 89-102.

———. Esthétique et comique: le ballet des incompatibles. In: CHAULET-ACHOUR, Christiane & SYLVOS, Françoise (Orgs.). *Humour et esthétique*, Saint-Denis: PUV, 1996. (Humoresques, 8) p. 9-18.

———. A distance irrespectueuse, la parodie. In: BARIAUD, Françoise et al. (Orgs.). *L'humour d'expression française*. Paris: Z'éditions, 1988. (Humoresques, t. 1) p. 46-53.

BAUDRILLARD, Jean. *As estratégias fatais*. Trad. Manuela Parreira. Lisboa: Estampa, 1991.

———. *Da sedução*. Trad. T. Pelegrini. Campinas: Papirus, 1991.

———. *L'échange symbolique et la mort*. France: Gallimard, 1980.

———. *Simulacros e simulação*. Trad. Maria João da Costa Pereira. Lisboa: Relógio D'Água, 1991.

———. *Tela total:* mito-ironias da era do virtual e da imagem. Porto Alegre: Sulina, 1997.

BAUMAN, Zygmunt. *O mal-estar na pós-modernidade*. Trad. Mauro Gama e Cláudia Martinelli Gama. Rio de Janeiro: Jorge Zahar, 1998.

BÉGUIN, Albert. Les romantiques allemands et l'inconscient. *Cahiers du Sud*, Marseille, v. 16, n. 194, p. 94-102. 1º sem. 1937.

BEHLER, Ernest. *Ironie et modernité*. France: Presses Universitaires de France, 1997.

———. *Irony and the discourse of modernity*. Seattle: University of Washington Press, 1990.

BENASSY, Maurice. A la recherche d'une définition de l'humour. *Revue Française de Psychanalyse*, Paris, v. 37, n. 4, p. 517-522, 1973.

———. L'humour à l'oeuvre. *Revue Française de Psychanalyse*, Paris, v. 37, n. 4, p. 567-570, 1973.

BÉNATOUÏL, Thomas. *Le scepticisme*. Paris: Flammarion, 1997.

BENJAMIN, Walter. La teoría de la ironía de Friedrich Schlegel. In: *El concepto de crítica del arte em el Romanticismo alemán*. Barcelona: Península, 1989.

BERGERET, Jean. Pour une métapsychologie de l'humour. *Revue Française de Psychanalyse*, Paris, v. 37, n. 4, p. 539 – 565, 1973.

BERGSON, Henri. *O riso*: ensaio sobre a significação do cômico. Trad. Nathanael C. Caixeiro. Rio de Janeiro: Zahar, 1980.

BERTRAND, Denis. Ironie et humour: le discours renversant. In: CHABANNE, Thierry (Resp.). *L'image humoristique*. Nice: Z'editions, 1993. (Humoresques, 3) p. 27-41.

BERTRAND, Dominique. Les mots pour le rire: une mimologique? In: BERTRAND, Denis (Org.). *Sémiotique et humour*. Nice: Z'editions, 1993. (Humoresques, 4) p. 95-100.

———. Le burlesque, une esthétique des limites. In: CHAULET-ACHOUR, Christiane & SYLVOS, Françoise (Orgs.). *Humour et esthétique*, Saint-Denis: PUV, 1996. (Humoresques, 8) p. 19-28.

BERTRAND, Jean-Michel. Humour et publicité: les conditions d'une rencontre. In: CHABANNE, Thierry (Resp.). *L'image humoristique*. Nice: Z'editions, 1993. (Humoresques, 3). p.45-54.

BEVIS, Richard. *The laughing tradition*: stage comedy in garrick's day. London: Prior, 1980.

BLANCHOT, Maurice. O "Athenaeum". *Folha de S. Paulo*, São Paulo, n. 593, 27 maio 1988. Folhetim, p. B-2-B-5.

———. *O espaço literário*. Trad. Álvaro Cabral. Rio de Janeiro: Rocco, 1987.

———. *A parte do fogo*. Trad. Ana Maria Scherer. Rio de Janeiro: Rocco, 1997.

_______. *A conversa infinita* – a palavra plural. Trad. Aurélio Guerra Neto. São Paulo: Escuta, 2001.

———. *O livro por vir*. Trad. Leyla Perrone-Moisés. São Paulo: Martins Fontes, 2005.

BLOOM, Lynn Z. Writing humor. In: BLOOM, Lynn Z. *Fact and artifact writing nonfiction*. London: Harcourt Brace Jovanovich, 1985. p. 192-224.

BOLLON, Patrice. Ironizando o mundo. In: BOLLON, Patrice *A moral da máscara:* merveilleux, zazous, dândis, punks, etc. Trad. Ana Maria Scherer. Rio de Janeiro: Rocco, 1993. p. 117-125.

BONY, A. La notion de "persona" ou d'auteur implicite: problème d'ironie narrative. In: BONY, A. *L' ironie*. Lyon: Presses Universitaires de Lyon, 1959. p. 85-115.

BOOTH, Wayne. Distance et point de vue: essai de classification. *Poétique*, n. 4, p. 511-524, 1970.

———. *A retórica da ficção*. Trad. Maria Teresa H. Guerreiro. Lisboa: Arcádia, 1980.

———. *A rhetoric of irony*. Chicago and London: The University of Chicago Press, 1974.

BORCH-JACOBSEN, Mikkel. Bataille et le rire de l'être: critique-quatre essais sur le rire. *Révue Génerale des Publications Françaises et Étrangères*, Paris, n. 488-489, p. 16-40, jan./fev. 1988.

BOSI, Alfredo. O outro Pirandello. In: BOSI, Alfredo. *Céu, inferno*: ensaios de crítica literária e ideológica. São Paulo: Ática, 1988. p. 183-198.

BOUCHER, Maurice. Ironie romantique. *Cahiers du Sud*, Marseille, v. 16, n. 194, p. 28-32, 1º sem. 1937.

BOURGEOIS, André. *L' ironie romantique*. Grenoble: Presses Universitaires de Grenoble, 1974.

———. A ironia romântica. Trad. Tida Carvalho. In: DUARTE, Lélia Parreira (Org.) *Ironia e humor na literatura*. Belo Horizonte, NAPq/Fale/UFMG, n. 22, dez. 1994, p. 55-82.

BOUSONO, Carlos. *Teoría de la expressión poética*. 5. ed. Madrid: Gredos, 1970. Tomo I e II.

BRAIT, Beth. (Org.) *Bakhtin, dialogismo e construção do sentido*. Campinas: Ed. Unicamp, 1997.

———. *Ironia em perspectiva polifônica*. Campinas: Ed. Unicamp, 1996.

BRANDÃO, Jacyntho Lins. Diálogo dos mortos sobre os vivos. In: BRANDÃO, Jacyntho Lins. *Diálogos dos mortos*. São Paulo: Hucitec, 1996. p. 11-43.

BRANDT, Aage. Ironie et subjetivité. *Revue Romane*, v. 16, n. 1/2, p. 36-48, 1981.

BRAYNER, Sonia. *Labirinto do espaço romanesco*. Rio de Janeiro: Civilização Brasileira, 1979.

BREMMER, Jan & ROODENBURG, Herman. *Uma história cultural do humor*. Trad. Cynthia Azevedo e Herman Roodenburg. Rio de Janeiro: Record, 2000.

BRETTE, Françoise. Présentation du comique et le moi. *Revue Française de Psychanalyse*, Paris, v. 37, n. 4, p. 673-678, 1973.

BRITO, Mário da Silva. Humorismo: um problema. In: BRITO, Mário da Silva. *Ângulo e horizonte*. Rio de Janeiro: Martins, 1969. p. 177-183.

BROOKE-ROSE, Christine. The wit and good humour: women's comedy and the canon. In: SHAFFER, E. S. (Ed.) *Comparative criticism*: an annual journal. Cambridge: Cambridge University Press, 1988. p. 121-138.

BROWER, Reuben A. Light and bright and sparkling: irony and fiction in 'Pride and prejudice'. In: SOUTHAM, B. C. (Ed.) *Jane Austen*: sense and sensibility, pride and prejudice and Mansfield Park. London: The Macmillan, 1982. p.169-185.

BUSTARET, Claire. Le sourire du tiers, réflexions sur quelques vues d'esprit. In: CHABANNE, Thierry (Resp.). *L'image humoristique*. Nice: Z'editions, 1993. (Humoresques, 3) p. 97-112.

CALVINO, Italo. Leveza. In: CALVINO, Italo. *Seis propostas para o próximo milênio*. Trad. Ivo Barroso. São Paulo: Companhia das Letras, 1990. p. 15-41.

CARVALHO, Ronald de. *Rabelais et le rire de la Renaissance*. Paris: Emile Hazan, 19--.

CASTRO, Aníbal Pinto de. retórica e teorização literária em Portugal. Coimbra: Atlântida, 1973.

CAZAMIAN, Louis. Shakespeare e o humor. Trad. Tida Carvalho. In: DUARTE, Lélia Parreira (Org.) *Ironia e humor na literatura*. Belo Horizonte, NAPq/Fale/UFMG, n. 22, dez. 1994, p. 43-54.

CHABANNE, Thierry. L'autocaricature de l'artiste. In: BARIAUD, Françoise et al. (Orgs.). *L'humour d'expression française*. Paris: Z'éditions, 1992. (Humoresques, t. 2). p. 174-176.

CHAIX-RUY, J. L'essence du rire. *Revue d'Esthétique*, France, t. 3, fasc. 3/4, p. 229-264, 1950.

CHARAUDEAU, P. Rôles sociaux et rôles langagiers. *Cadernos do NAPQ*, Belo Horizonte, n.10, p. 3-23, set. 1993.

CHARNEY, Maurice. *Comedy high and low*: an introduction to the experience of comedy. Oxford: Oxford University Press, 1978.

CLEMENTE, Ir. Elvo; MOREIRA, Alice Therezinha Campos & CAMINHA, Heda Maciel. *A ironia em Mário Quintana*: teoria e prática. Porto Alegre: Acadêmica, 1983.

CODDON, J.A. Irony. In: CODDON, J.A. *A dictionary of literary terms*. Garden City: Houbleday, 1977. p. 329-334.

COHEN, Jean. Comique et poétique. *Poétique*, Paris, n. 61, p. 49-61, fev. 1985.

COMTE-SPONVILLE, André. Humor e ironia. In: *Dicionário filosófico*. São Paulo: Martins Fontes, 2003. p. 287; 325-326.

CONRAD, Peter. *Shandyism*: the character of romantic irony. Oxford: Basil Blackwell, 1978.

CONWAY, Daniel W. Socrates, Nietzsche, and irony: solving the problem of Socrates: Nietzsche's Zarathustra as political irony. *Political theory*, v. 16, n. 2, p. 257-280, may 1988.

CORNU, Michel. Ironie et humour chez Kierkegaard. *Les Études Philosophiques*, Paris, n. 2, p. 217-228, 1979.

COSNIER, Jacqueline. Humour et narcissisme. *Revue Française de Psychanalyse*, Paris, v. 37, n. 4, p. 571-580, 1973.

COSTA, Odacy da. A política do riso e da farsa. *Revista de Cultura Vozes*, Petrópolis, v. 68, n. 1, p. 49-52, 1974.

CYRANKA, Lúcia Furtado de Mendonça. *A ironia como estratégia do conhecimento e expressão do literário.* 1979. Dissertação (Mestrado) – Universidade Federal de Juiz de Fora, Juiz de Fora.

DADELSEN, Jean-Paul de. Frédéric Schlegel: L'homme des fragments et mélanges. *Cahiers du Sud*, Marseille, v. 16, n. 194, p. 219-225, 1º sem. 1937.

DADOUN, Roger. *De la raison ironique.* Paris: Antoniette Fouqué, 1989.

DAL FARRA, Maria Lúcia. Percurso teórico. In: DAL FARRA, Maria Lúcia. *O narrador ensimesmado.* São Paulo: Ática, 1978. p. 17-53.

DALLENBACH, Lucien. Du fragment au cosmos: la comédie humaine et l'opération de lecture I. *Poétique*, Paris, n. 40, p. 420–431, nov. 1979.

———. *Le récit spéculaire.* Paris: Seuil, 1977.

———. Le tout en morceaux: la comédie humaine et l'opération de lecture II. *Poétique*, Paris, n. 42, p. 156-169. abr. 1980.

———. *Problèmes actuels de la lecture.* Paris: Clancier-Guénaud, 1982.

DANNER, Richard. *Patterns of irony in the fables of La Fontaine.* Athens: Ohio University Press, 1988.

DANON-BOILEAU, Laurent. *Produire le fictive:* linguistique et écriture romanesque. Paris: Klincksieck, 1982.

DAVIES, Christie. Taking jokes (apart) seriously (review article). *Semiotica*, Amsterdam, v. 66, n.4, p. 451-454, 1987.

DELANNOY, Gérard. *L'humour*: l'absurde-pas-si-absurde-que-ça. Dijon: Ed. du Jacquemait, 1986.

DELEUZE, Gilles. La loi, l'humour et l'ironie. In: DELEUZE, Gilles. *Présentation de Sacher-Masoch.* Paris: Editions de Minuit, 1967. p. 70-79.

———. *Lógica do sentido.* Trad. Luiz Roberto Salina Fortes. São Paulo: Perspectiva, 1974.

———. Dúvidas sobre o imaginário. In: *Conversações.* Trad. Peter Pál Pelbart. Rio de Janeiro: Ed. 34, 1992. p. 80-87.

DERRIDA, Jacques. *A escritura e a diferença.* Trad. Maria Beatriz Marques Nizza da Silva. São Paulo: Perspectiva, 1971.

———. *A farmácia de Platão.* Trad. Rogério da Costa. São Paulo: Iluminuras, 1991.

———. *Mal de arquivo*: uma impressão freudiana. Rio de Janeiro: Relume-Dumará, 2001.

———. *A voz e o fenômeno.* Trad. Lucy Magalhães. Rio de Janeiro: Jorge Zahar Editor, 1994.

DIAS, Ângela Maria. Sátira: a sinfonia do contraste. *Tempo Brasileiro*, Rio de Janeiro, n. 61, p. 13-32, abr./jun. 1980.

DIAZ-MIGOYO, Gonzalo. El funcionamento de la ironia. In: MONEGAL, Emir Rodriguez. *Humor, ironia, parodia*. Caracas: Fundamentos, 1980. p. 45-68.

DIDEROT, Dennis. *Suplemento à viagem de Bougainville ou diálogo entre A e B*. Trad. Jacó Guinsburg. São Paulo: Abril Cultural, 1979. Col. Os Pensadores, p. 130-157.

DIDIER, Béatrice. Autoportrait et journal intime. *Corps écrit*. Paris, n. 5, p. 167-182, Feb. 1983.

———. Contribution à une poétique du leurre, lecteur et narrataires dans *Jacques le fataliste*. *Littérature*. Paris, v. 31, p. 3-21, oct. 1978.

———. L'humour du Père Duchesne. In: BARIAUD, Françoise et al. (Orgs.) *L'humour d'expression française*. Paris: Z'éditions, 1992. (Humoresques, t. 2) p. 188-193.

DIXON, Peter. *Rhetoric*. London and New York: Methuen, 1987.

DJIK, Teun van. Semântica do discurso e ideologia. In: PEDRO, Emília Ribeiro (Org.). *Análise crítica do discurso*. Lisboa: Caminho, 1997.

DOLITSKY, Marlene. Humor and the unsaid. *Journal of Pragmatics*, v. 7, p. 39-48, 1983.

DOUBROVSKY, J. S. Ionesco and the comedy of absurdity. *Yale French Studies*, New Haven, v. 23, p. 3-10, Summer, 1959.

DUBOIS, Jacques et al. Ironique et iconique. *Poétique*, Paris, n. 36, p. 427-442, nov. 1978.

DUBOIS, Jacques; FARMER, J. L.; FARMER, S. S. Occasions for laughter: the development of humor in B from twenty-four to thirty-six months. *Anthropological Linguistics*, v. 26, n.3, p. 270-283, 1984.

DUBOR, Pierre. L'articulation dyssyntaxique des représentants pulsionnels dans l'humour et la psychose. *Revue Française de Psychanalyse*, Paris, v. 37, n. 4, p. 581–606, 1973.

DUCROT, Oswald. Ambigüidade. In: ROMANO, Ruggiero. *Enciclopédia Einaudi*. Lisboa: Imprensa Nacional, 1984. v. 2, p. 251-283.

———. Enunciação. In: ROMANO, Ruggiero. *Enciclopédia Einaudi*. Lisboa: Imprensa Nacional – Casa da Moeda, 1984. v. 2, p. 368-393.

———. Esboço de uma teoria polifônica da enunciação. In: DUCROT, Oswald. *O dizer e o dito*. Trad. Eduardo Guimarães. Campinas: Pontes, 1987. p. 161-218.

DYSON, A. E. *The crazy fabric*. London: Macmillan, 1965.

ECO, Umberto. *Pós-escrito a O nome da rosa*. Trad. Letizia Zini Antunes e Alvaro Lorencini. Rio de Janeiro: Nova Fronteira, 1985.

———. *Sobre os espelhos*. Trad. Beatriz Borges. Rio de Janeiro: Nova Fronteira, 1989.

———. Sobre interpretação dos textos. In: ECO, Umberto. *Interpretação e sobreinterpretação*. Trad. Miguel Serras Pereira. Lisboa: Presença, 1993. p. 45-61.

———. *Tra mensogna e ironia*. Milano: Passaggi Bompiani, 1998.

EMPSON, William. *Seven types of ambiguity*. New York: A Meridional Book, 1955.

ENRIGHT, D. J. *The alluring problem*: an essay on irony. Oxford: Oxford University Press, 1986.

ESCARPIT, Robert. *L'humour*. 2. ed. Paris: Presses Universitaires de France, 1981.

ESTEVES, José Manuel Vasconcelos. *Ironia e argumentação.* 1997. Dissertação (Mestrado) – Universidade Nova de Lisboa.

FAIN, Michel. Quelques remarques sur l'humour. *Revue Française de Psychanalyse,* Paris, v. 37, n. 4, p. 529-538, 1973.

FARACO, Carlos Alberto; TEZZA, Cristóvão & CASTRO, Gilberto de (Orgs). *Diálogos com Bakhtin.* Curitiba: Editora UFPR, 1996.

FARINELLI, Arturo. L'ironia romantica. In: FARINELLI, Arturo. *Il romanticismo in Germania.* 3. ed. Milano: Fratelli Bocca, 1945.

FELMAN, Shoshana. *La folie et la chose littéraire.* Paris: Seuil, 1978.

FERNANDES, Maria da Penha Campos. Escrever a aventura *versus* escrever, a aventura? In: FERNANDES, Maria da Penha Campos. *Mimese irônica e metaficção.* 1995. Tese (Doutorado) – Universidade do Minho, Braga. p. 322-349.

FERRAZ, Maria de Lourdes A. Camilo leitor de Castilho. In: FERRAZ, Maria de Lourdes A. *Veredas 2.* Porto: Fundação Eng. António de Almeida, 1999. p. 157-168.

———. Contexto e poética. *Románica,* Lisboa, n. 9, p. 9-23, 2000.

———. Eça de Queiroz: romantismo e ironia realista. In: CONGRESSO DA ASSOCIAÇÃO INTERNACIONAL DE LUSITANISTAS, 2, 1991, Coimbra. *Actas...* Coimbra: 1991. p. 47-61.

———. Ironia. In: BIBLOS: Enciclopédia Verbo das literaturas de língua portuguesa. Lisboa: Verbo, 1997. p. 1224-1229.

———. *A ironia romântica.* Lisboa: Imprensa Nacional/Casa da Moeda, 1987.

———. A ironia romântica de Camilo. *Biblioteca Portucalensis,* Porto, n. 5, p. 74-87, nov. 1990.

———. Ponto de vista na narrativa: perspectiva e empatia. *Revista da Faculdade de Letras,* Lisboa, n. 7, p. 69-85, 1987.

———. O realismo romântico de Camilo. *Arquivos do Centro Cultural Português,* Lisboa, v. 28, p. 71-84, 1991.

———. & COELHO, Jacinto do Prado. The ironic recit in Portuguese Romanticism. In: GARBER, Frederick. *Romantic Irony.* Budapest: Akadémiai Kiodó, 1988. p. 121-130.

———. Ironia romântica. In: BUESCU, Helena Carvalhão. *Dicionário do romantismo literário português.* Lisboa: Caminho, 1997. p. 246-249.

FERREIRA, João Palma. *Do pícaro na literatura portuguesa.* Lisboa: Biblioteca Breve, 1981.

FERRONI, G. *Il comico nelle teorie contemporanee.* Rome: Bulzoni, 1974.

FESTUGIÈRE, A-J. L'ironiste et la sage-femme. In: FESTUGIÈRE, A-J. *Socrate.* Paris: Flammarion, 1934. p. 110-131.

FEUERHAHN, Nelly. Caricature, humour et représentation des droits de l'homme. In: BARIAUD, Françoise et al. (Orgs.). *L'humour d'expression française.* Paris: Z'éditions, 1988. (Humoresques, t. 1) p. 194-205.

———. La mécanique psychosociale du rire chez Bérgson. BERTRAND, Dominique (Org.). *Humour et société.* Saint-Denis: PUV, 1996. (Humoresques, 7) p. 9-27.

FIGUEIREDO, Lisonette Christina Halbsgut. Humor & riso. *Revista do Instituto de Letras* da PUC Campinas, Campinas, v. 19, n. 1/2, p. 63-74, dez. 2000.

FINLAY, Marike. *The romantic irony of semiotics*: Friedrich Schlegel and the crisis of representation. Berlim: Mouton de Gruyter, 1988.

FIORIN, José Luiz. *As astúcias da enunciação*: as categorias de pessoa, espaço e tempo. São Paulo: Ática, 1996.

———. O romance e a representação da heterogeneidade constitutiva. In: FARACO, C. A. et al. *Diálogos com Bakhtin*. Curitiba: Ed. da UFPR, 1996. p. 127-164.

———. O romance e a simulação do funcionamento real do discurso. In: BRAIT, Beth (Org.). *Bakhtin*: dialogismo e construção de sentido. Campinas: Ed. Unicamp, 1997. p. 229-290.

FLOCH, Jean-Marie. Les logiques du rire et du divertissement a la televisión. In: BERTRAND, Denis. (Org.) *Semiotique & hymour*. Paris: Z'éditions, 1993. (Humoresques, 4) p. 80-94.

FONTANIER, Pierre. *Les figures du discours*. Paris: Flammarion, 1977.

FONTANILLE, Jacques. Le cynisme: du sensible au risible. In: BERTRAND, Denis (Org.). *Semiotique &* humour. Paris: Z'éditions, 1993. (Humoresques, 4) p. 9-26.

FOWLER, H. W. Humour. In: FOWLER, H. W. *A dictionary of modern English usage*. Oxford: The Clarendon Press, 1937.

FREUD, Sigmund. *Os chistes e sua relação com o inconsciente*. Trad. Margarida Salomão. Rio de Janeiro: Imago, 1974. v. 8, p. 21-108.

———. *Die Verneinung (La dénégation)*. Traduction nouvelle et commentaires de Pierre Theves et Bernard This. Paris: Le Coq-Heron, 1982.

———. O estranho. In: FREUD, Sigmund. *Uma neurose infantil e outros trabalhos*. Trad. Jayme Salomão. Rio de Janeiro: Imago, 1976. p. 275-314.

———. O humor. In: FREUD, Sigmund. *O futuro de uma ilusão*: o mal-estar na civilização e outros trabalhos. Trad. José Octavio de Aguiar Abreu. Rio de Janeiro: Imago, 1974. v. XXI, p. 189-194.

———. A significação antitética das palavras primitivas. In: FREUD, Sigmund. *Cinco lições de psicanálise*. Leonardo da Vinci e outros trabalhos. Trad. Paulo Dias Corrêa. Rio de Janeiro, Imago, 1970. v. 11, p. 141-146.

FRIEDEMANN, Joe. De Melmoth à Gwynplaine: le rire noir romantique. In: BARIAUD, Françoise et al. (Orgs.) *L'humour d'expression française*. Paris: Z'éditions, 1988. (Humoresques, t. 1) p. 95-101.

FRYE, Northrop. O mythos do inverno: a ironia e a sátira. In: FRYE, Northrop. *Anatomia da crítica*. São Paulo: Cultrix, 1973. p. 219-235.

FURTADO, Filipe. A permanência da ambigüidade. In: FURTADO, Filipe. *A construção do fantástico na narrativa*. Lisboa: Livros Horizontes, 1980. p. 34-43.

GAIGNEBET, Claude. L'homme qui a vu l'homme, qui a vu l'homme, qui a vu... *Poétique*, Paris, n. 45, p. 1-8. févr. 1981.

GANS, Eric. Hyperbole et ironie. *Poétique*, Paris, n. 46, p. 488-494, 1975.

GARBER, Frederick. *Romantic irony*. Budapest: Akadémiai Kiadó, 1988.

GASPARD, Claire. L'humour révolutionnaire. In: CHAULET-ACHOUR, Christiane & SYLVOS, Françoise. (Orgs.). Humour et esthétique, Saint-Denis: PUV, 1996. (Humoresques, 8). p. 47-57.

GENETTE, Gérard. Excesso de riso. *Folha de S. Paulo*, São Paulo, 8 nov. 2001. Caderno Mais!, p. 3-7.

GIANNETTI, Eduardo. *Auto-engano*. São Paulo: Companhia das Letras, 2005.

GIBBS, Raymond W. & O'BRIEN Jennifer. Psychological aspects of irony understanding. *Journal of Pragmatics*, v. 16, p. 523-530, 1991.

GIL, Fernando. *Mimesis e negação*. Lisboa: Imprensa Nacional, 1984.

GILLESPIE, Gerald. Romantic irony and the grotesque. In: GARBER, Frederick. *Romantic irony*. Budapest: Akadémiai Kiadó, 1988. p. 322-342.

———. Romantic irony in modern anti-theater. In: GARBER, Frederick. *Romantic irony*. Budapest: Akadémiai Kiadó, 1988. p. 343-357.

GINESTIER, P. L'humour, expression sociologique. *Revue d'Esthétique*, France: t. 3, Fasc. 3/4, p. 349-368, 1950.

GINZBURG, Jaime. O conceito de fragmentação em suas elaborações no romantismo e em textos da teoria da literatura contemporânea. In: CONGRESSO ABRALIC, 4, 1995, São Paulo. *Literatura e diferença*. São Paulo: Abralic, 1995. p. 425-428.

GIRARD, René. *Mensonge romantique et vérité romanesque*. Paris: Grasset, 1961.

GONZÁLEZ, Mario. *O romance picaresco*. São Paulo: Ática, 1988.

———. Picaresca e literatura comparada. In: CONGRESSO ABRALIC, 3, 1995, Niterói. *Limites*. Niterói, 1992. São Paulo: Edusp, 1995. v. 2, p. 433-437.

GRAWE, Paul H. *Comedy in space, time, and the imagination*. Chicago: Nelson-Hall, 1983.

GREEN, D. H. *Irony in the medieval romance*. London: Cambridge University Press, [19--].

GREEN, Maria. Le comique de la cruauté chez Rabelais. In: BARIAUD, Françoise et al. (Org.). *L'humour d'expression française*. Paris: Z'éditions, 1988. (Humoresques, t. 1) p. 91-94.

GROSJEAN, Jean. *L'ironie christique*: commentaire de l'Évangile selon Jean. France: Gallimard, 1991.

GROSSVOGEL, David I. The depths of laughter: The subsoil of a culture. *Yale French Studies*, New Haven, v. 23, p. 63-70, Summer 1959.

GROUPE, M. Ironique et iconique. *Poétique*, Paris, n. 36, p. 427-434, nov. 1978.

GUÉRARD, Cécile. *L' ironie, le sourire de l' esprit*. Paris: Autrement, 1998.

GUERREIRO, Mário A. L. *O dizível e o indizível*: filosofia da linguagem. Campinas: Papirus, 1989.

GUILLAUMIN, Jean. Freud entre les deux topiques: le comique après l'humour (1927), une analyse inachevée. *Revue Française de Psychanalyse*, Paris, v. 37, n. 4, p. 607-654, 1973.

GUMBRECHT, Hans Ulrich. O autor como máscara. Contribuição à arqueologia do impresso. In: *Modernização dos sentidos*. Trad. Lawrence Flores Pereira. Rio de Janeiro: Editora 34, 2000. p. 97-108.

GUNDOLF, Friedrich. Friedrich Schlegels romantische Schriften. In: HASS, Hans-Egon & MOHRLUDER, Gustav-Adolf (Comp.) *Ironie als literarisches phanomen*. Koln: Kiepenheur & Witsch, 1973. p. 143-144.

GUSMÃO, Manuel. Anonimato ou alterização? *Revista Semear* 4. Rio de Janeiro, PUC Rio, 1997. p. 64-77.

HABERMAS, Jünger. A entrada na modernidade: Nietzsche como ponto de viragem. In: HABERMAS, Jünger. *O discurso filosófico da modernidade.* Trad. Ana Maria Bernardo et al. Lisboa: D. Quixote, 1990. p. 89-108.

———. As ciências humanas desmascaradas pela crítica da razão: Foucault. In: HABERMAS, Jünger. *O discurso filosófico da modernidade.* Trad. Ana Maria Bernardo et al. Lisboa: D. Quixote, 1990. p. 225-249.

HAIDU, Peter. Au début du roman, l'ironie. *Poétique*, Paris. n. 36, p. 443-466, nov. 1978.

HALLEXUX, Bruno de. Le mot d'esprit et le comique. *Quarto 23.* Connexions de la Yse. Bruxelles, avril, 1986, p. 3-7.

HALL, H. Gaston. A comic Don Juan. *Yale French Studies*, New Haven, v. 23, p. 77-84, Summer 1959.

HALL, Stuart. *A identidade cultural na pós-modernidade.* Trad. Tomas Tadeu da Silva e Guacira Lopes Louro. 4. ed. Rio de Janeiro: DP&A, 2000.

HAMON, Philippe. *L' ironie littéraire*: essai sur les formes de l'écriture oblique. Paris: Hachette Supérieur, 1996.

HANDWERK, Gary J. *Irony and ethics in narrative*: from Schlegel to Lacan. New Haven: Yale University Press, 1985.

HANSEN, João Adolfo. *Alegoria*: construção e interpretação da metáfora. São Paulo: Atual, 1986.

HARRISON, Bernard. The defence of wit: Sterne, Locke and the particular. In: SHAFFER, E. S. (ed.) *Comparative criticism*: an annual journal. Cambridge: Cambridge University Press, 1988. p. 93-120.

HARTMANN, Nicolai. A filosofia dos românticos. In: HARTMANN, Nicolai. *A filosofia do idealismo alemão.* Trad. José Gonçalves Belo. Lisboa: Fundação Calouste Gulbenkian, 1976. p. 189-275.

HAUSER, Arnold. El descubrimiento del humor. In: HAUSER, Arnold. *El manierismo, crises del Renacimiento.* Madrid: Guadarrama, 1971. p. 317-323.

HAVERKATE, Henk. A speech-act analysis of irony. *Journal of Pragmatics*, n. 14, p. 77-109, 1990.

HAYMAN, David. Mas allá de Bajtin: hacia una mecánica de la farsa. *Espiral*, Madrid, n. 7, p. 69-117, 1980.

HAZLITT, Willian. On wit and humour. In: HAZLITT, Willian. *Lectures on the english poets and the english comic writers.* London: George Bell & Sons, 1884. p. 16-21.

HEILMAN, Robert Bechtold. *The ways of the word*: comedy and society. Washington: University of Washington Press, 1978.

HELD, Jacqueline. Humour, enfance et fantastique. In: BARIAUD, Françoise et al. (Org.). *L'humour d'expression française.* Paris: Z'éditions, 1992. (Humoresques, t. 2). p. 48-57.

HELENA, Lúcia. A contra-ideologia da seriedade: antropofagia e cultura brasileira. In: MONEGAL, Emir Rodriguez et al. "Sobre a paródia". In: *Tempo Brasileiro.* Rio de Janeiro, n. 62, p. 29-52, julh./set. 1980.

HELLER, Erich. Aus: Die theologie der ironie. In: HASS, Hans-Egon & MOHRLUDER, Gustav-Adolf. (Comps.) *Ironie als literarisches phanomen.* Koln: Kiepenheur & Witsch, 1973. p. 217-221.

———. *The ironic german*: a study of Thomas Mann. London: Secker & Warburg, 1958.

HENFIL. *Como se faz humor político*: depoimento a Tarik de Souza. Petrópolis: Vozes, 1985.

HERDER, Johann Gottfried. Kritik und Satire. In: HASS, Hans-Egon & MOHRLUDER, Gustav-Adolf. (Comp.) *Ironie als literarisches phanomen.* Koln: Kiepenheur & Witsch, 1973. p. 281-286.

HERZ, Micheline. Gallic wit in triunph and decline. *Yale French Studies.* New Haven, v. 23, p. 54-62, Summer, 1959.

HODGART, Matthew. *La sátira.* Madrid: Guadarrama, 1969.

HOLMAN, C. Hugh. *A handbook to literature.* 3. ed. Indianapolis: The Odissey Press, 1972.

HOMEM, Rui Manuel Gomes de Carvalho. *A voyage to the country of the Houyhnhnms:* ironia e sátira. Porto: Universidade do Porto, 1985. p. 295-317.

HOOKER, Ward. Die ironie und das absurde im avantgardistischen theater. In: HASS, Hans-Egon & MOHRLUDER, Gustav-Adolf (Comps.) *Ironie als literarisches phanomen.* Koln: Kiepenheur & Witsch, 1973. p. 264-277.

HUBERT, Renée Rièse. The fleeting world of humour from Watteau to Fragonard. *Yale French Studies*, New Haven, v. 23, p. 85-91, Summer 1959.

HUIZINGA, Johan. *Homo ludens* – o jogo como elemento da cultura. São Paulo: Perspectiva – Edusp, 1971.

HUTCHENS, Eleanor Newman. Die identifikation der ironie. In: HASS, Hans-Egon & MOHRLUDER, Gustav-Adolf (Comps.) *Ironie als literatisches phanomen.* Koln: Kiepenheur & Witsch, 1973. p. 47-56.

HUTCHEON, Linda. Ironie et parodie: stratégie et structure. *Poétique*, Paris, n. 36, p. 467-477, nov. 1978.

———. Ironie, satire, parodie: une approche pragmatique de l'ironie. *Poétique*, Paris, n. 46, p. 140-155, 1981.

———. *Irony's edge*: the theory and politics of irony. London: Routledge, 1995.

———. Modes et formes du narcissisme littéraire. *Poétique*, Paris, n. 29, p. 90-127, 1977.

———. *Narcissistic narrative*: the metaficcional paradox. New York: Methuen, 1985.

———. *Poética do pós-modernismo.* Trad. Ricardo Cruz. Rio de Janeiro: Imago, 1991.

_______. *Teoria e política da ironia.* Trad. Júlio Jeha. Belo Horizonte: Editora UFMG, 2000.

_______. *Uma teoria da paródia.* Trad. Teresa Louro Pérez. Lisboa: Ed. 70, 1989.

HUTCHINSON, Peter. *Games authors play.* London: Methuen, 1983.

ISACHAROFF, M. *Le discours comique.* Paris: Corti, 1988.

ISER, Wolfgang. Os atos de fingir ou o que é fictício no texto ficcional. In: LIMA, Luiz Costa. *Teoria da literatura em suas fontes.* Rio de Janeiro: Civilização Brasileira, 2002. v. 2, p. 955-987.

———. O jogo do texto. In: *O fictício e o imaginário.* Trad. Johannes Kretschmer. Rio de Janeiro: Eduerj, 1996. p. 78-96.

ISER, Wolfgang. *O ato da leitura* – uma teoria do efeito estético. Trad. Johannes Kretschmer. São Paulo: Ed. 34, 1996. v. 1.

———. *O ato da leitura* – uma teoria do efeito estético. Trad. Johannes Kretschmer. São Paulo: Ed. 34, 1999. v. 2.

JAMESON, Fred. The laughter of nausea. *Yale French Studies*, New Haven, v. 23, Summer 1959.

JANKÉLÉVITCH, Vladimir. *L'ironie*. Paris: Flammarion, 1964.

———. *L'irréversible et la nostalgie*. Paris: Flammarion, 1974.

———. *Le paradoxe de la morale*. Paris: Éditions du Seuil, 1981.

JEANSON, Francis. *Signification humaine du rire*. Paris: Seuil, 1950.

JERCOVIT, Jerônimo. Duas ou três coisas que eu sei do humor. *Revista de Cultura Vozes*, Petrópolis, v. 64, n. 3, p. 215-221, abr. 1970.

JOLLES, André. O chiste. In: JOLLES, André. *Formas simples*. Trad. Álvaro Cabral. São Paulo: Cultrix, 1976. p. 205-216.

JONES, Grahame C. *L'ironie dans les romans de Stendhal*. Lausanne: Éditions du Grand Chêne, 1966.

JOST, François. Le je à la recherche de son identité. *Poétique*, Paris, n. 24, p. 479-487, 1975.

JUMP, John D. *Burlesque*. London: Methuen, 1972.

KARASSEV, Léonid. La phénoménologie du rire. In: BERTRAND, Denis. (Org.) *Sémiotique et humour*. Nice: Z'editions, 1993. (Humoresques, 4) p. 101-109.

KAYSER, Wolfgang. *Lo grotesco*: su configuración en pintura y literatura. Buenos Aires: Nova, 1964. p. 7-233.

KERBRAT-ORECCHIONI, Catherine. L'ironie comme trope. *Poétique*, Paris, n.41, p. 108-127, 1980.

———. *Problèmes de l'ironie*: l'ironie – travaux du Centre de recherches linguistiques et sémiologiques de Lyon. Lyon: Presses Universitaires de Lyon, 1978.

KERN, Edith. *The absolute comic*. New York: Columbia University Press, 1980.

KIERKEGAARD, Soren. *O conceito de ironia constantemente referido a Sócrates*. Petrópolis: Vozes, 1991.

KNOX, Norman. On the classification of ironies. *Modern Philology*, London, n. 70, p. 53-62, aug. 1972.

KOLEK, Leszek S. Toward a poetics of comic narratives: notes on the semiotic structure of jokes. *Semiótica*, Amsterdam, v. 53, 1/3, p. 145-163, 1985.

KOMOSINSKI, Lionira Maria Giacomuzzi. *Humor e ironia na narrativa literária*: o exemplo de Quincas Borba, de Machado de Assis. 1979. Dissertação (Mestrado) – Pontifícia Universidade Católica do Rio Grande do Sul, Porto Alegre.

KUNDERA, Milan. A invenção do humor. In: KUNDERA, Milan. *Os testamentos traídos*. Trad. Teresa B. C. Fonseca e Maria Luiza N. Silveira. Rio de Janeiro: Nova Fronteira, 1993. p. 3-30.

L'ANSELME, Jean. L'humour noir et ses plus récents avatars. In: BARIAUD, Françoise et al. (Orgs.) *L'humour d'expression française*. Paris: Z'éditions, 1988. (Humoresques, t. 1) p. 30-38.

LACAN, Jacques. O amor e o significante. In: LACAN, Jacques. *O seminário*: livro 20: mais ainda. Texto estabelecido por Jacques Alain-Miller. Trad. M. D. Magno. Rio de Janeiro: Zahar, 1985. p. 53-69.

———. Analisis y verdad o el cierre del inconsciente. In: LACAN, Jacques. *Los cuatro conceptos fundamentales del psicoanalisis.* Madrid: Barval, 1977. p. 143-155.

———. A ordem simbólica. In: LACAN, Jacques. *O seminário*: livro 1: os escritos técnicos de Freud. Versão brasileira de Betty Milan. Rio de Janeiro: Zahar, 1979, p. 250-255.

———. O seminário sobre "A carta roubada". In: LACAN, Jacques. *Escritos*. Trad. Inês Oseki-Depré. São Paulo: Perspectiva, 1978. p. 17-67.

———. A verdade surge da equivocação. In: LACAN, Jacques. O seminário: livro 1: os escritos técnicos de Freud. Versão brasileira de Betty Milan. Rio de Janeiro: Zahar, 1979, p. 297-310.

LACOUE-LABARTHE, Ph. & NANCY, J.-L. *L'absolu littéraire*: théorie de la littérature du romantisme allemand. Paris: Seuil, 1978.

LAFFAY, Albert. *Anatomie de l'humour et de nonsense.* Paris: Masson, 1970.

LALO, Charles; SOURIAU, Etienne & BAYER, Raymond (Org.) Le rire, le comique, l'humour. *Revue d'Esthétique*, France, t. 3, Fasc. 3/4, 1950.

LANDOWSKI, Eric. On ne badine pas avec l'humour. In: BERTRAND, Denis. (Org.). *Semiotique &* hymour. Paris: Z'éditions, 1993. (Humoresques, 4) p. 48-67.

LANG, Candace D. *Irony/humour*: critical paradigms. Baltimore: The Johns Hopkins University Press, 1988.

LAROUCHE-TANGUAY, Camillia & PONTON, Lionel. Hegel et Kierkegaard: l'ironie comme thème philosophique. *Laval théologique et philosophique*, Québec, v. 39, n. 3, p. 269-282, oct. 1983.

LAURENT, Éric. Trois énigmes: le sens, la signification, la jouissance. *La cause freudienne*, Paris, n. 23, p. 43-50, 1993.

LAUSBERG, Heinrich. *Elementos de retórica literária.* Trad. pref. e aditamentos R. M. Rosado Fernandes. 2. ed. Lisboa: Fundação Calouste Gulbenkian, 1967.

LAZARD-MOISAN, Madeleine. Rire et jeu verbal dans la comédie humaniste. In: BARIAUD, Françoise et al. (Orgs.) *L'humour d'expression française.* Paris: Z'éditions, 1988. (Humoresques, t. 1). p. 86-90.

LAZARO, J. et al. Sujeto, espacio y tiempo en el discurso. In: LAZARO, J. et al. *Analisis del discurso.* Madrid: Catedra, 1982. p. 89-169.

LE GUERN, M. Eléments pour une histoire de la notion d´ironie. *L'ironie*, Lyon, p. 47-60, 1979.

LECOINTRE, Simone. Le je(u) de l'énonciation. *Langages*, Didres, n. 31, p. 64-79, 1973.

LEEUWEN, Theo van. A representação dos actores sociais. In: PEDRO, Emília Ribeiro. (Org.). *Análise crítica do discurso.* Lisboa: Caminho, 1997. p. 168-222.

LEFEBVRE, Henri. Sobre a ironia, a maiêutica e a história. In: *Introdução à modernidade.* Rio de Janeiro: Paz e Terra, 1969. p. 11-58.

LEFORT, Bernard. L'humour, une activité regulièrement irrégulière: approche génétique de l'humour verbal. In: BARIAUD, Françoise et al. (Orgs.) *L'humour d'expression française.* Paris: Z'éditions, 1992. (Humoresques, t. 2). p. 25-30.

LEITE, Lígia Chiappini Moraes. *O foco narrativo*. 2. ed. São Paulo: Ática, 1985.

LEJEUNE, Philippe. Le pacte autobiographique. *Poétique*, Paris, n. 14, p. 137-161, 1973.

LEMOS, Tércia Montenegro. O humor e o fantástico na literatura. *Revista de Letras da Universidade Federal do Ceará*, v. 16, n. 1/2, p. 62-64, jan./dez. 1994.

LEPECKI, Maria Lúcia. Antagonismo, contaminação e ironia. In: LEPECKI, Maria Lúcia. *Ideologia e imaginário*: ensaio sobre José Cardoso Pires. Lisboa: Moraes, 1977. p. 91-99.

———. *Eça na ambigüidade*. Lisboa: Jornal do Fundão, 1974.

———. Sinédoque, eufemia, disfemia. *Colóquio/Letras*, Lisboa, n. 53, p. 12-21, jan. 1980.

———. *Uma questão de ouvido* – ensaios de retórica e de interpretação literária. Lisboa: Dom Quixote, 2004.

LIMA, Herman. *História da caricatura no Brasil*. Rio de Janeiro: José Olympio, 1963. 4 v.

LIMA, Luiz Costa. *Limites da voz*: Montaigne, Schlegel. Rio de Janeiro: Rocco, 1993.

———. As projeções do ideológico. *Cadernos da PUC/RJ*, Rio de Janeiro, v. 8, n. 26, p. 155-214, 1975.

———. *Vida e mimesis*. Rio de Janeiro: Editora 34, 1995.

LITTMAN, David & MEY, Jacob L. The nature of irony: toward a computational model of irony. *Journal of Pragmatics*, v. 15., p. 131-151, 1991.

LOPES, Silvina Rodrigues. A ironia: interrogação e distanciação. In: LOPES, Silvina Rodrigues. *A alegria da comunicação*. Lisboa: IN-CN,1989.

———. Nietzsche: a máscara e o mito. In: LOPES, Silvina Rodrigues. *A legitimação em literatura*. Lisboa: Cosmos, 1994. p. 199-210.

———. Vontade e apagamento pessoal. In: LOPES, Silvina Rodrigues. *Agustina Bessa-Luís*: as hipóteses do romance. Porto: Asa, 1992. p. 57-63.

LOURENÇO, Eduardo. Crise de identidade ou ressaca imperial? Prelo: *Revista da Imprensa Nacional-Casa da Moeda*, n. 1, p. 15-22, out./dez. 1983.

———. Prefácio: do não lugar. In: LOURENÇO, Eduardo. *O canto do signo*: existência e literatura. Lisboa: Presença, 1994. p. 9-12.

LUCIANO. *Diálogos dos mortos*. Trad. Maria Celeste Consolin Dezotti. São Paulo: Hucitec, 1996.

LUIZ, Macksen. O triste bom humor brasileiro. *Revista de Cultura Vozes*, Petrópolis, 64, n. 3, p. 222-224, abr. 1970.

LUONI, Flavio. Récit, exemple, dialogue. *Poétique*, Paris, n. 74, p. 211-232, abr. 1988.

LYOTARD, Jean-François. A deslegitimação. In: LYOTARD, Jean-François. *O pós-moderno*. 2 ed. Trad. Ricardo Corrêa Barbosa. Rio de Janeiro: José Olympio, 1986. p. 69-76.

MACHADO, Ida Lúcia. L'ironie en tant que phénomène argumentatif. In: MACHADO, Ida Lúcia. *Essai d'analyse du fonctionnement de l'ironie comme élément de communication*. 1988. Tese (Doutorado) – Université de Toulouse. p. 40-65.

MACHADO, Ida Lúcia. L'ironie: un cas de polyphonie. In: MACHADO, Ida Lúcia. *Essai d'analyse du fonctionnement de l'ironie comme élément de communication*. 1988. Tese (Doutorado) – Université de Toulouse. p. 66-76.

MACHADO, Irene A. *O romance e a voz*: a prosaica dialógica de Mikhail Bakhtin. Rio de Janeiro: Imago, 1995.

MACIEL, M. E. Poéticas do artifício: Borges, Kierkegaard e Pessoa. In: MACIEL, M. E. *Borges em dez textos*. Rio de Janeiro: Sette Letras, 1998. p. 127-138.

MAINGUENEAU, Dominique. *O contexto da obra literária*: enunciação, escritor, sociedade. Trad. Marina Appenzeller. São Paulo: Martins Fontes, 2001.

———. *Termos-chave da análise do discurso*. Trad. Márcio Venício Barbosa, Maria Emília Amarante Torres Lima. Belo Horizonte: Editora UFMG, 1998.

MAJOR, René. L´interprétation comme introduction à la fonction de la poésie et de l'humour. *Revue Française de Psychanalyse*. Paris, v. 37, n. 4, p. 523-528, 1973.

MAN, Paul de. Semiology and rhetoric. In: HARARI, Josué. (Ed.). *Textual strategies:* perspectives in post-structuralist criticism. Ithaca: Cornell University Press, 1981. p. 121-140.

———. The concept of irony. In: WARMINSKI, A. (Ed.) *Aesthetic Ideology*. Minneapolis/ Londres: Univ. of Minneapolis Press, 1996, p. 163-184.

MANNONI, O. A ilusão cômica ou o teatro do ponto de vista do imaginário. In: LACAN, Jacques et al. *O sujeito, o corpo e a letra*: ensaios de escrita psicanalítica. Lisboa: Arcádia, 1977. p. 75-99.

———. Eu sei, mas mesmo assim... In: MANNONI, O. *Chaves para o imaginário*. Trad. Ligia Maria Pondé Vassallo. Petrópolis: Vozes, 1973, p. 9-34.

MARTINS, Fernando Cabral. A coincidência ou a mão de Deus. In: BRILHANTE, M. J. & JORGE, L. N. *O fatalista de Diderot*. Lisboa: Moraes, 1978. p. 19-24.

MARTINS, Mário. *O riso, o sorriso e a paródia na literatura portuguesa de Quatrocentos*. Lisboa: ICALP, 1978.

———. *A sátira na literatura medieval portuguesa*. Lisboa: ICALP, 1986.

MASSON, Pierre. L'ironie comme contre-pouvoir. In: MASSON, Pierre. *Le disciple et l'insurgé*: roman et politique à la Belle Époque. Lyon: Presses Universitaires, 1987. p.139-186.

MAZOUER, Charles. *Le personnage du naïf dans le théâtre comique du Moyen Âge à Marivaux*. Paris: Klincksieck, 1979.

McKEE, Jonh B. *Literary irony and the literary audience*. Amsterdam: Rodopi N. V., 1974.

MÉNAGER, Daniel. L'humour rabelaisien. In: BERTRAND, Dominique. (Org.) *Humour et société*. Saint-Denis: PUV, 1996. (Humoresques, 7) p. 65-76.

MENDES, Nancy Maria. *Ironia, sátira, paródia e humor na poesia de João Cabral de Melo Neto*. 1980. Dissertação (Mestrado) – Universidade Federal de Minas Gerais, Faculdade de Letras, Belo Horizonte.

———. Morte e vida severina: um texto parodístico. *Ensaios de Semiótica*, Belo Horizonte, n. 4, p. 39-50, 1980.

———. A quebra da seriedade na literatura. *Ensaios de Semiótica*, Belo Horizonte, n. 10, p. 147-157, 1983.

MENDES, Nancy Maria. A visão humorística do amor: representação em quatro contos de *Tutaméia*. *Ensaios de Semiótica*, Belo Horizonte, n. 2, p. 12-31, 1979.

MENDES, Paulo Henrique Aguiar. Considerações acerca de aspectos discursivos da ironia. *Cadernos de Pesquisa do NAPq*, Belo Horizonte, n. 26, p. 37-48, jun. 1995.

MENESES, Adélia Bezerra de. *Do poder da palavra*. São Paulo: Duas Cidades, 1995.

MENESES, Adélia Bezerra de. O eterno feminino: modulações. *Literatura e Sociedade*, São Paulo, v. 1, n. 2, p. 170-185, 1997.

MENEZES, Eduardo Diatay B. D. O riso, o cômico e o lúdico. *Revista de Cultura Vozes*, Petrópolis, v. 68, n. 1, p. 5-16, 1974.

MENEZES, Philadelpho. *A crise do passado*: modernidade, vanguarda, metamodernidade. São Paulo: Experimento, 1994. p. 164-171.

MERCHANT, W. Moelwyn. *Comedy*. London: Methuen, 1972.

MERLEAU-PONTY, M. *O visível e o invisível*. 3. ed. São Paulo: Perspectiva, 1992.

MICHEL, Jacqueline. Un récit de l'inachevé: la presqu'île de Julien Gracq. *Les Lettres Romanes*, t. 41, n. 4, p. 329-336, 1987.

MILLER, Jacques-Alain. Clinique ironique. *La cause freudienne*, Paris, n.23. p.7-13, fev. 1993.

———. O piropo: psicanálise e linguagem. In: MILLER, Jacques-Alain. *Percurso de Lacan*. 2. ed. Trad. Ari Roitman. Rio de Janeiro: Zahar, 1988. p. 27-39.

MIRANDA, Wander Melo. A liberdade do pastiche. *34 Letras*, Rio de Janeiro, n. 3, p. 172-177, mar. 1989.

———. Pós-modernidade e tradição cultural. In: CARVALHAL, Tânia Franco. (Org.) *O discurso crítico na América Latina*. Porto Alegre: Instituto Nacional do Livro, 1996. p. 13-22.

MIZZAU, Marina. *Ironia* – la contradizzione cossentita. Milan: Feltrinelli, 1984.

MOISÉS, Massaud. Ironia. In: MOISÉS, Massaud. *Dicionário de termos literários*. 12. ed. São Paulo: Cultrix, 2004. p. 245-248.

MONEGAL, Emir Rodriguez et al. "Sobre a paródia". *Tempo Brasileiro*, Rio de Janeiro, n. 62, p. 3-152, jul./set. 1980.

MONTEIRO, Ofélia Paiva. Um jogo humorístico com a verossimilhança romanesca: *O mistério da estrada de Sintra*. *Colóquio/Letras*. Lisboa, n. 97, p. 5-18, maio/jun. 1987.

MOORE, Will G. The French notion of the comic. *Yale French Studies*, New Haven, v. 23, p. 47-53, Summer, 1959.

MORAES, Oswaldo Domingues. Freud: dos chistes ao cômico. *Revista de Cultura Vozes*, Petrópolis, v. 68, n. 1, p. 25-30, 1974.

MORAIS, Márcia Marques de. O contradiscurso do humor/ironia: um lugar do sujeito. *Caderno de Letras*, Belo Horizonte, Ano 1, n. 1, p. 105-121, 1994.

MORIN, Violette. Les impairs de l'humour. In: BARIAUD, Françoise et al. (Orgs.) *L'humour d'expression française*. Paris: Z'éditions, 1988. (Humoresques, t. 1) p. 24-29.

MORIER, Henri. Alégorie. In: MORIER, Henri. *Dictionnaire de poétique et de rhétorique*. Paris: PUF, 1981. p. 64-84.

———. Ironie. In: MORIER, Henri. *Dictionnaire de poétique et de rhétorique*. Paris: PUF, 1981. p. 576-617.

MORIER, Henri. Ironie de conciliation ou humour. In: MORIER, Henri. *Dictionnaire de poétique et de rhétorique*. Paris: PUF, 1981. p. 604-617.

MOUREY, Jean-Pierre. Le texte et sa fiction chez Jorge Luis Borges. *Poétique*, Paris, n. 45, p. 67-78, fev. 1981.

MOUREY, Jean-Pierre & VRAY, Jean-Bernard (Dir.) *Figures de loufoque à la fin du XXe. siècle*: arts et littératures. Saint-Etienne: Publ. de l'Université de Saint-Étienne, 2003.

MUDRICK, Marvin. Irony and convention versus feeling. In: SOUTHAM, B. C. (Ed.). *Jane Austen*: sense and sensibility, pride and prejudice and Mansfield Park. London: The MacMillan, 1982. p. 89-116.

MUECKE, D.C. Analyses de l'ironie. *Poétique*, Paris, n. 36, p. 478-494, nov. 1978.

———. *Ironia e o irônico*. Trad. Geraldo Gerson de Souza. São Paulo: Perspectiva, 1995.

———. *Irony*. London: Methuen, 1970.

———. Irony markers. *Poetics*, Amsterdam, n. 7, p. 363-375, 1978.

———. Marcas da ironia. Trad. Márcio Serelle. *Cadernos CESPUC de Pesquisa*, Belo Horizonte, p. 43-54, n. 1 – Traduções. 1996.

———. *The compass of irony*. London: Methuen, 1969.

MURICY, Katia. *A razão cética*: Machado de Assis e as questões de seu tempo. São Paulo: Companhia das Letras, 1988.

NANCY, Jean-Luc. Le rire, la présence: quatre essais sur le rire. *Critique*, Paris, n. 488-489, p. 41-60, jan./fev. 1988.

NASCIMENTO, Evando. *Derrida e a literatura:* notas de literatura e filosofia nos textos da desconstrução. Niterói: Eduff, 1999.

———. (Org.) *Jacques Derrida*: pensar a desconstrução. São Paulo: Estação Liberdade, 2005.

NELSON, T. G. A. *Comedy*: an introduction to comedy in literature, drama and cinema. Oxford: Oxford University Press, 1990.

NESTROVSKI, Arthur. *Ironias da modernidade*. São Paulo: Ática, 1996.

NEVES, Luiz Felipe Baêta. A ideologia da seriedade e o paradoxo do coringa. *Revista de Cultura Vozes*, Petrópolis, v. 68, n. 1, p. 35-40, 1974.

NIETZSCHE, F. Sobre a verdade e a mentira no sentido extramoral. In: NIETZSCHE, F. *Obras incompletas*. Trad. Rubens Rodrigues Torres Filho. São Paulo: Abril Cultural, 1983. Col. Os pensadores, p. 53-60.

NOGUEZ, Dominique. La syllepse, clef de l'humour? In: BARIAUD, Françoise et al. (Orgs.) *L'humour d'expression française*. Paris: Z'éditions, 1992. (Humoresques, t. 2) p. 39-45.

NUNES, Jordão Horta. *Diderot e as analogias musicais*. Goiânia: Editora da UFG, 1997.

NYSENHOLE, Adolphe. L'humour entre comique et tragique. In: BARIAUD, Françoise et al. (Orgs.) *L'humour d'expression française*. Paris: Z'éditions, 1988. (Humoresques, t. 1) p. 54-57.

OLBRECHTS-TYTECA, Lucie. *Le comique du discours*. Bruxelles: Ed. de l'Université de Bruxelles, 1974.

ONOFRIO, Salvatore d'. *Os motivos da sátira romana*. Marília: Faculdade de Filosofia, Ciências e Letras de Marília, 1968. (Coleção Teses).

ORLANDI, Eni Pulcinelli. Destruição e construção de sentido (um estudo da ironia). In: GUIMARÃES, Eduardo Roberto Junqueira. (Org.) *O histórico e o discursivo*. Uberaba: Centro de Ciências Humanas e Letras das Faculdades Integradas de Uberaba, 1986. p. 66-97. Série Estudos, n. 12.

ORLANDI, Eni Pulcinelli. *A linguagem e seu funcionamento*: as formas do discurso. São Paulo: Brasiliense, 1983.

PAGLIARO, Antonino. Da ironia. In: PAGLIARO, Antonino. *A vida do sinal*: ensaios sobre a língua e outros símbolos. Trad. e pref. Aníbal Pinto de Castro. Lisboa: Fundação Calouste Gulbenkian, 1952. p.1-26.

PAIVA, Maria Helena de Novais. *Contribuição para uma estilística da ironia*. Lisboa: Centro de Estudos Filológicos, 1961.

PALMA-FERREIRA, João. *Do pícaro na literatura portuguesa*. Lisboa: Biblioteca Breve, 1981. v. 59.

PALMER, Jerry. *Taking humour seriously*. London: Routledge, 1994.

PAZ, Octavio. *Os filhos do barro*. Trad. Olga Savary. Rio de Janeiro: Nova Fronteira, 1984.

———. Ironia e compaixão. *O Correio da Unesco*. Rio de Janeiro, ano 18, n. 8, p. 26-29, ago. 1990.

PEIXOTO, Afrânio. *Humour*, humorismo, humoristas. In: PEIXOTO, Afrânio. *Humor*: ensaio de breviário nacional de humorismo. Rio de Janeiro: W. M. Jackson, 1947. p. 7-41.

PENTZOPOULOU-VALALAS, Thérèse. Kierkegaard et Socrate, ou Socrate vu par Kierkegaard. *Les Études Philosophiques*, Paris, n. 2, p. 151-162, 1979.

PEREIRA, Lúcia Maria de Sá Silva. Humor: um enfoque psicológico. *Revista de Cultura Vozes*. Petrópolis, v. 64, n. 3, p. 225-230, abr. 1970.

PERELMAN, Chaim. *Retóricas*. Trad. Maria Ermantina Galvão G. Pereira. São Paulo: Martins Fontes, 1997.

PERRIN, Laurent. L'Ironie mise en trope – du sens des énoncés hyperboliques et ironiques. Paris: Kimé, 1996.

PIGLIA, Ricardo. Parodia y propiedad. In: PIGLIA, Ricardo. *Crítica y ficción*. Santa Fé: Univ. Nacional del Literal, 1986. p. 41-46.

PINTO, Ziraldo Alves. Ninguém entende de humor. *Revista de Cultura Vozes*, Petrópolis, 64, n. 3, p. 189-205, abr. 1970.

PIRANDELLO, Luigi. *Ensayos*. Madrid: Guadarrama, 1968.

PLEBE, Armando. *Breve história da retórica antiga*. Trad. e notas de Gilda Naécia Maciel de Barros. São Paulo: Edusp, 1978.

POLLARD, Arthur. *Satire*. London: Methuen, 1970.

PRESTON, John. The ironic mode: a comparison of *Jonathan wild* and *The beggar's opera*. *Essays on criticism*, Oxford, v. 16, n. 3, p. 268-280, july 1966.

PROPP, Vladimir. *Comicidade e riso*. Trad. Aurora Fornoni Bernardini e Homero Freitas de Andrade. São Paulo: Ática, 1992.

PRUVOST, Geneviève. Le rire à l'oeuvre. In: CHAULET-ACHOUR, Christiane & SYLVOS, Françoise. (Orgs.) *Humour et esthétique*, Saint-Denis: PUV, 1996. (Humoresques, 8). p. 29-45.

RABELAIS, François. *Gargantua*. Trad. Aristides Lobo. São Paulo: Hucitec, 1986.

RAMOS, Graça. *Ironia à brasileira*: o enunciado irônico em Machado de Assis, Oswald de Andrade e Mário Quintana. São Paulo: Paulicéia, 1997.

RASKIN, Victor. The interdisciplinary field of humour research. *Semiotica*, Amsterdam, v. 4, n. 66, p. 441-449, 1987.

RAWSON, Claude. Indians and Irish: Montaigne, Swift, and the cannibal question. *Modern Language Quarterly*, v. 53, n. 3, p. 299-363, sept. 1992.

RECAMIER, Paul C. Entre humour et folie. *Revue Française de Psychanalyse*, Paris, v. 37, n. 4, p. 655-668, 1973.

———. Notes de lecture à propos de l'humour de l'esprit et du comique. *Revue Française de Psychanalyse*, Paris, v. 37, n. 4, p. 669-672, 1973.

REIS, Carlos. Narrador-leitor (relações). In: BUESCU, Helena Carvalhão. *Dicionário do romantismo literário português*. Lisboa: Caminho, 1997. p. 340-343.

RIBEIRO, Leo Gilson. O colorido individual do universo: o romantismo na Alemanha. In: RIBEIRO, Leo Gilson. *Kafka, Büchner, Brecht, Ionesco*. 3. ed. Rio de Janeiro: José Álvaro, 1967. p. 178-196.

RICHARD, Jean-Pierre. Sensation, dépression, écriture. *Poétique*, Paris, n. 71, p. 357-373, sept. 1987.

RIFFATERRE, Michael. A ilusão referencial. In: WATT, Ian et al. *Literatura e realidade*: o que é realismo. Trad. Teresa Coelho. Lisboa: Dom Quixote, 1984. p. 99-128.

RÖHL, Ruth. A ironia: traço estilístico em Thomas Mann. *Revista de Letras*, Curitiba, n. 39, p. 227-237, 1990.

ROMANO, Roberto. *Silêncio e ruído* – a sátira em Denis Diderot. Campinas: Editora da Unicamp, 1996.

RORTY, Richard. Contingencia, ironía y solidariedad. Barcelona: Paidós, 1996.

ROSA, António Ramos. O conceito de criação na poesia moderna. *Colóquio/Letras*. Lisboa, n. 56, p. 5-11, jul. 1980.

ROSA, Nicolás. Los fulgores del simulacro. *Cuadernos de Extension Universitaria: Série Ensayo*, Santa Fé, n. 15, p. 307-315, 1987.

ROSENFELD, Anatol. Aspectos do romantismo alemão. In: ROSENFELD, Anatol. *Texto/contexto*. 3. ed. São Paulo: Perspectiva, 1976. p. 147-171.

———. Reflexões sobre o romance moderno. In: ROSENFELD, Anatol. *Texto/contexto*. 3. ed. São Paulo: Perspectiva, 1976. p. 75-97.

ROSENTHAL, Erwin Theodor. Deformação lingüística como elemento de representação da "realidade flutuante". Joyce, Walser, Rosa. In: ROSENTHAL, Erwin Theodor. *O universo fragmentário*. Trad. Marion Fleischer. São Paulo: Edusp, 1975. p. 37-52.

———. *O universo fragmentário*. Trad. Marion Fleischer. São Paulo: Edusp, 1975.

ROSTER JR., Peter J. La ironia. In: ROSTER JR., Peter J. *La ironia como método de análisis literario*: la poesia de Salvador Novo. Madrid: Gredos, 1978. p. 11-66.

ROUSSET, Jean. La question du narrataire. In: DALLENBACH, Lucien & RICARDOU, Jean. (Orgs.) *Problèmes actuels de la lecture*. Paris: Clancier-Guénaud, 1982. p. 23-34.

———. Le journal intime, texte sans destinataire? *Poétique*, Paris, n. 56, p. 435-443, nov. 1983.

———. *Narcisse romancier*: essai sur la première personne dans le roman. Paris: Librairie José Corti, 1973.

ROUSTANG, François. Comment faire rire un paranoïaque? *Critique*, Paris, n. 488-489, p. 5-15, jan./fev. 1988.

———. Como fazer rir um paranóico (ou o riso: instantâneo alívio do insuportável). *Cadernos CESPUC de Pesquisa*, Belo Horizonte, n. 1 – Trad. Ivan Cupertino. p. 36-42, 1996.

SACRAMENTO, Mário. *Eça de Queirós*: uma estética da ironia. Coimbra: Coimbra Editora, 1945.

SALGUEIRO, Wilberth Clayton F. Paulo Leminski & Yuri Tynianov: esboços em torno da precisão do riso. In: CONGRESSO ABRALIC, 4, 1995, São Paulo. *Literatura e diferença*. São Paulo: Abralic, 1995. p. 1061-1064.

SALIBA, Elias Thomé. *Raízes do riso*: a representação humorística na história brasileira: da Belle Époque aos primeiros tempos do rádio. São Paulo: Companhia das Letras, 2002.

SALLES, Fritz Teixeira de. A velha/nova arte da paródia. *Revista do Conselho Estadual de Cultura de Minas Gerais*, Belo Horizonte, n. 10, p. 39-45, 1979.

SALVADOR, Vincent. Para una pragmática da ironia. *Eutopias*, Minneapolis, v. 3, n. 2-3, p. 203-215, otono/invierno, 1987/1988.

SAMUEL, Rogel. Notas sobre modernidade e revolução. *Ensaios de semiótica*, Belo Horizonte, v. 21-23, p. 83-91, 1989-1991.

SANT'ANNA, Affonso Romano de. *Paródia, paráfrase e cia.* São Paulo: Ática, 1985.

SANTOS, Maria Irene Ramalho de Souza. A história, o vagabundo e a armadilha da ficção. In: CONGRESSO ABRALIC, 3, 1992, Niterói. *Anais...* São Paulo: Edusp, 1995. p. 316-327.

SAREIL, Jean. *L'écriture comique*. Paris: Presses Universitaires de France, 1984.

SARRAZIN, Bernard. Rire du diable ou de la diabolisation, puis de la dédiabolisation, enfin de la rediabolisation du rire em Occident. In: BERTRAND, Dominique. (Org.) *Humour et société*. Saint-Denis: PUV, 1996. (Humoresques, 7) p. 29-43.

SCHAEFFER, E. S. Romantisme et langage poétique. *Poétique*, Paris, n. 42, p. 177-194, avr. 1980.

SCHLAFMAN, Léo. A arte do contraponto. In: SCHLAFMAN, Léo. *A verdade e a mentira*. Rio de Janeiro: Civilização Brasileira, 1998. p. 20-23.

———. Beckett e seus duplos. In: SCHLAFMAN, Léo. *A verdade e a mentira*. Rio de Janeiro: Civilização Brasileira, 1998. p. 57-67.

———. A metamorfose pelo humor. In: SCHLAFMAN, Léo. *A verdade e a mentira*. Rio de Janeiro: Civilização Brasileira, 1998. p. 147-149.

SCHLEGEL, Friedrich. Carta sobre o romance (1800). In: LIMA, Luiz Costa. *O controle do imaginário*. São Paulo: Brasiliense, 1984. p. 159-164.

———. *Conversa sobre a poesia e outros fragmentos*. Trad. Pierre Stirnimann. São Paulo: Iluminuras, 1994.

———. Diálogo sobre a poesia. In: SCHLEGEL, Friedrich. *Obras selectas*. Edición, introducción, estudios e notas por Hans Juretschke. Trad. Miguel Angel Vega Cernuda. Madrid: Fundación Universitarea Espanhola, 1983. p. 57-160.

SCHLEGEL, Friedrich. Diálogo sobre a poesia. *Folha de S. Paulo*, São Paulo, n. 593, 27 maio 1988. Folhetim, p. B-10-B-11.

SCHNAIDERMAN, Boris. *Turbilhão e semente:* ensaios sobre Dostoiévski e Bakhtin. São Paulo: Duas Cidades, 1993.

SCHOENTJES, Pierre. *Poétique de l'ironie*. Paris: Seuil, 2001.

SCHOLES, Robert. A semiotic approach to irony in drama and fiction. In: SCHOLES, Robert. *Semiotics and interpretation*. New Haven: Yale University Press, 1982. p. 73-86.

SCHOLES, Robert & KELLOGG, R. *The nature of narrative*. London: Oxford University Press, 1966.

SCHOPENHAUER, Arthur. La risa. In: STEPANENKO, Pedro. (Org.) *Schopenhauer en sus páginas*. México: Fondo de Cultura Económica, 1991. p. 77-83.

SCLIAR, Moacyr; FINZI, Patrícia & TOKER, Eliahu (Eds.) *Do éden ao divã*: humor judaico. 5. ed. São Paulo: Shalom, 1991.

SEERY, John Evan. Socrates, Nietzsche and irony. *Political Theory*, v. 16, n. 2, p. 229-256, may 1988.

SENECHAL, Christian. Le rêve chez les romantiques. *Cahiers du Sud*, Marseille, v. 16, n. 194, p. 85-93, 1º sem. 1937.

SHIBLES, Warren. Joie de vivre. In: BARIAUD, Françoise et al. (Orgs.) *L'humour d'expression française*. Paris: Z'éditions, 1988. (Humoresques, t. 1) p. 63-69.

SIBONY, Daniel. Politique et désir: Jules César. In: SIBONY, Daniel. *Avec Shakespeare*: éclats et passions en douze pièces. Paris: Bernard Grasset, 1988. p. 247-269.

SIEBERS, Tobin. La risa absoluta e lo fantástico. Baudelaire, Hoffmann y Gógol. In: SIEBERS, Tobin. *Lo fantástico romántico*. México: Fondo de Cultura Económica, 1989. p. 104-140.

SIEGEL, Lee. *Laughing matters*: comic tradition in India. Chicago: University of Chicago, 1987.

SILHOL, Robert. *Le texte du désir*: la critique après Lacan. Belgique: Petit Roeulx, 1984.

SILK, Michael et al. Comedy, irony, parody. In: SHAFFER, E. S. (Ed.) *Comparative criticism*: an annual journal. Cambridge: Cambridge University Press, 1988. p. 3-37.

SILVA, Mateus Araújo. A ironia de Sócrates nos *Diálogos* de Platão. *Clássica*, São Paulo, n. 7/8, p. 229-258, 1994/1995.

SILVOS, Françoise. Faux rires romantiques. In: CHAULET-ACHOUR, Christiane & SYLVOS, Françoise. (Orgs.) *Humour et esthétique*, Saint-Denis: PUV, 1996. (Humoresques, 8). p. 59-68.

SIMON, John F. Hulot. The common man as observer and critic. *Yale French Studies*, New Haven, v. 23, p. 18-25, Summer, 1959.

SIMPSON, David. *Irony and authority in romantic poetry*. London: The Macmillan, 1979.

SKINNER, Quentin. *Razão e retórica na filosofia de Hobbes*. Trad. Vera Ribeiro. São Paulo: Ed. da Unesp, 1999.

SMITH, John Vignaux. *A question of Eros*. Irony in Sterne, Kierkegaard and Barthes. Tallahassee: Univ. of Florida Press, 1986.

SODRÉ, Muniz. O riso: imaginário e simbólico. *Revista de Cultura Vozes*, Petrópolis, v. 68, n. 1, p. 31-34, 1974.

SONNENFELD, Albert. The yellow laugh of Tristan Corbière. *Yale French Studies*, New Haven, v. 23, p. 39-46, Summer, 1959.

SOUZA, Ronaldes de Melo e. Introdução à poética da ironia. *Linha de pesquisa*. Rio de Janeiro, 2000, p. 27-48.

SPERBER, Dan & WILSON, Deirdre. Les ironies comme mentions. *Poétique*, Paris, n. 36, p. 399-412, nov. 1978.

SPRIGGE, T. L. S. Schopenhauer and Bergson on laugther. In: SHAFFER, E. S. (Ed.) *Comparative criticism*: an annual journal. Cambridge: Cambridge University Press, 1988. p. 39-65.

STAROBINSKI, Jean. Ironie et mélancolie (I). *Critique*, Paris, v. 22, n. 227, p. 291-308, avr. 1966.

———. Ironie et mélancolie (II). *Critique*, Paris, v. 22, n. 228, p. 438-457, mai 1966.

———. La littérature: le texte et l'interprète. In: LE GOFF, Jacques & NOVA, Pierre (Orgs.) *Faire de l'histoire*. Paris: Gallimard, 1974. v. 2: Nouvelles approches, p. 168-182.

STATES, Bert O. *Irony and drama*: a poetics. Ithaca: Cornell University Press, 1971.

STEINER, George. The Pythagorean genre. In: STEINER, George. *Language and silence: essays 1958-1966*. London: Faber and Faber, 1967. p. 100-114.

STORA-SANDOR, Judith. *L'humour juif dans la littérature*: de Job à Woody Allen. Paris: Presses Universitaires de France, 1984.

———. "Les redoutables ridicules": personages féminins dans la literature comique. In: BARIAUD, Françoise et al. (Orgs.) *L'humour d'expression française*. Paris: Z'éditions, 1988. (Humoresques, t. 1) p. 141-146.

SWIFT, Jonathan. *Modesta proposta para evitar que as crianças da Irlanda sejam um fardo para os seus pais ou para o seu país*. Trad. Dorothée de Bruchard. Porto Alegre: Paraula, 1993.

TAYLOR, Jane H.M. The danse macabre: reflections on black humour. In: SCHAFFER, E. S. (Ed.) *Comparative criticism:* an annual journal. Cambridge: Cambridge University Press, 1988. p. 139-157.

TEMMER, Mark. Comedy in *The charterhouse of Parma*. *Yale French Studies*, New Haven, v. 23, p. 92-99, Summer, 1959.

TITTLER, Jonathan. *Narrative irony in the contemporary Spanish-American Novel*. Ithaca: Cornell University Press, 1984.

TODOROV, Tzvetan. Bakhtine et l'altérité. *Poétique*, Paris, n. 40, p. 502-513, 1979.

———. Recherches sur le symbolisme linguistique: le mot d'esprit et ses rapports avec le symbolique. *Poétique*, Paris, n. 18, p. 215-245, 1974.

———. A retórica de Freud. In: TODOROV, Tzvetan. *Teorias do símbolo*. Lisboa: Ed. 70, 1979. p. 247-281.

TORRES FILHO, Rubens Rodrigues. Novalis: fragmentos de pólen. *Folha de S. Paulo*, São Paulo, 27 maio 1988. Folhetim, p. B-6-B-9.

VAILLANT, Alain. Le rire bête: pratiques socials et art littéraire. In: BERTRAND, Dominique. (Org.) *Humour et société*. Saint-Denis: PUV, 1996. (Humoresques, 7). p. 103-111.

VANCE, Eugène. Désir, rhétorique et texte. *Poétique*, Paris, n. 42, p. 137-155, avr. 1980.

VASCONCELOS, Filomena Aguiar de. Sentidos do não-sentido: contributos para uma reflexão sobre a escrita nonsense. *Línguas e Literaturas*, Porto, v. 15, p. 35-56, 1998.

VEGA, C.F. de la. *El secreto del humor*. Buenos Aires: Editorial Nova, 1967.

VERNET, Max. Pour une topologie du rire classique. In: BARIAUD, Françoise et al. (Orgs.) *L'humour d'expression française*. Paris: Z'éditions, 1988. (Humoresques, t. 1) p. 58-62.

VERSIANI, Marçal. O significado do cômico e do riso na obra de Bergson. *Revista de Cultura Vozes*, Petrópolis, v. 68, n. 1, p. 17-24, 1974.

VICTORIA, Marcos. *Ensayo preliminar sobre lo cómico*. Buenos Aires: Losada, 1958.

VIRASORO, Mónica. *De ironías y silencios*: notas para una filosofia impresionista. Barcelona: Gedisa, 1997.

VOLTAIRE, François Marie Arouet de. *Cândido ou o otimismo*. Trad. Marcos Araújo Bagno. São Paulo: Nova Alexandria, 1995.

VOSSIUS. Rhétorique de l'ironie (document). *Poétique*, Paris, n. 36, p. 495-508, nov. 1978.

WATT, Ian et al. *Literatura e realidade*: o que é realismo. Trad. Teresa Coelho. Lisboa: Dom Quixote, 1984.

WEBER, Samuel. Le temps d'un rire. *Critique*, Paris, n. 488-489, p. 61-76, jan./fev. 1988.

WELLEK, René. Introdução a Friedrich Schlegel. In: WELLEK, René. *História da crítica moderna*. São Paulo: Edusp, 1967. v. 2, p. 1-66.

WICKER, Marie-Dominique. La danse de Pinocchio: esthétique et societé. In: CHAULET-ACHOUR, Christiane & SYLVOS, Françoise. (Orgs.) *Humour et esthétique*, Saint-Denis: PUV, 1996. (Humoresques, 8) p. 111-125.

WILDE, Oscar. *O declínio da mentira*. Trad. Ernesto Sampaio. Lisboa: Vega, 1991.

WILHEM, Daniel. *L'ironie viennoise*. Genève: Furo-Essays, 1989.

WOOD, Michael. Lolita in Wonderland. In: SHAFFER, E. S. (Ed.) *Comparative criticism*: an annual journal. Cambridge: Cambridge University Press, 1988. p. 159-169.

WOOLF, Virginia. *L'art du roman*. Trad. Rose Celli. Paris: Seuil, 1963.

WRIGHT, Andrew H. Irony and fiction. In: KUMAR, Shivok & McKEAN, Keith. *Critical approaches to fiction*. New York: McGrawHill Book, 1968. p. 381-392.

ZIMMERMANN, Laurent. Le paradoxe de l'ironiste. *Poétique*, Paris, n. 141, p. 61-70, fev. 2005.

ZIV, Avner. L'universel et le culturel dans l'humour. In: BARIAUD, Françoise et al. (Orgs.). *L'humour d'expression française*. Paris: Z'éditions, 1988. (Humoresques, t. 1) p. 70-73.

ZIV, A.& DIEM, J.M. *Le sens de l'humour*. Paris: Bordas, 1987.

Este livro foi impresso em São Paulo na UmLivro, na primavera de 2006. No texto da obra foi usada a fonte Minion, em corpo 10,5, com entrelinha 14,5.